幼稚園
教育実習

監修：玉置哲淳・島田ミチコ
編集：大方美香・瀧川光治・中橋美穂
　　　卜田真一郎・手良村昭子

建帛社
KENPAKUSHA

はじめに

　現在，保育者に求められる役割は非常に多岐にわたり，より高い専門性や実践力が求められるようになってきた。そのため，保育者養成校においても，豊かな実践力をもった保育者をいかにして育てるのかが問われており，その中で，実習が果たしている役割は，より大きなものになってきているといえる。

　幼稚園教諭を目指す学生にとって，幼稚園実習とは，憧れにとどまっていた保育者への夢を目標へと変えるよい機会である。そして，その目標に向かって，実践力を身につけ，理論と実践の一致を目指すことである。私たちは，そうした目標を達成するために，実習テキストとして内容や構成をどのようにすればよいか，また，実習生にとってより使いやすいテキストとはどのようなものなのか，という観点から，何度も議論を重ねてきた。

　そこで，次のような特色をもった書籍として，本書を上梓するに至った。本書の特色として，下記の4点が挙げられる。

（1）実習の準備段階から実習終了までの時系列を辿るかたちで章を構成していることである。このことにより，それぞれの実習段階で，何に，どのように取り組めばよいのかを把握しやすいようにしている。

（2）各章の内容についても，実際に実習生が取り組む内容を時系列に順を追って示している。その中では，できる限り抽象的な議論は避け，具体的に「何を」「どのように」考えて，取り組めばよいのかについて，記述することを心がけている。

（3）各章の冒頭には，その章で学ぶべき内容を「チャート式の案内図」として入れている。ここで学びの見通しをもち，自分なりの問題意識を確かなものにしてほしい。また，各章の末尾には「確認チェックと発展」を入れているので，その章で学んだこと，実習で学んだことを確認し，確実に自分の中に落とし込んでほしい。

（4）単なる「ハウツー」としてだけではなく，具体的な方法論を示しながらも，そこには理論的な裏づけがある内容としていることである。それゆえ，本書で学んだ内容が，実際に保育者として保育現場に立ったときにも役立つと考えている。

　保育者は「完成することのない職業」であるといわれる。子どもたちの姿に日々学びながら研鑽を積み，成長し続けるのが保育者の仕事である。教育実習は，そうした「学び続ける日々」の第一歩であるともいえる。本書が，そうした第一歩をより豊かなものにするサポート役を果たすことができれば，そして，これからも学び続けるための視点を提供することができれば，大変うれしく思う。

　最後になったが，出版にあたり，建帛社社長筑紫恒男氏ならびに編集部の方々にお世話になり，心からのお礼を申し上げる。

2010年（平成22年）5月

編集者一同

目　次

◆ 序章　実習の目的と本書の構成

第1節　実習は保育を夢から目標に変える体験 …………………………… 2
　（1）実習前の不安を希望に変える ………………………… 2
　（2）実習前の不安を解消する三つの気持ちのもち方 ……………… 2
　（3）他者へ尊敬をはらえる人間に　―三つの気持ちの根底に― ………… 4

第2節　実習から学ぶ六つの課題と目的 …………………………………… 5
　（1）実習の課題　―多くの学生が直面してきた問題― ……………… 5
　（2）保育者の仕事を体験する ……………………………… 6
　（3）子どもを理解する ……………………………………… 6
　（4）指導法を学ぶ　―部分保育と全日保育を目指して― …………… 6
　（5）保育とは何かを考える ………………………………… 7
　（6）保育者像をもつ ………………………………………… 7
　（7）これから何を勉強すればいいのかを整理する力をもつ ………… 7
　（8）実習全体を通して学ぶことは何か　―子どもを尊敬するとは何かを学ぶ― … 7

第3節　実習において無条件で大事にしたいこと ………………………… 8

第4節　本書の利用方法 ………………………………………………… 8
　（1）ある幼稚園の登園から降園までの子どもの生活 ……………… 8
　（2）実習のおおよその日程を頭におこう …………………………… 9
　（3）実習生が体験することと本書の利用法 ………………………… 9
　（4）夢が目標に変わる時を求めて …………………………… 9

確認チェックと発展 ………………………………………………………… 10

◆ 第1章　事前準備

第1節　実習を迎えるためのステップ ……………………………………… 12
　（1）実習半年前 ……………………………………………… 12
　（2）実習半年前～3か月前 ………………………………… 12
　（3）実習3か月前～1か月前 ……………………………… 13
　（4）実習1か月前～オリエンテーション後 ………………………… 14
　（5）実習2週間前～前日 …………………………………… 15

第2節　実習生の一日をイメージする ……………………………………… 16
　（1）実習中の朝 ……………………………………………… 16
　（2）子どもが登園するまで ………………………………… 17

（3）登園から降園まで ……………………………………………… *17*
　（4）保育時間後の仕事 ……………………………………………… *17*
　（5）一日の実習を終え，帰宅して ………………………………… *18*

第3節　実習中の場面 —このような時，あなたならどうする？
　　　　　　イメージからスキルアップへ— ……………………… *18*
　（1）実習中のいろいろな場面をイメージしてみる
　　　—あなたならどうする？— …………………………………… *18*
　（2）実習までのスキルアップ ……………………………………… *20*

第4節　社会人に向けての心構え ……………………………………… *22*
　（1）実習生の望ましい姿を考える —学生と実習生は違う？— ……… *22*
　（2）「せ・ん・せ・い」と呼ばれる意味を考える
　　　—学生ではなく社会人としての自分— ……………………… *24*
　（3）学生から「先生」へのまなざしの転換 ……………………… *25*
　（4）事前準備における学びの視点 ………………………………… *27*
　（5）憧れの先生に近づくには ……………………………………… *27*

第5節　実習先オリエンテーションに向けての心構え ……………… *28*
　（1）実習園を訪問するにあたっての心構え
　　　—実習先オリエンテーション当日に向けて— ……………… *28*
　（2）これだけは守る社会人としての実習生マナー ……………… *30*
　（3）実習生に求められる社会人としての姿 ……………………… *30*

確認チェックと発展 ……………………………………………………… *32*

◆ 第2章　観察実習

第1節　いざ現場へ —初めての幼稚園— …………………………… *34*
　（1）観察実習ではどういうことをするのか ……………………… *34*
　（2）実習課題をもつ ………………………………………………… *35*
　（3）観察実習中のメモのとり方 …………………………………… *36*

第2節　子どもの動きや様子を意識して観察する …………………… *38*
　（1）子どもの生活のいろいろな場面を観察する ………………… *38*
　（2）子どもの遊びの様子を，幅広く全体を見渡すように観察する ……… *39*
　（3）子どもの遊びの様子を，個々の子どもに焦点をしぼって観察する …… *40*

第3節　保育者の動きや様子を意識して観察する …………………… *42*
　（1）保育者の様子を観察して，何を読み取るか ………………… *42*
　（2）保育者の観察のポイント ……………………………………… *44*
　（3）環境を構成する保育者の観察ポイント ……………………… *45*

第4節　初めての実習日誌 ……………………………………………… *46*
　（1）実習日誌の様式例 ……………………………………………… *46*

（2）実習日誌の書き方のポイント ……………………………………… *46*
　　　（3）実習日誌を書いてみる ………………………………………………… *49*
　　　（4）実習日誌の書き方を磨く　―不十分な例と改訂例― ……………… *50*
　　　（5）実習日誌の指導の受け方 ……………………………………………… *56*
　　第5節　観察実習での保育者とのかかわりと振り返り ……………… *56*
　　　（1）観察実習での実習生と保育者とのかかわり ………………………… *56*
　　　（2）観察実習を振り返る …………………………………………………… *57*
　　　（3）保育者や子どもは見ている　―見られている自分― ……………… *57*
　　　（4）参加実習に向けて ……………………………………………………… *58*
　確認チェックと発展 ……………………………………………………………… *60*

◆第3章　参加実習

　　第1節　参加実習の目的 ………………………………………………… *62*
　　　（1）参加実習ではどういうことをするのか ……………………………… *62*
　　　（2）観察実習から参加実習，そして部分実習へ ………………………… *62*
　　　（3）参加実習の目的と課題 ………………………………………………… *63*
　　第2節　事例から学ぶ子どもとのかかわり方 ………………………… *64*
　　　（1）実習生Tさんの戸惑い：
　　　　　「子どもと積極的にかかわるにはどうするの？」 …………………… *65*
　　　（2）実習生Iさんの戸惑い：
　　　　　「子どもと思いっきり遊んでいるつもりなのに」 …………………… *65*
　　　（3）実習生Nさんの戸惑い：「同じ子どもとばかり，かかわってしまう」 … *66*
　　第3節　子どもの生活にかかわりながら，援助の仕方を身につける …… *67*
　　　（1）担任保育者の動きやかかわり方を真似る …………………………… *67*
　　　（2）園生活のさまざまな場面での子どもへのかかわり方 ……………… *68*
　　　（3）保育者の意図を汲みながら動けること ……………………………… *73*
　　第4節　子どもの実態をとらえる　―子ども理解への手がかり― …… *73*
　　　（1）自分なりに子どもの姿を理解する …………………………………… *74*
　　　（2）担任保育者に相談しながら子ども理解を深める …………………… *74*
　　第5節　参加実習日誌の記入のポイントとまとめ …………………… *75*
　　　（1）保育者のねらいを知りながら，参加実習のねらいを明確に ……… *75*
　　　（2）参加実習として一日の流れを記録する ……………………………… *75*
　　　（3）考察や感想は具体的に詳細に記述する ……………………………… *77*
　　　（4）部分実習へつながるように記録を生かす …………………………… *78*
　確認チェックと発展 ……………………………………………………………… *79*

第4章　部分実習

第1節　部分実習の目的 …………………………………………………… 82
- （1）部分実習とは ……………………………………………………………… 82
- （2）部分実習の中で経験できること ………………………………………… 82
- （3）部分実習で育ててほしい力 ……………………………………………… 82
- （4）部分実習を繰り返す ……………………………………………………… 83

第2節　活動を選ぶ ………………………………………………………… 87
- （1）あなたが部分実習でやってみたいことは？　―子どもたちとどのような活動をしてみたいか？　部分実習で取り上げる活動の例― …………… 87
- （2）活動を選ぶ時に考えること・気をつけること ………………………… 88

第3節　活動を深く理解し，ねらいと内容を考える ………………… 90
- （1）ねらいとは？　内容とは？ ……………………………………………… 90
- （2）活動を「よく知る」ためのステップ
  ―「ねらい」「内容」を考えるための教材研究の方法― ……………… 91
- （3）ねらいと内容を確定する
  ―子どもたちに感じてほしい面白さ・楽しさ・喜びは？― …………… 94

第4節　部分案を作り，実践をシミュレーションする ……………… 95
- （1）部分案には何を書くのだろう …………………………………………… 95
- （2）「環境構成」を考える基本 ……………………………………………… 97
- （3）「予想される幼児の活動」を考える基本 ……………………………… 98
- （4）「保育者の援助・留意点」を考える基本 ……………………………… 99
- （5）活動の展開に沿って考える①
  ―活動の導入を具体的にどうするか？― ……………………………… 100
- （6）活動の展開に沿って考える②　―活動の展開をどうするか― ……… 102
- （7）活動の展開に沿って考える③
  ―活動のまとめの段階で意識すること― ……………………………… 103
- （8）部分案が出来上がったら ………………………………………………… 104

第5節　部分実習終了後 …………………………………………………… 104
- （1）園長先生からのメッセージ
  ―部分実習の評価会を有意義な場にするために― …………………… 104
- （2）部分実習を振り返るポイント …………………………………………… 105
- （3）部分実習の反省会に臨む ………………………………………………… 107
- （4）部分実習の経験を次のステップに ……………………………………… 107

確認チェックと発展 …………………………………………………………… 108

第5章　全日実習

第1節　全日実習の目的 …………………………………………………………… *110*
 （1）全日実習とは ………………………………… *110*
 （2）全日実習で学ぶこと ………………………………… *110*

第2節　日案作成の前提として知るべきこと ………………………………… *111*
 （1）日案作成の手順および視点・留意点 ………………………………… *111*
 （2）園の一日の保育の流れを知る ………………………………… *111*
 （3）園の方針や細やかな決め事を理解する ………………………………… *113*
 （4）一日の保育の流れを見通す ………………………………… *114*

第3節　「幼児の姿」「ねらい」「内容」「環境構成」「予想される幼児の活動」を考える ………………………………… *114*
 （1）「幼児の姿」から「ねらい」「内容」を考える手順 ………………………………… *114*
 （2）一日の保育の流れの中で「環境構成」「予想される幼児の活動」を考える … *116*

第4節　「保育者の援助・留意点」を考える ………………………………… *121*
 （1）活動の流れに沿って援助・留意点を考える ………………………………… *121*
 （2）実習生が作成した日案から援助・留意点を考える ………………………………… *122*
 （3）「全日実習」を体験した先輩からのアドバイス ………………………………… *125*

第5節　全日実習の反省・評価 ………………………………… *128*
 （1）全日実習の反省・評価の視点 ………………………………… *128*
 （2）全日実習の反省会に臨む ………………………………… *130*
 （3）実習日誌の記録を通して気づく自己課題 ………………………………… *131*
 （4）「保育者の専門性」を学んだ全日実習の経験 ………………………………… *133*

確認チェックと発展 ………………………………… *134*

第6章　実習のしめくくり・反省と評価

第1節　実習のしめくくり ………………………………… *136*
 （1）実習最終日はしめくくりの日 ………………………………… *137*
 （2）実習全体の反省会 ………………………………… *137*
 （3）実習日誌の仕上げ ………………………………… *138*
 （4）実習終了後の心構え ………………………………… *140*

第2節　実習生を受け入れる園側の思い ………………………………… *141*
 （1）積極的，意欲的に取り組むことができたか ………………………………… *141*
 （2）園児との生活の中でどのようなことを学んだか ………………………………… *141*
 （3）保育環境の中から何を学んだか ………………………………… *142*
 （4）実習生を迎えるにあたって　―園側の配慮に気づいたか― ………………………………… *143*
 （5）実習生を受け入れる担任の先生の思い ………………………………… *143*

第3節　実習の自己評価　　　　　　　　　　　　　　　　　　　　　145
　（1）自己評価チェックリスト　　　　　　　　　　　　　　　145
　（2）実習の自己評価とは　　　　　　　　　　　　　　　　　145
　（3）園側の評価と学生の自己評価　　　　　　　　　　　　　147
　（4）今後の自己評価に向けて　　　　　　　　　　　　　　　148
第4節　大学での事後指導　　　　　　　　　　　　　　　　　　　　148
　（1）事後指導とは　　　　　　　　　　　　　　　　　　　　148
　（2）個 別 指 導　　　　　　　　　　　　　　　　　　　　148
　（3）実習体験報告会　　　　　　　　　　　　　　　　　　　149
　（4）実習レポートの作成　　　　　　　　　　　　　　　　　150
　（5）実習園からの評価表の開示　　　　　　　　　　　　　　151
第5節　よりよき先生になるために　―夢に向かって―　　　　　　　151
　（1）幼稚園教諭を目指して　　　　　　　　　　　　　　　　151
　（2）実習体験を生かして学ぶこと　　　　　　　　　　　　　151
　（3）先輩実習生からのアドバイス　　　　　　　　　　　　　153
　（4）現場の先生からのアドバイス　　　　　　　　　　　　　154
　　コラム：「素敵な先生とは」　　　　　　　　　　　　　　　155
　　付録：実習礼状の書き方　　　　　　　　　　　　　　　　　156

確認チェックと発展　　　　　　　　　　　　　　　　　　　　　　　157

■資料：幼稚園教育要領　　　　　　　　　　　　　　　　　　　　　158

序章　実習の目的と本書の構成

```
実習前の不安
不安を希望に
実習前の不安を解消する三つの気持ちのもち方
他者への尊敬をはらえる人間に
夢が目標に変わる時
```
☞ **第1節　実習は保育を夢から目標に変える体験**

```
実習の課題－多くの学生が直面してきた問題－
```
☞ **第2節　実習から学ぶ六つの課題と目的**

```
実習を確かなものとするために
```
☞ **第3節　実習において無条件で大事にしたいこと**

```
実習での活動を予想しつつ
```
☞ **第4節　本書の利用方法**

第1節　実習は保育を夢から目標に変える体験

幼稚園（保育所）の教員・保育士を目指している学生は，実習が充実したもの，楽しいものになることを願っているだろうが，そのような学生をサポートすることを本書は目的としている。実習にあたっていろいろな不安をもっている人がいるだろうが，その不安を除くとともに実習までに何を準備し，実習中にどのようなことに注意すればいいのか明らかにする目的で本書は書かれている。

本書では，これまでの「学生の発想や生活」から抜け出して，実習生であるが，「保育者の発想や生活」への転換が実習には必要であるとの考えから，その転換とは何か，転換するとはどういうことかを学ぶ視点から，実習生が，子どもにどう言葉がけをし，かかわればいいのか，実習園の先生方との接し方・言葉遣いなど具体的によくある問題を例示しながら考えていきたい。

（1）実習前の不安を希望に変える

実習に行く学生は，「自分は子どもとうまくやっていけるのであろうか」「幼稚園・保育所の先生方とうまくやっていけるのであろうか」「遅刻せずにいけるのであろうか」など，不安をいっぱいもっていることと思われる。なかには子どもの顔も見ないうちに，不安に負けてしまう学生もいる。しかしこれでは，自動車の運転をするのに教習所での運転が不安だから免許をとるのをやめるのと同じである。不安だからこそ教習所での運転があるのである。保育者となるためには，いろいろな不安を抱えているからこそ実習があり，必要だということを忘れないようにすることが大切である。

不安があるのが問題なのではなく，その不安と向き合い，実習体験を通してよりよい実践を学び・自分を高めていこうという意欲や意識をもつことが大切である。むしろ，不安のない学生は傲慢になってしまったり，問題意識の欠如が指摘されたりすることが多いといえる。何の不安もないという人のほうが心配である。この意味で，いろいろな不安をもっていることのほうが当然なのである。

不安に思っていることを自分なりに考え，また第1章で述べていることを参照しつつ，不安を希望に変えて，これからいろいろなことを学び，いろいろな保育者・子どもとの出会いが素敵になるようにしていただければと願っている。

そのためにも，実習を楽しく，自分にとって学びの多いものにしていくためには，少なくとも次の三つのことを大切にし，忘れないことが前提になると思われる。

（2）実習前の不安を解消する三つの気持ちのもち方

漠然と不安をもっていても何も解決しない。重要なことは，次の三つの問いに皆さんなりに回答をもつことである。
① 子どもから見れば実習生も保育者・教師だというのはどういうこと？
② 実習生は社会人として行動するというのはどういうこと？
③ 子どもの目線から学ぶという気持ちをもつというのはどういうこと？

この三つの問題に自分なりに回答してみよう。できれば，紙に書いて自分が大切にしているこ

とを自覚するようにすればよいと思われる。これは実習前の指導でも聞かれることだから，自分なりに早く明確にしておけばよいだろう。

当然，正解があるのではないが，どのようなことを整理しておけばよいのか考えてみよう。

1）子どもから見れば実習生も保育者・教師だというのはどういうこと？

実習の前にインターンシップやボランティアなどで現場に出かけている時は，どこかお姉さん・お兄さんでよかった面もあるが，実習生は子どもから見れば保育者の一員である。これまではお姉さん・お兄さんであってもフォローしてくれる保育者がいてくれたのだが，実習生は保育者の支えがあるとしても，子どもの側から見れば保育者として振る舞うことが求められる。よって，実習生の言動が子どもに影響を与えることを自覚しておく必要がある。例えば，ある実習生は，担任保育者が課題活動に取り組んでいる時に，後ろでその保育を見せてもらっていた。子どもが学生に近づいてきて何かと興味を示したので，自分が子どもから着目されていると思いうれしくなって対応しているうちに，何人か寄ってきて担任の保育と無関係な活動となってしまった。結局，担任の保育を邪魔することになってしまった上，学生は自分が子どもに影響を与えていることに気がつかないままだったのである。しかも，後で担任から注意を受けても，「担任はよく怒る」という程度の自覚しかなかった。この例は，結局子どもから見れば実習生を保育者として自覚していないということになるだろう。同様のことは，たくさんある。子どもへの朝の挨拶でも，保育者からおはようと声をかけていくことにいつまでも気がつかないとか，上靴と下靴を区別しないとか，細かいことをいえばキリがない。つまり，実習では学生から保育者・教師としての気持ちに切り替えているかどうか，心構えとしてはっきりさせて

おく必要がある。第1章に記してあるが，このような場合には保育者としてはどう振る舞うのかを，自分なりにシミュレーションしておくことも実習を楽しむためにも必要である。

また，実習生も保育者・教師だとすれば，それに対応する技能が自分にあるのだろうかと悩む人もいるかもしれない。例えば，自分はピアノが苦手で，下手だという場合である。確かに，保育においてピアノが弾けることは望ましいといえるが，ピアノが上手だからよい保育者となるかというと必ずしもそうではない。ピアノがうまく弾けるために，むしろついついピアノで子どもたちを管理してしまう人や，自分はピアノが上手なのだから，子どもがうまく歌わないのは子どもに原因があると思う人もいる。

大事なことはピアノであれ，何であれ，自分なりに取り組もうとする姿勢である。例えば，子どもたちに「音楽のある生活」は大切だと思われるとすれば，そのために皆さんは何をなすことができるのかを考えてみよう。歌を歌える，リズムがとれる，ピアノ以外の楽器を弾けるなどの力が大事な場合もあるだろう。何よりも，音楽や表現が好きな点では負けないという人もいるかもしれない。なかには自分には何もないという人もいるだろうが，それでも，子どもたちがどんな音楽や音楽行動に興味をもっているかを聞くことはできるだろう。このように子どもたちにとって音楽のある生活を作るために努力することが，実習生に求められることである。

2）実習生は社会人として行動するというのはどういうこと？

実習生は一生懸命やっているのだがうまくいかないという場合に，その原因として，社会人として常識が必要であることを自覚していない場合がある。実習中には，学生同士の関係においては許されていることと，社会人としては許されていないことがある。学生だからというこ

とで，大学内で許されていることも多々ある。そのため大学と同じような振る舞いでよいと考えている場合には，実習においては通じず，それが実習最後まで響くこともある。例えば，担任の先生にお願いや依頼をする必要がある時に，「これやって」と平気で言っている学生や，保育者に物を渡す時に「これいる？」と言っている姿を見たことがある。また，担任の先生が学生に何か頼もうとして言いかけても，最後まで聞きもしないで「そんなことはおかしい」と言っている学生を見たこともある。このような実習生を担当した保育者が，実習生に対して口の聞き方を一つひとつ注意しないのは，実習生を社会人として見ているからである。にもかかわらず，言われていないからいいのだと開き直るのは，社会人としてはどうなのだろうか。要するに，幼稚園・保育所という社会で自分が自立した人間として生活することを意識し，守る必要があることを踏まえていこうという気持ちをもつことが大事となる。自分なりに社会人として振る舞った経験を思い出し，どのように振る舞えばいいのかを考えておきたい。

3）子どもの目線から学ぶという気持ちをもつというのはどういうこと？

子どもの目線から学ぶという気持ちをもつということは，授業などで繰り返し強調されてきている。そのため自分なりの回答を自覚したいものである。

要点は，保育は保育者だけでは成立しないということである。子どもがいるから保育になることをまずはしっかりおさえる。しかも，その子どもはモノではなくヒトとして生きている。よって，保育者が「このようなものを作りましょう」「作り方はこのようにします」という実践の場合でも，子どもは子どもの視点で受けとめているのである。「説明の時に先生が楽しいことをやっていたので自分もやりたい」とか，「楽しそうだけど自分はできない」とか，いろいろな子どもの「受けとめ方」があるということである。その子どもの「受けとめ方」がわからなければ保育はできないという気持ちを保育者はしっかりおさえておく必要がある。

このようにいうと，子ども目線から学ぶということは子どもの言いなりになることだと思う人がいるかもしれないが，むしろ保育者としての願いをしっかりもって子どもとかかわるべきだということになる。ともあれ，保育者として子どもにはいろいろな受けとめ方があることを認めることが，子ども目線で考える出発点だといえる。そうすると実習生が何気なくしている行動も，子ども目線でいうと「こうかかわることはいいことよ」というメッセージになっていることも少なくないことに気がつく。

以上述べた，保育者としての自覚をもって振る舞う，社会人として振る舞う，子どもから学ぶ，の三つは誰でも考えることである。しかし，その根底に自分や周りの人をどう見るか，どうかかわるかが関与しており，その関与の土台に他者（保育者および子どもなど）への尊敬の気持ちを忘れないようにしたいと考えている。では，それはどういうことなのだろうか。

（3）他者へ尊敬をはらえる人間に
―三つの気持ちの根底に―

他者への尊敬をはらえる人間となるということはどういうことだろうか。実習園の先生方との対応で考えてみよう。

例えば，実習園の先生から「あなたは気のつかない学生ね」と言われたとしたら，どう対応するのだろうか。相手の言っていることもわからずに「注意します」と簡単に答えてしまって，後でぶつぶつ言っている学生もいる。また，逆に，「何のことかわからない」とふてくされる学生もいる。挙句の果てに，実習園の先生方と

の応答を勉強しなければならないと返答の仕方を議論している学生もいる。しかし，実習園の先生方に尊敬をはらうというのは，上記のどれかをすることなのだろうか。

経験によれば，相手を尊敬する視点をもってかかわるという場合に，その内容がどのようなものであれ，まず，言っていることを聞くこと，聞く気持ちをもつことが先決である。聞かないで反応することはできない。次に，先生方が学生のことを考えて注意をしていると考えてみる必要がある。実習園の先生の注意に対して，それがきちんとした理由をもち学生の成長を願って言ってくれているという気持ちをもつのと，そうでないのとでは大きな違いが生まれる。

相手の言っていることを理解しようとすることが，相手を尊敬することの出発点である。そうした気持ちをもたないで，聞き方や言い方をいくら工夫しても意味がないし，文句をつけているとだけとらえる発想は相手の言うことを初めから拒否していることになる。

この意味では，まず，何を注意されようとしているのかを「自分で」理解するようにしよう。その上で，わからないことや意見があれば，「これはどうすればいいのでしょうか」と聞いていくことが必要な場合もあるし，実習園の先生にも思い違いなどはあるから，自分の感じていることと違えば，相手を尊重しつつも意見を言うことが大事なこともある。いずれの場合も尊敬をはらうことが前提である。

尊敬する気持ちをもった時に初めて，話し方や接し方に工夫をすることが可能となる。相手が不快とならないように返事をすることなどは，少し考えればできるものである。もし，うまくできない学生がいるとすれば，多くの場合，相手を尊敬するとはどういうことかを考えていない可能性がある。あるいは，他者の視点から自分を見たことがない学生と考えたほうがよいかもしれない。そのような学生は，話し方や接し方で他の学生や周りの人に意見を求め，自分なりに実習に臨む中で考える機会をもつことを勧める。ドアは叩いてこそ開くものである。聞いてこそ答えがあるというのは当然のことである。

第2節　実習から学ぶ六つの課題と目的

（1）実習の課題
―多くの学生が直面してきた問題―

では，実際に実習で直面する問題はどのようなことなのだろうか。本書では，次のような課題があると考えている。

① 教育・保育実習に参加する学生がどのような準備をすればいいのか
② 観察はどうすればいいのか，観察の記録の整理をどうすればいいのか
③ 参加実習で注意することは何か
④ 部分保育をどのようにすればいいのか
⑤ 全日保育において考えるべきことは何か
⑥ 反省会ではどのように学べばいいのか

これら以外に，前節で述べたように，お世話になる幼稚園とのかかわりはどうあるべきか，教師としての振る舞いはどうあるべきか，ひいては，社会人として生きるとはどういうことかをも学ぶことになる。この6点については，第1章から第6章で各々検討する。もちろん，大学によって，また実習園によって課題となることは異なるし，個々の実習生によっても異なるが，上記の課題はほぼ共通となっている。これまで実習の準備といっても，その多くはこれら

の課題について自分なりに答えを見出して実習に臨んだ場合に、実習が有意義なものとなると考えられる。

実習は、学生から社会人・保育を仕事にするためのプロセスである。実習においてしっかりとした目的をもって取り組むのと、ボヤーッと過ごすのとではまったく異なる結果になる。本書では、実習の目的として次の7点を確認しておく。具体的な課題については、次章以降で考えることにしたい。

（2）保育者の仕事を体験する

実習の第一の目的は、保育者の仕事を体験することである。それは「保育者の一日を知ろう」、「朝、何時に来て、どのようなことをしているのかを知ろう」ということが出発点である。その上で、その一つひとつの意味を保育者の気持ちになって語れるようになってほしい。当然、その結果として、少しずつ保育者の配慮や指導を知るようになればさらによいと思われる。

また実習において保育者の仕事を体験することで、職業としての保育者の楽しさと厳しさを知っておくことも目的の一つである。

そのためにも、少なくとも次のような目標をもちたい。

① 保育者の一日を知る
② 実習園ではどのようなことを大事にし、何を目指しているのかを知る
③ 保育者がどのような配慮や指導を行っているかを知る
④ 職業としての保育者の楽しさと厳しさを知る
⑤ 「子どもに生きる」とは何かを知る
⑥ 自分が保育で一番大事なことは、
〔　　　　　　　　　　　〕

（3）子どもを理解する

次に、実習の第二の目的は「子どもを理解する」である。実際に、子どもをただボーッと見ているだけと、「あの子はこんなことに興味をもっているのに、どうしてあの子は興味をもっていないのだろうか」、「関係の点で先生とのかかわりが薄い子や深い子がいるのはどうしてなのか」などと子どものことを知ろうとしていくのとでは大きな違いとなる。後者はそうすること自体が大変興味を広げることとなる。したがって、自分のやり方でかまわないので、子どもを理解することによって保育者としての見方が自分の中でどのように深まったのかを学びたいものである。そのためには、次に示す②、③、④のようにさまざまな方法を使うことで学びたい。

① 子ども理解の楽しさをもつ
② 何気ないエピソードを子ども理解に生かすやり方
③ 子ども理解の方法を自分なりにもつ
④ 実習園の子ども理解の仕方を学ぶ（盗む）
⑤ 自分の観察法は、
〔　　　　　　　　　　　〕

（4）指導法を学ぶ
　　—部分保育と全日保育を目指して—

指導に関する大学での学びを踏まえて、保育者が積極的に関与したほうがいい場合とそうでない場合などについて、その幼稚園や保育者から学ぶようにしたい。そして担任の先生がいろいろなやり方で子どもの成長を援助していることを学びたいものである。できれば、指導法によって子どもの姿が違うことを、自分なりに整理できればよりよいと思われる。

① 遊びの指導・援助の方法を学ぶ
② 課題活動の指導・援助の方法を学ぶ
③ 年齢ごとの指導の違いを学ぶ
④ 指導の仕方が子どもに影響することを学ぶ
⑤ 自分はどんな指導法をもっているか
〔　　　　　　　　　　　　　　　〕

（5）保育とは何かを考える

　当然，保育の指導・実習を通して，保育とは何かを問う旅に出ることになる。その中には大学で理解していたことと異なる場合も含めて，考えてみたい。いずれにしても，子どもたちを好きであるということはどのようなことか，子どもを人としてみるということはどのようなことかなどを考えて，自分なりの答えを見出そう。

① 保育者とのかかわりで子どもはどう変わったのかを体験する
② 理論と実践を対応させる
③ 保育の理想を自分の中で育てる
④ 理想とする保育を言葉で表すとすれば…
〔　　　　　　　　　　　　　　　〕

（6）保育者像をもつ

　最終的に，次に示す④の質問に回答することで整理してみよう。それが保育者としての入り口に立つことになるだろう。

① 子どもから見た保育者はどのようなものかを語れる
② 子どもの自己活動と保育者の援助・指導の関係を語れる
③ 保育者の果たす役割を知る
④ 保育の仕事の楽しさと厳しさをもつ

（7）これから何を勉強すればいいのかを整理する力をもつ

　以上の6点を踏まえて，では，自分の実習にあたっての課題を整理しよう。そしてこれらを書き出そう。無理なことを書かずに，自分でやろうと思うことを書こう。例えば，少なくとも次のようなことは必要である。

① 実習園での体験を書き綴る
② 自分ができたことは何かを整理する
③ 自分がさらに学ぶ必要のあることを整理する

（8）実習全体を通して学ぶことは何か
　　　―子どもを尊敬するとは何かを学ぶ―

　筆者らの大学での指導体験を踏まえつつ，幼児教育学の知見から考察をし，学生が自分なりに方向性をもって実習に望んでほしいと思うことを整理したのが本書である。
　本節の最初に述べたように六つのことが課題になると思われるが，その基礎には社会人として，さらに根底には人として当たり前に振る舞うことがある。これまで誰かに頼んでやってきた自分，問題があっても誰かに責任を預けていた自分などがあるかもしれないし，自分が常識と思っていることが自分だけの独りよがりである場合も少なくない。実習ではいろいろな問題に直面すると思うが，実習が自分を振り返るチャンスだと思って，事前に心の準備をしていくことが最大の問題ともいえる。

① 子どもを尊敬していないかかわり方は，
〔　　　　　　　　　　　　　　　〕
② 子どもへの尊敬を表すかかわり方は，
〔　　　　　　　　　　　　　　　〕

第3節 実習において無条件で大事にしたいこと

社会人として・実習生として・保育者として，次のようなことは無条件で大事にしてほしい。

① 時間厳守，報告，連絡，相談，日誌の提出期限厳守
② 実習生であっても安全対策を怠ってはいけないこと（楽しんで思い切りのよい保育をしてよいのだが，安全を忘れて子どもがけがをすることがないように）
③ 実習生であっても守秘義務があること（思いがけない情報を聞いてしまったり，また悪気なく他言してしまったり）
④ 指導実習での教材貸与のマナー，事前準備，自己準備（画用紙や牛乳パックなどは？）
⑤ 給食などの食事のマナー（お箸・挨拶・食べ方・好き嫌い・食への考え方）
⑥ 病気など体調が悪くなった時の対応については，伝染性の病気であるかどうかを含めて現状を報告する，いずれにしても診断書を出すなど，大学の指示を守る。
⑦ 実習が終わってからの対応（子どもとばったり出会ったら，次の実習生に悪いことを吹聴しない，終わって終わりではない）

第4節 本書の利用方法

本書は，実習を通してより広く・深く学べることを願って，実習生が体験することを時系列に従って書いている。その時系列の中心に，子どもたちの生活があることは当然のことである。幼稚園での生活のパターンはいくつかあるが，主なものを次のように想定している。

（1）ある幼稚園の登園から降園までの子どもの生活

＜Aパターン＞
8：30　登園，視診，クラスで着替えなど
9：40　片付け，排泄，水分補給
10：00　朝の集まり・体操など
10：20　クラスの活動（その日の主活動）
10：50　戸外遊び
11：40　片付け，排泄，うがい，手洗い
12：15　昼食準備・昼食
13：30　降園準備，降園前の集まり
14：00　降園

＜Bパターン＞
8：30　登園，視診，クラスで着替えなど
9：40　好きな遊びをする
11：40　片付け，排泄，うがい，手洗い
12：15　昼食準備・昼食
13：00　好きな遊びをする
13：30　降園準備，降園前の集まり
14：00　降園

＜Cパターン＞
8：30　登園，視診，クラスで着替えなど
9：40　好きな遊びをする
11：00　クラスの活動
11：40　片付け，排泄，うがい，手洗い
12：00　昼食準備・昼食
12：45　好きな遊びをする

13：30　降園準備，降園前の集まり
14：00　降園

　この三つのパターンで，幼稚園の子どもの一日の生活が明確になっているとは限らない。実際にはいろいろなパターンがあると思ってほしい。しかし，典型的な日課のパターンとして，この三つがあると想定して，自分ならどのようにかかわるかを考えてみよう。本書では第1章以降でその各々について触れ，最終的には第5章で示すように一日の計画が立案できるようになる。

（2）実習のおおよその日程を頭におこう

　実習は，大学での授業（実習論など）および事前オリエンテーション，そして幼稚園における事前オリエンテーションを受けて実習ということになる。
　おおよそ実習の主な活動は次の六つである。
① 事前準備
② 観察実習
③ 参加実習
④ 部分実習
⑤ 全日実習
⑥ 反省と評価

　最終的には，実習というと④および⑤をイメージしている学生がいるかもしれないが，②および③に各々1週間かけている幼稚園のほうが多いようである。つまり，実際の保育を展開することは確かに実習で意識することであるが，そのためには，保育を知り，子どもを理解することが重要だということになる。

（3）実習生が体験することと本書の利用法

　多くの実習園では，本書で書いた順番で課題をもつことになり体験すると思われる。しかし，幼稚園においてその順番が異なることもあるし，大学によっては実習を何回かに分けて各々の目的をもって実施していることもある。どのような取り組み方であるにしても，実習中に学生が検討すべきことは同じことなので，よく読んで十分準備をして楽しく実習を遂行したい。

　いうまでもなく，保育は生き物であるから，本書が時系列で挙げていることが順番通り現れてくるとは限らない。それでも次章以降で述べていることを参考にして，保育を夢から目標に変える架け橋としての実習を楽しく充実して送ってもらいたい。

　本書は，実習を有意義なものとするために書かれているが，保育のすべてを本書で解決するというのではない。本書を通して実習では何を学ぶのか，そのためにどのような用意をすればいいのかを，学生の目線で考えたものである。よって，学生としてこれまでに学んできたことを，ある意味では総決算することになるので，本書を通じて自分が実習までに学んでおかないといけないことを整理してもらえればよい。

　何よりも，子どもたちの世界に参入する保育者として，楽しい実習を「作り出す」ことを目指してほしい。

（4）夢が目標に変わる時を求めて

　このような学びを通して，これまで憧れにとどまっていた保育者への夢を目標へと変えることになる。それはどのような瞬間かというと，いろいろ考えて活動している子どもの顔を見て保育者としての読み取りができる時，さらには，子どもたちの楽しさや真剣さの裏側に実習園の先生方の工夫や知恵が発揮されていることを感じられるようになった時，その時に保育の仕事は夢から目標に変わることになるのである。

　そのため，まずは，実習前に何をなすべきかを第1章で考えてみよう。

確認チェックと発展

序章で学んだことを，あなた自身の言葉で整理していこう。

第1節　実習は保育を夢から目標に変える体験　より
実習にあたって，どのような不安があるだろうか。三つ挙げよう。また，それを解決しようとしているだろうか。
1)
2)
3)
不安を解決するために必要な三つの気持ちの切り替えとは何か。
1)
2)
3)

第2節　実習から学ぶ六つの課題と目的　より
実習において，学ぶことは何か六つ挙げよう。
1)
2)
3)
4)
5)
6)

第3節　実習において無条件で大事にしたいこと　より
実習園において他者を尊敬するというのは，どういうことだろうか。

第4節　本書の利用方法　より
夢が目標に変わるポイントとは何だろうか。

第1章　事前準備

実習前の今，その時期ごとに，自分ができることを考えよう。

☞ **第1節　実習を迎えるためのステップ**

実習中はどのような一日を過ごすのだろうか。普段の学生生活との違う点や，実習生としての一日の流れを学ぼう。

☞ **第2節　実習生の一日をイメージする**

実習中はいろいろなことが起こる。そのような時，自分ならどうするかをイメージし，どのようなスキルアップができるかを考えてみよう。

☞ **第3節　実習中の場面**
　　　　　—このような時，あなたならどうする？
　　　　　　イメージからスキルアップへ—

学生としての日常と実習生としての日常を比べてみて，何が違っているかを考えよう。

☞ **第4節　社会人に向けての心構え**

実習は，実習先オリエンテーションから始まる。幼稚園教諭を志して恥ずかしくない態度とは何だろうか。

☞ **第5節　実習先オリエンテーション
　　　　　に向けての心構え**

第1節 実習を迎えるためのステップ

(1) 実習半年前

1) どのような保育者になりたいのか、実習でどのような保育をしたいのかを考えておく

保育者を目指して日々学校で学んでいる皆さんは、「こんな保育者になりたい」「実習ではこのような保育をしたい」というイメージや目標をもっていることと思われる。それらを明確にしておき、保育者としてあなたが目指す姿を考えておこう。

2) 子どもにわかりやすい話し方の練習をしておく

実習前に、ボランティアや数日間の観察実習を幼稚園や保育園で行っている学校も多いと思われる。その際、ぜひ見てきてもらいたいことは、先生の子どもに対する話し方や言葉遣い、表情である。先生は子どもにわかりやすい話し方をしていることに気づくだろう。例えば、時間の話をする時に、「10時になったらおやつですよ」ではなく、「時計の短い針が10、長い針が12になったらおやつですよ」というように、である。先生方もこうした話し方を一朝一夕にして身に付けたのではなく、日頃から心がけたり、先輩の先生方の話し方を真似したりしていき、自分のものにしていったのである。電車の中や公園などで遊んでいる子どもの様子を観察し、保護者がどのように話しているのかを見ることも新しい発見となるだろう。

3) 明るく元気な挨拶ができるよう、日頃から練習をしておく

実習園の先生から、次のようなご指摘をいただいたことがある。「学生は、元気に挨拶をしているつもりのようですが、こちらにはそれが伝わらないのです。」

なかなか厳しいことかもしれないが、挨拶は相手に伝わって初めてあなたの気持ちが届くものである。日頃から、友達同士や学校の先生に対して明るく元気な挨拶ができるよう、心がけて実行しよう。

4) ピアノの練習をしておく(季節や保育内容を配慮した上で、弾き歌いを確実なものにしておく)

ピアノに対して消極的な姿勢の学生もいるようである。そのような学生に対して、実習園の先生方が求めていることは何だろうか。それは、学生の能力の範囲内で、精一杯練習をし、「ここまで私は頑張ってきました」という姿勢で保育に臨むことである。伴奏の両手が無理ならば、右手のメロディーだけは完璧にし、子どもの顔を見ながら歌うのもよいだろうし、左手の和音が難しいのならば、単音で弾くのもよいだろう。

また、そのように楽譜をアレンジすることが不得手な人は、学校の音楽の先生に聞いて、その手法を教えてもらおう。

(2) 実習半年前〜3か月前

1) 保育に関する基礎的な理論や幼児の発達について復習しておく

教育実習指導または幼稚園実習指導の科目だ

けが実習のための授業ではなく，すべての科目が実習と結びついている。特に，小児保健，発達心理学，教育心理学や保育内容全般の教科書を読み直そう。幼児の発達については，各年齢における発達の特徴を理解しておこう。

2）事故や病気への対応を学んでおく

園で起こり得る子どもの事故や病気について，学んでおくことはとても大切なことである。実習を終えて大学に戻ってきたある学生は，「小児保健の授業がこんなに大切だということが，実習に行って初めてわかりました」と言っていた。実際に，実習生が事故や病気の子どもの対応をするということは少ないだろうが，病気や事故への対応の仕方を学んでおくことは必要である。子どもの命にもかかわることなので，「知らなかった」では済まされないことであり，保育者の適切な対応が求められる。日頃の学内での授業を大切にし，自分なりにノートにまとめておくようにしよう。

3）子どもが見てわかりやすく楽しめる名札を作り，自己紹介の仕方を考えておく

名札は単に実習生の名前を子どもたちに覚えてもらうだけでなく，子どもたちに親しみをもってもらい，仲良くなるきっかけにもなる。スナップボタンを使ってパーツを取り替えられる名札を作った学生から，「子どもが名札のキャラクターを気に入ってくれた」「パーツを日替わりにしていったので，子どもが『今日は何かな？』と楽しみにしていた」というエピソードもある。

園によっては，キャラクターを保育に取り入れないところや，園児と同じ名札を使う園など，さまざまなので，事前訪問の際に聞いておこう。そして，名札が完成したら子どもへの自己紹介の仕方を考えておく。自分の名前だけでなく，好きな遊び，好きな食べ物などを入れると，子どもたちに覚えてもらいやすく，親しみをもってもらうことができるだろう。

（3）実習3か月前～1か月前

1）実習の目標を立てる

あなたは今，数か月後に控えている実習に対して，どのような思いをもっているだろうか。「どのような子どもたちが待っているのかな？」「幼稚園の先生に出会って，早く仕事を学びたい」など，夢を膨らませていることだろう。そのような気持ちを大切にしながら，実習への目標をこの時期に立てよう。例えば，目標が「子どもたちが興味をもっている遊びを知り，一緒に遊ぶ」だとする。その目標を達成するために，この時期にしておくべきことは何だろうか。実習に行く時期や季節，クラスの年齢，実習先の幼稚園の方針や地域性などを考慮して，子どもたちが園で遊んでいそうな遊びを考え，調べてみよう。また，鬼ごっこやしっぽとり遊びなど，子どもたちと関係がつくりやすい遊びを取り入れることも予想しておくとよいかもしれない。子どもと仲良くなるチャンスをつくるには，事前の実習目標をもつことが大切である。この時期に予想して準備することで，より実習が見えてくる。

2）記録の書き方を理解しておく

毎日の記録をとることは，実習生にとって大変重要だが，そのことに対して不安をもっている学生も少なくないようである。では，その「不安」はどこから来ているのだろうか。それは，多くの学生の話から「記録の書き方がわからないから」だと思われる。

本書では，第2章第4節（p.46）で，実習記録の書き方に詳しく触れているので，参考にして，身につけてほしい。

3）実習生個人票を作成する

実習園に事前に提出する実習生個人票を作成する。丁寧な文字を使って，誤字脱字のないように記入する。実習生個人票は，あなたの第一印象になるので，記入前に下書きをした上で，清書するくらいの気持ちで書こう。

4）実習園の場所の確認と，自宅からの距離や交通手段，通勤経路を調べておく

実習園の場所を地図で確認し，交通手段を調べて所要時間や通勤経路を把握し再確認しておこう。そうすることで，安心して訪問することができる。

5）実習期間中の行事や季節の自然の様子について事前に調べておく

園では，毎月さまざまな行事が行われている。学外オリエンテーションの際に，行事予定を知らせてもらえることもあるが，ホームページを作成している園では，行事について写真などを織り交ぜながら載せているところも多くみられるので，見ておくとよいだろう。

また，季節の自然の様子について調べておくことも大切である。自然の物を環境構成として，園ではどのように取り入れているのか調べるだけでなく，時間に余裕のある人は自分の足で材料を探してみよう。

（4）実習1か月前～オリエンテーション後

1）実習園の保育の考え方を理解しておく

ここでは，どのような保育の方法を実践しているのかをイメージする。園にはそれぞれ保育方針があり，園独自の保育目標があり，毎日の生活や行事はそれらにそって行われているので，よく理解しておこう。例えば，キリスト教保育を行っている園であれば，保育の中にお祈りや讃美歌の時間があるし，行事も保育方針に基づいて行われる。ある園のちょっとした絵画制作も保育方針とつながっていることがある。

あるクラスでは，画用紙を床において描くことがある。「好きな場所で描いてもいいですよ」という保育者の指示があることもあるだろう。別のクラスでは模造紙を何枚も張り合わせた大きな1枚の紙に，「みんなで昨日のおいも掘りで掘った，一番大きなおいもを描きましょう」ということもあるだろう。さらに，就学前の年長児クラスでは，小学校入学を念頭に入れて，机を前にして椅子に座って絵を描く，というスタイルがとられることもある。園としての考え方が，絵画指導のやり方に反映していることも多いのである。また，同じ園でも，その時々に変化させていることもある。保育の考え方や形態について，否定的にとらえるのではなく，園の保育の考え方を理解し，園のよさを積極的に見つけていこう。

2）環境を理解しておく

園児の人数や建物，敷地，園庭の大きさ，保育者の数など，園の環境はどうだろうか。これらの環境に対し，子どもたちや保育者がどのようにかかわっているのかを考えよう。例えば，園庭の大きな木がセミ採りや木登りの格好の場になったり，時にはその木陰でままごとをする場所になったりする。遊具や手洗い場，水を使う場所など，その一つひとつが子どもたちにどう影響しているのか，そして保育者がどのような配慮をしているのかを学ぶことも大切である。

また，都市部の住宅地の中にあるのか，自然豊かな地域にあるのかなど，周りの様子も見ておき，子どもたちの園外での生活環境を理解しておこう。

3）教職員の構成を理解しておく

幼稚園には，園長，副園長，主任，教諭，養護教諭，事務職員，用務員，バスの運転手など

が配置されている。職員の構成や人数は園によって異なる。複数の専門職がそれぞれの役割をもって保育に携わっていることを理解しよう。

4）一日の流れを理解しておく

朝，子どもたちが登園してから降園するまでの保育の流れを理解しておこう。序章で示したA，B，Cの三つのパターン（p.8）を念頭において，実習園はどのパターンなのかを，週案を参考にして理解しよう。

5）全日実習の指導案と保育教材の具体的な準備をしておく

実習生の実習での大きな関心でもあり，課題でもあるのが全日実習である。実習が近づくと，学生同士が全日実習で子どもたちと作る制作物をお互いに見せ合ったり，情報交換をし合ったりする姿が見られる。園によっては，実習初日に全日実習の指導案を提出するように指導されるところもあるようである。オリエンテーションで配属クラスが決まったら，指導案を立て，保育教材を準備しておこう。指導案の作成方法については，第4章・第5章を参考にするとよい。また，指導案は事前に学校の担当教員に見てもらい，アドバイスを受けておこう。

6）健康診断書，細菌検査証明書などの書類をそろえる

園に提出する健康診断書や細菌検査証明書をそろえておく。また，持病など気になるような疾患がある場合は，医師に相談するなどしておくことが必要である。そして，学校の実習担当教員に診察結果を伝え，実習にどのように臨むべきかを事前に相談しよう。

（5）実習2週間前〜前日

1）早寝早起きで規則正しい生活をし，体調を整えておく

実習での生活リズムは，普段の学生生活とは異なる。慣れない生活をすることになるので，ストレスや疲労も少なくない。だからこそ，実習にあわせた規則正しい生活を整えておこう。

2）当日の持ち物の用意をしておく

必要な物や持ち物は，早めに用意しておく。忘れ物をして園であわてることがないように，準備をしておこう（表1-1）。

3）「幼稚園教育要領」を読み直しておく

これまで学校の授業で学んだと思うが，「幼稚園教育要領」（p.158）を読み直して，復習しておこう。

4）実習でのチェック事項の確認

いよいよ実習直前である。表1-2（p.16）の確認チェック事項を読んで，できたら確認欄にレ点を入れよう。

表1-1 持ちものチェックリスト

筆記用具	ハンカチ	健康診断書	メモ帳	常備薬
実習日誌	ティッシュ	細菌検査結果	ジャージ	給食費
印鑑	名札	制作道具	着替え	幼稚園教育要領
運動靴	お弁当	折りたたみ傘		
上履き	コップ・歯ブラシ	帽子		その他

表1－2　実習直前におけるチェックリスト

	チェック事項	確認
チェック1	実習生であっても守秘義務があることを理解しているか。 ■思いがけない情報を聞いてしまっても，他言することのないようにしよう。	
チェック2	実習生であっても安全対策を怠らないようにすることを理解しているか。 ■楽しんで思い切りのよい保育をしてよいのだが，安全を忘れて子どもがけがをすることがないようにしよう。	
チェック3	時間厳守，報告，連絡，相談，日誌の提出期限を守ることを理解しているか。 ■「ほう（報告）れん（連絡）そう（相談）」という言葉がある。園の先生とのコミュニケーションをはかる上で非常に大切なことである。（p.30，図1－9参照）	
チェック4	事前準備，自己準備はできているか。 ■画用紙や牛乳パックなどの教材はどのように用意すればよいと思うか。	
チェック5	給食などの食事について理解しているか。 ■お箸・挨拶・食べ方・好き嫌い・食への考え方など，日頃からの積み重ねが大切である。	
チェック6	実習中の病気など，体調が悪くなった時の対応について，どのようにしたらよいのか理解しているか。 ■学校での実習事前指導の授業で，確認しておこう。	
チェック7	クラスの中で気になる子ども，障害をもった子どもへの対応を理解しているか。 ■児童心理学，障害児保育などの授業を振り返ろう。	
チェック8	保護者から声をかけられた時の対応はどのようにすればよいのか理解しているか。 ■保護者の気持ちを理解し，子どもと保護者の関係に配慮した対応の仕方を学ぼう。	
チェック9	幼稚園・保育所の事業について理解しているか。 ■預かり保育・園庭開放・子育て支援・地域連携など，実習生がかかわる場合の事項にはどのようなものがあるのかを学ぼう。	

第2節　実習生の一日をイメージする

　実習当日を迎えて，実習生は，どのような心構えで過ごすのだろうか。実習当日の朝から一日目の実習が終わるまでをイメージしてみよう。

（1）実習中の朝

1）目覚めはスッキリと

　実習中は早起きが基本である。朝食をしっかりとり，気持ちよく一日をスタートしよう。持ち物や提出物は前日中に準備をしておこう。身だしなみを整えて，さあ出発。通勤する途中も実習生として見られている。実習生にふさわしい服装や態度を心がけることが大切である。

2）通勤から保育モードに

　出勤時刻は園によって決められているが，ギリギリに行くのではなく，少し余裕をもって出勤したい。園に到着したら，「今日も一日お願いします」と気持ちよく挨拶をして一日を始める。出勤簿に押印をし，保育中の服装に着替え，再度身だしなみをチェックし，準備を整えよう。

(2) 子どもが登園するまで

1) あなたもチームの一員

　毎朝，子どもたちが登園するまでに幼稚園の先生がしなければならないことはたくさんある。まずすべての教職員が集まり朝礼やミーティングを行い，その日の保育の確認をし，先生同士の連携をはかる。実習生もその日の保育をするメンバーの一員になる。しっかりと確認事項を頭に入れておこう。

2) 隅々まで目配り，心配り

　次に環境の整備を行う。朝の掃除は子どもを迎える前に行う大切な仕事である。子どもたちが一日気持ちよく安全に過ごせるように園全体の清掃・整備をし，遊具の点検などをする。子どもたちが一日生活をする保育室は，換気をしたり，拭き掃除をしたりと，衛生的な環境を保つようにする。保育室は子どもたちの遊びが展開する場でもある。前日までの子どもの遊びをよく観察して，その日の遊びの展開を予想し，遊びの環境を整える。

(3) 登園から降園まで

　朝の準備が整うと，いよいよ子どもたちが元気に登園してくる。気持ちよく朝の挨拶をして，一日をスタートしたいものである。朝の受け入れから始まる一日の流れは，幼稚園によってさまざまである。また，子どもの年齢や季節，天候によっても異なる。それらのいくつかを本文中で紹介しているので参考にしよう。

(4) 保育時間後の仕事

1) 自分から動いてみる

　幼稚園では，子どもたちが帰ったあとも，たくさんの仕事がある。担任の先生は，保育日誌や個人記録の記入，保護者への連絡，クラス便りの作成，職員会議，次の日の保育の準備など，いくつもの重要な仕事をしていることだろう。実習生は，何ができるかを尋ねて手伝いをする。最初はわからなくても，自分から気づいて動けることもあるはずである。

2) 一に掃除，二に掃除

　まず実習生にできることは掃除である。保育室，トイレや廊下，園庭もしっかりと清掃しよう。ある実習生は，実習を通して掃除が好きになったと言っていた。毎日の掃除は，しなければならないからするのではなく，清潔にすることが「気持ちがいい」と感じることができたのだろう。上手な掃除の仕方を学んだという実習生もいた。子どもとの生活の場である幼稚園において，掃除は大切なことであると実感するだろう。

3) 預かり保育も保育である

　幼稚園では預かり保育をしているところが多くある。実習生が先生と一緒に預かり保育を担当することもあるだろう。そこでは，自分が実習しているクラス以外の子どもとかかわったり，保育中とはまた違った活動をしたりと楽しい経験になるだろう。しかし，預かり保育はただ子どもを預かるだけのものではなく，保育の一部であり，幼稚園が担う大切な役割の一つである。常に学ぶという積極的な姿勢で取り組もう。

4) 先生との時間を大切に

　実習期間中，先生があなたの実習について話し合う時間を作ってくれることもあるだろう。その日の実習を振り返り，疑問点などを先生に質問することができる貴重な時間である。先生との距離が短くなり，たくさんのことを学ぶことができるだろう。

（5）一日の実習を終え，帰宅して

1）笑顔で「また明日」

一日の実習を終え，園の先生方に「今日もありがとうございました」と感謝の気持ちをもって挨拶をし，退勤する。ある実習生が，友達やアルバイトの同僚に言うように「お疲れさまでした」と挨拶をしてしまったことがあった。これは実習生が園の先生の労をねぎらうことになるので，失礼なことである。「明日もよろしくお願いします」といった態度が実習生らしいといえるだろう。

2）一日の振り返り
　　　―ホッとするのはまだ待って―

帰宅する途中は，その日一日を振り返るためのよい時間になるかもしれない。しかし，ここで注意してほしい。同じ園に数名で実習に行っている場合など，「あの時の△△くんはかわいかったね」「どうして○○先生は××されたのかしら」と，ついその日の保育や子どもの様子についておしゃべりしたくなることもあるだろう。しかし，実習生には守秘義務があるので，幼稚園や子どもの個人情報は，幼稚園を一歩出たら口外してはならない。特に緊張が解ける帰宅途中は要注意である。

3）明日もいい日になりますように

帰宅後は，一日が終わって，ようやくホッとできる時間である。その日の実習記録を書く，指導案を書く，次の日の準備をするなど，帰宅後にしなければならないことがいくつもあるので，計画的に時間を過ごそう。休息や十分な睡眠も大切なことである。その日を振り返り，次の日はもっとよい実習ができるよう，期待をもって一日を終えよう。

第3節　実習中の場面―このような時，あなたならどうする？　イメージからスキルアップへ―

実習中には，楽しいことや嬉しいことをたくさん経験する。しかし同時に，迷ったり，困ってしまったりすることもあるだろう。

「（1）実習中のいろいろな場面をイメージしてみる」では，あなた方の先輩が実習中に出会ったいくつかの場面を取り上げている。そのような時，自分ならどうするかをイメージしてみよう。

そして「（2）実習までのスキルアップ」（p.20）では，そのような場面でも困らないように，実習までにどのようなスキルアップができるかを考えてみよう。

（1）実習中のいろいろな場面をイメージしてみる
　　　―あなたならどうする？―

1）実習が始まり，子どもと仲良くなりたいと思って話しかけると，その子どもが「いや」と言って離れてしまった

実習が始まると，まず子どもと仲良くなれるかどうかを心配する人が多い。初めて出会う子どもに思い切って話しかけてみたのに，子どもに「いや」と言われたら，ショックかもしれない。しかし，子どもはあなたが個人的に嫌いだから言っているのではないだろう。実習があなたにとって初めての場であるのと同様に，子ど

もにとってあなたは初めて出会う知らない人である。初めから心を開くことができなくても仕方がないことである。

実習生として，自分が話しかけることばかりに気をとられず，子どもの姿をよく見てみよう。子どもは自分のペースで遊びや生活をしている。まず，子どもがどのようなことをしようとしているのか，どのようなことを面白いと思っているのかをよく見てみよう。そして，それに共感できるかどうかが大切である。子どもは，同じように興味をもっている人にきっと心を開いてくれるだろう（子どもとのかかわり方については，第3章により詳しく書かれている）。

2）子どもがけがをしてしまった

保育の中で子どもがけがをしてしまうことがあるだろう。そのような場合，あわてずに冷静に対応することが大切である。大学でけがなどの応急処置について学んだはずだが，実際の場面ですぐに思い浮かぶだろうか。実習前に，自分が処置をすることを想定して，もう一度学び直しておこう。

しかし，実習中は勝手に判断をせず，けがが起こったらすぐに先生に知らせ，指示を仰ぐことが大切である。もしその場で子どもを見ていたのがあなただけであったら，どのような状況でけがが起こったのかを正確に先生に伝えよう。そして先生がどのような判断をするかを学ぼう。実際の保育の中で子どものけがにどのように対応するか，子どもの安全な遊びや生活には何が必要かについて学ぶのも実習である。

3）子ども同士がけんかを始めてしまった

自分の目の前で子どものけんかが起こると，あわててしまう人もいるかもしれない。まず冷静に状況を見て，危険がないかどうかを確認しよう。子どものトラブルやいざこざへの対応は，決まったやり方があるわけではない。また，けんかのとらえ方や対処の仕方は園の保育方針や先生のねらいによっても大きく違う。実習が始まったら，まず園の先生が子ども同士のけんかにどのような対応をしているか学ぼう。保育後に，その場面を振り返ってどのような意図やねらいをもって対応したのかを聞いてみるとよいだろう。

その上で，自分なりに子どものけんかの場面にかかわってみよう。実際にかかわってみると，反省点や新たな疑問が出てくるはずである。それを先生に話し，アドバイスをもらうことで，さらに学ぶことができる。そして，感じたことや考えたことをその日の記録に書いておこう。後で振り返ると，自分の経験がどんどん深まっていることに気づくだろう。

4）担任の先生から急に「保育室から離れるので，絵本を読んでおいてください」と言われた

実習中，保育室にいる大人は担任の先生と実習生のあなただけという状況になることが多いだろう。そのような場合，実習生は時に担任の先生の大きな手助けになる。先生が急な要件で保育室を離れなければならない時，一時的にあなたに子どもたちを任せるということも起こるだろう。保育室にある絵本の中からすぐに1冊を選んで読めるような心構えをしておこう。そして，落ち着いて，子どもが安心できるように対応しよう。絵本を1冊読み終わっても，先生が戻ってこないこともあるかもしれない。そのような時，子どもたちと手遊びをしたり，「船長さんの命令」のようにすぐにできるゲームをしたりすることもできるだろう。短い間であっても，子どもたちと一緒に楽しむことができるとよい。

5) 保育後，担任の先生に「今日の保育について何か質問がありますか？」と聞かれたが，何を質問していいかわからない

保育が終わった後，担任の先生が実習生のあなたと一対一で話す時間を作ってくれることが多くある。そのような時間は，その日の保育で疑問に思ったことを直接先生に質問することができるチャンスである。

しかし，「質問は？」と聞かれ，どんな質問をすればいいかわからないという人もいるかもしれない。先生と協議をする時間は，ただ実習生が一方的に質問をするだけの時間ではない。担任の先生は自分の保育を見ていた実習生のあなたがどのようなことを感じたり，考えたりしているかを知りたいと思うだろう。その日の保育の中で気づいたことを先生に話してみよう。そこから先生は保育についてさまざまなことを話してくれることだろう。保育を見ているだけでは気づかなかったことや，読み取れなかったことを多く学ぶことができるはずである。

6) 実習が終わりに近づき，「子どもたちの前で何か出し物をしてください」と言われた

園によっては，実習生への「お別れ会」という時間を設けてくれることがある。そのような時，子どもたちの前で何ができるだろうか。エプロンシアターやペープサートは子どもが大好きなものの一つである。実習生が複数いる場合は，人形劇などもできるだろう。ほかにもダンスや楽器の演奏など，自分が得意とすることを披露する実習生もいる。子どもたちと一緒に心から楽しめる時間にできれば，あなたにとっても素晴らしい実習の終わりになることだろう。

これ以外にも，「子どもを遊ばせているだけ」と注意をされた場合，「先生の意図通りに子どもを動かそうとしている」などといわれた場合には，どのように対応すればいいのだろうか。さまざまな場面を想定して考えてみよう。

（2）実習までのスキルアップ

実習でのいくつかの場面をイメージして，準備の段階で「できること」や「しておきたいこと」が具体的にわかってきたのではないだろうか。実習に向けて，どのようなスキルアップができるかを，五つのポイントを中心に考えてみよう。

1）手作り教材を準備しておく

手作り教材には，指人形（パペット），エプロンシアター，ペープサート，パネルシアター，など，いろいろなものが含まれる。このような教材は，部分実習やお別れ会の時はもちろんのこと，いろいろな場面で活用することができる。手作りは苦手だという人も，まだ時間に余裕がある時にぜひ挑戦してみよう。簡単なものでも，手作りの教材が一つあるだけで，子どもたちとのかかわりがきっと変わってくるはずである。材料費がかかる場合は，実習に行くほかの友達と分担することもできる。また，一緒に作業をすることで，いろいろなアイデアが出てくるかもしれない。こういう時こそ，実習という同じ目標をもつ友達と力を合わせるチャンスである。

2）いろいろな絵本を知っておく

実習前のスキルアップとして，いろいろな絵本を知っておくことも大切なことである。まずは自分の好きな絵本や，「実習に行ったら子どもたちに読んでみたい」という絵本を選んでみるとよいだろう。しかし，実習を経験した学生は，「自分の好みだけで絵本を選んでいても，実習では使えない」と言う。それは，実際に子どもたちに読もうとすると，絵本の内容や長さが年齢に合っていなかったり，季節に合ってい

なかったりすることがあるからである。実習に向けて、どのような季節や時期に、どのような年齢の子どもを対象に読むのかを考えに入れて、絵本を見てみよう。友達と協力して、絵本のリストを作っている実習生もいる。また、これまで学んだ絵本を読む時の注意点をおさらいしておこう。友達と読み合いをすると、絵本を読む練習になるだけでなく、自分だけでは気づけないことを指摘し合えるよい機会になるだろう。

3）すぐにできる手遊びを見つけておく

子どもと一緒に楽しめる手遊びについて、友達と情報交換をしよう。子どもの手指や言葉の発達に合わせて、座ったままできるもの、全身を使うもの、手合わせのように2人組でするものなど、さまざまなタイプのものがあることを知り、自分なりに整理しておくとよいだろう。実習中にすぐに思い出せるように、イラストや楽譜を入れたファイルを作っている実習生もいる。また、資料を見なくても、すぐにできる手遊びをいくつかもっておこう。少しの時間ができた時でも、子どもと一緒に手遊びを楽しむことができる。

手遊びは子どもを静かにさせるための方法の一つと考える人もいるが、あくまでも遊びである。子どもと一緒にどのような楽しみ方ができるか考えてみよう。例えば"グーチョキパーで何つくろう"など、自分のバージョンを作っておくことも面白い展開になるだろう。

4）制作のアイデアを探しておく

素材や道具を使って何かを作り出すという制作活動のアイデアは数えきれないぐらいある。実習までに、実際に子どもたちが「やってみたい」「つくってみたい」と思える活動をいくつか探しておこう。その際、はさみで切る、接着剤でつけるなど、子どもがどれぐらいの時期にどれぐらいのことができるかを知ることは必要である。学校の先生や実習を経験した先輩たちに聞いてみよう。そして、必ず一度は自分で作ってみよう。素材の扱いやすさや材料の組み合わせ方など、作ってみて初めて気づくことが多くある。

実習では、幼稚園の教材を使わせてもらえないこともあるので、できるだけ自分で準備できる材料や廃材を使った制作活動を考えてみよう。また、制作活動は、作ったもので遊べると子どもたちはより楽しむことができる。そのような視点からも、活動のアイデアを探しておこう。

5）集団ゲーム遊びを試しておく

集団ゲームは、クラス全員で、室内または戸外でできるものが多くある。ルールや環境・準備物を書いたものをファイルしておくとよいだろう。その際、年少向けのもの、年長向けのものがあれば、分類をしておこう。

今までやったことがあるゲームでも、ないゲームでも、子どもと一緒に遊ぶことを想定して試してみよう。どれぐらいのスペースと時間が必要なのか、子どもにわかりやすくルールを伝えるにはどうするのか、どのようにチームを分けるのか、いつゲームを終了するのかなど、考えなければならないことが数多くあるはずである。友達と一緒に実際にやってみてアイデアを出し合ってみよう。

6）その他（自己チェック）

ピアノを弾く、声を出す、すぐに歌える歌を用意しておくなど、事前準備がどれぐらいできているかが実習を円滑に行うポイントである。事前に本で調べ、実習園でやっていることから学ぼう。また、観察実習中にやり方やヒントを学ぶ方法もある。各自で創意工夫しよう。

第4節 社会人に向けての心構え

（1）実習生の望ましい姿を考える
　　　　―学生と実習生は違う？―

　ここでは序章に書かれている保育者として直面する三つの課題を中心に具体的に考えてみよう。学生としての日常と実習生としての日常は，どのように異なるのだろうか。

　幼稚園の一日を考えながら，学生と実習生は何が違うのかを考えてみよう。

1）視点1：教師として振る舞う

　持ち物の片付け・着脱から，先生と子どものかかわりを考えてみよう。

　登園した子どもは，かばんや帽子，連絡帳を自分の場所に片付ける。場合によっては制服を脱いで体操服に着替える。さっさとする子ども，かばんを持ったまま片付けない子ども，かばんを振り回す子ども，さまざまな子どもの行動が見られる。先生は，なぜこの子はこのような行動をするのかをよく考えて適切な援助や配慮をする。時には注意し，時には励まし，時には手を添えて子どもの生活や育ちを援助する。

●学んだ知識を生きた知識へ
　→「聞く・見る」から「やってみる」

　学生の皆さんは，どこかで「聞いたことがある」「見たことがある」場面だろう。聞いただけでは，見ただけでは学んだ知識は生かされない。「やってみる」ことが大切である。子どもの「つぶやき」を聞き，子どもを見てほしい。そして，自分なりに考えた援助や配慮を試みてほしい。こんなはずではなかったと思うことやなるほどと思うことがあるかもしれない。実習生は，先生になるために社会人として現場に来ている。先生として責任ある態度で振る舞おう。子どもには，実習生も頼るべき大人の「先生」である。その自覚を忘れないでほしい。自分を振り返り，評価，反省しながら，次回へと改善していこう。

2）視点2：社会人として行動する

　遊び・活動（保育内容）から，先生と子どものかかわりを考えてみよう。

　先生が，保育を計画する時には，「遊びを通しての総合的な指導」が重要な視点である。子どもが遊びや活動を選択するのか，または先生が提案するのかは，保育の考え方によって異なる。幼稚園の理念や考え方，保育目標によっても変わる。子どもは，遊びや活動を通していろいろな経験をし，さまざまな発達を可能としていく。先生は，環境を通して子どもが遊びながら発達に必要な経験ができるように工夫する。子どもが「やったー」「楽しかった」「おもしろい」と感じるようにいろいろな場面を考えて指導していく。

●教師としての自分の適性をみつめる
　→教師としての自分を考えて

　学生の皆さんは，この仕事が「子どもが好き」なだけではできないことを，先生方の動きや言葉，指導から読み取ろう。子どもの無邪気な笑顔の側面には，いつも先生方の見守りとさまざまな努力がある。実習生はお客様ではない。この仕事が，自分の適性としてどうかを考えながら，自分自身に置き換えて考えてみてほしい。社会人として先生が求められることは多数ある（図1-1）。誰もが望ましい先生のすべてではない。むしろ，望ましい先生の姿を求め，夢を

もって頑張っていけると思えるかが大切である。社会人として望ましい先生を描きながら毎日を過ごしてみよう。まずは一歩からである。

3）視点3：子どもの目線から学ぶ

登園する場面から，先生と子どものかかわりを考えてみよう（図1-2）。

朝，子どもたちは保護者と一緒に，あるいは通園バスで幼稚園にやってくる。「おはようございます」と元気よくやってくる子ども，泣きながらやってきて部屋に入ろうとしない子ども，さまざまな朝の場面がある。先生方は，一人ひとりに元気よく「おはようございます」と声をかけ，子どもの表情や体調，子どもの様子を視診しながら観察する。家庭から来る子どもが円滑に幼稚園生活に入っていけるように，朝の貴重な時間を使ってさまざまな配慮をしている。

●受身の立場から能動の世界へ
→「してもらう」から「自分がする」

学生の皆さんは，朝，自分から「いってきます」といって学校に登校しているだろうか。「おはようございます」と声をかけてもらう立場だろうか。実習生は，「してもらう」のではなく，自分から子どもや先生方に挨拶をすること，自分から子どもを迎え入れることが大切である。子どもの目線から学んでほしい。一人ひとりの子どもをよく観察してほしい。体調がすぐれない子どもはいないか。SOSのサインを出している子どもはいないか。実習生が好きなのに，わざとふざけて気持ちが高ぶり，言いた

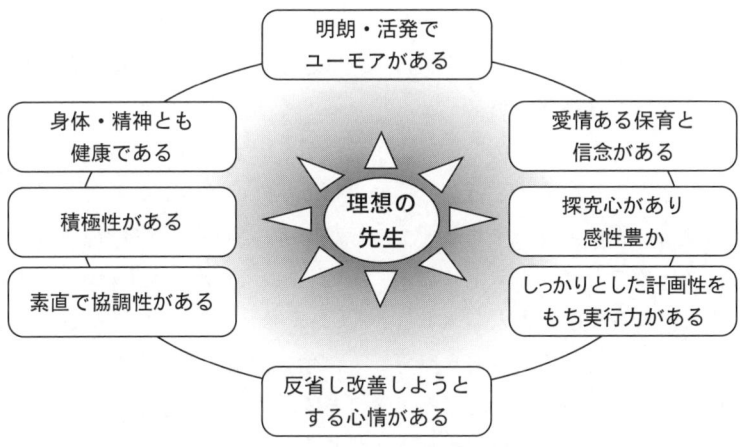

図1-1　社会人としての先生の姿

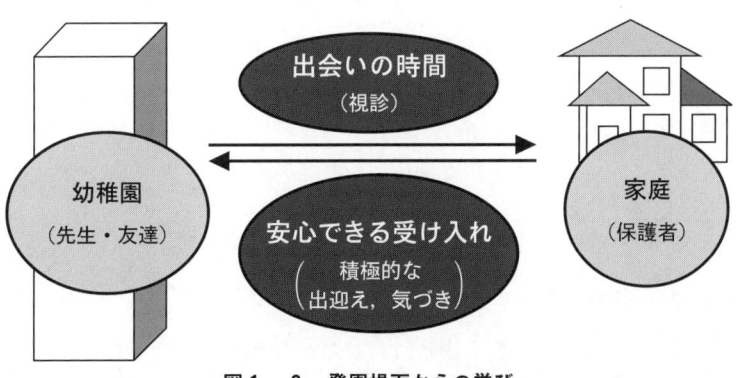

図1-2　登園場面からの学び

いことが思うように話せない子どもはいないか。限られた実習の日々である。自分から一歩を踏み出そう。

（2）「せ・ん・せ・い」と呼ばれる意味を考える
－学生ではなく社会人としての自分－

「実習生と学生は視点が違う」ことは理解できただろうか。それでは次に，子どもから「せ・ん・せ・い」と呼ばれる意味を考えてみよう。

1) 子どもから「せんせい」と呼ばれるドキドキ感

学生の皆さんは，実習生であって先生ではない。しかし，子どもは「せ・ん・せ・い」と呼ぶ。初めて呼ばれた時には，ドキドキする。実習生が感激する瞬間である。ではなぜ，子どもは学生の皆さんを「せ・ん・せ・い」と呼ぶのだろうか。考えたことはあるだろうか。子どもは，実習生であっても自分たちに何かをしてくれる大人（幼稚園）を「せ・ん・せ・い」と呼ぶ。先生としての期待や思いを込めて「せ・ん・せ・い」と呼んでいることは，実習生であっても子どもに多大な影響を及ぼす大人であるという自覚が必要である。子どもの瞳に映る自分が，人間として恥ずかしくないかを考えてみよう。子どもが「せ・ん・せ・い」と真似をしても大丈夫だろうか。いつ真似をされても困らない心地よい緊張感を大切にしてほしい。

2) 子どもから「いっしょに遊ぼう」といわれるワクワク感

子どもは，実習生にどのような先生かと期待している。子どもの目線で理解してくれる先生であるかどうかである。初対面からいきなり「いっしょに遊ぼう」と誘われることがある。嬉しさと何をしたらよいかというドキドキした不安，子どもが誘ってくれたというワクワクとした気持ちは実習生の醍醐味といえるだろう。何気ない場面だが，子どもには大きな意味があることを知っているだろうか。誰もがみんな，先生に「いっしょに遊ぼう」と言えるわけではない。ぐるりと見渡してほしい。一人でいる子どもはいないだろう。同じ子どもと遊んではいないだろうか。誘ってほしくてじっと見ている子どもはいないだろうか。子どもの名前を覚えよう。一人ひとりの子どもを大切によく観察をして，子どもの目線になって気持ちを考えられるような毎日を過ごしてほしい。

3) 子どもが「ねえねえ」と手をつないでくるホカホカ感

子どもは大人と違って，多くの言葉を使った表現をしない。「ねえねえ」というような言葉で，実習生に語りかけてくる。子どもによってはさりげなく，またはいきなり手をつないで握ってくる。小さな手のぬくもりに，ホカホカした温かい気持ちになることだろう。この「ねえねえ」には続きがあることを知っていただろうか。「ねえねえ，遊ぼう」「ねえねえ，抱っこして」「ねえねえ，名前は」「ねえねえ，助けて」「ねえねえ，こっち向いて」など声にならない言葉を推察することが，子ども理解には必要である。子どもの小さなつぶやきに耳を傾けてほしい。

4) 子どもが「はい」と差し出してくるキラキラ感

子どもはポケットに宝物を入れていて，ある時「はい」と差し出す。それは折り紙のかけら，ビーズ，かわいいティッシュと，子どもには身近な宝物である。実習生は，「私にくれるの」「もらっていいの」という喜びの気持ちで包まれることだろう。このプレゼントには，子どもの思いという見えない気持ちが詰まっていることを知っているだろうか。「先生が好き」とい

う気持ちを子どもは，折り紙のかけらやビーズ，そしてティッシュに託していると考えてほしい。子どもから受け取る時には，「ありがとう」という言葉とともに気持ちや思いを受けとめてほしい。

5）子どもから「すごい」と言われるヌクヌク感

子どもは，実習生が縄跳びを跳んだ，折り紙が折れたと一喜一憂しながら，「すごい」という声を出す。遊んでくれる大人が大好きだから，実習生であっても先生を尊敬する。実習生は，子どもから「すごい」と言われると，喜びでヌクヌクと何ともいえない満足感が心を潤わせることだろう。なぜ子どもは実習生に多大な期待をするのかを考えたことはあるだろうか。子どもは，実習生にスーパーマンのようなヒーローを期待している。ヒーローに出会いたいと願っているのである。実習生は，「すごい」と言われて終わりではない。子どもは次を期待している。できない時は素直に「ごめんなさい」と言ってほしい。

6）子どもから「きらい」と言われるトゲトゲ感

子どもは，天使のように可愛いかと思えば時には強烈なパンチを浴びせてくる。子どもから「きらい」と言われた時のトゲトゲとした心地の悪さとショックは心が痛む。自分だけを見てほしい，他の子どもとは遊んでほしくないという場合には，時に試し行動としてわざと「きらい」という言葉を浴びせてくることがある。また，いきなり蹴られたり，叩かれたりした場合にも同様のことをイメージしてほしい。なぜこの子どもはこのような態度をとるのかと考えてほしい。

7）子どもから「おもしろくない」と言われるヒヤヒヤ感

一生懸命に徹夜で考えていった指導実習の内容が「おもしろくない」と子どもに言われることがある。ヒヤヒヤとする感覚は，冷や汗ものである。ドキリとすることだろうが，皆が通過することである。「しっている」「前の実習生の方がうまかった」「わからない」「むずかしい」「つまらない」など子どもはストレートに遠慮なく実習生に言葉を浴びせてくることがある。まさにこの遠慮のないストレートさが子どもらしさの原点である。ヒヤヒヤして時には悲しくなるが，反省，振り返りを繰り返しながら次回につなげてほしい。

（3）学生から「先生」へのまなざしの転換

実習生が子どもから「せ・ん・せ・い」と呼ばれる意味はわかっただろうか。それでは次に，「幼稚園の先生」とは何かを考えてみよう。

1）「幼稚園の先生」とは

実習生であっても子どもから「せんせい」と呼ばれる責任がある。図1-3（p.26）のように社会人としての言葉遣いを心がけよう。学生言葉では困る。また相手によって，場面によっても言葉遣いは変わる。さらには図1-4（p.26）のようなポイントを押さえて，まず挨拶がきちんとできるようにしよう。子どものモデルとして言葉遣いは大切なことである。何気ないことだが，初日から毎日，子どもにはもちろんのこと社会人として誰にでも自らきちんと挨拶をしよう。まなざしの転換をしよう。先生としての行動には，受け身ではなく，自分からの実行が重要である。

2）遊びの中での役割と配慮

遊びは，精一杯遊ぶことが大切であるが，実

習生が楽しむことに夢中になっては困る。先生へのまなざしとは，遊びへの安全確認，子どもの気持ちを考えること，いつも全体の状況判断ができることである。子どもの遊びをよく観察して，一人ひとりの子どもが遊ぼうとしていることへの配慮や援助をしよう。このような気配りの視点が社会人としての第一歩である。

3）生活の中での役割と配慮

生活は，子どもの基本的生活習慣にある。実習生はやさしく親切であることがよいと考えがちであるが，配慮や援助がどの程度必要な子どもか（年齢・発達の視点）を考えることが必要である。担任の先生方の行動や援助をよく見て，自分の役割は何かを考えてほしい。やさしい実習生ではなく，あくまでも専門としての「せんせい」のまなざしが必要である。

4）子どもの気持ちにより添う言葉とかかわり

子どもと向き合うには，正しい言葉遣いが求められる。相手が子どもだからといって，なれなれしい言葉遣いにならないように，先生としての自覚ある言葉遣いを意識してほしい。子どもが語りだしたら，聞き上手になろう。「何？」「どうしたの？」とせかさないようにしてほしい。子どもは多くの単語を知っているわけではない。子どもが話す速さに合わせてほしい。また，子どもの心を傷つけてしまうような言葉は

図1-3　社会人としての言葉遣い

図1-4　社会人としての挨拶

決して使わないように気をつけよう。ゲームなどルールの説明は子どもが理解できるような言葉を考えて使おう。心の準備はできただろうか。社会人としての振る舞いが求められている。

5）子ども一人ひとりの受容とクラス集団への配慮

　保育は，一人ひとりとクラス集団から成り立っている。気に入った子どもとかかわっただけで実習が終わらないようにしよう。クラスという全体と，部分である一人ひとりの子どもとの両方に視点を置いた先生のまなざしが必要である。遊びや活動の場面では，このことが重要な観察ポイントとなる。先生として気づきが与えられる社会的責任への第一歩である。

（4）事前準備における学びの視点

　実習の事前準備には，①先生として振る舞うこと，②社会人として行動すること，③子どもの目線から学ぶこと，と三つの準備が課題としてある。実習生はいつもこの三つの課題を認識してほしい。自己中心的な考え方では困る。社会人としての行動が問われ，先生としての振舞いが求められる。また，子どもの目線から学ぶということが求められている。あなたの姿や言動は，子どもの目線に立った行動だろう。子どもを理解して子どもとの関係をつくっているのだろうか。それには，毎日の生活から子どもを理解してきた先生方の意見をよく聞こう。いきなり実習で一場面を見たからと決めつけてしまい，自分流では困る（図1－5）。実習生は，「園長先生の意見や考え」「担任の先生の意見や考え」をよく傾聴し，洞察しよう。子どもとの関係は，先生としての社会的責任である。子どもを理解することを考える気づきが必要である。

（5）憧れの先生に近づくには

　憧れの先生に近づくには，次の①〜⑦に気をつけて，実習中は社会人として振る舞おう。
① 子どもが輝く雰囲気とあたたかさ：服装・立ち姿・まなざし・微笑み
② 子どもが振り向く言葉とやさしさ：気持ち・呼びかけ・理解できる言葉
③ 子どもが納得するけじめと厳しさ：気持ち・集団としてのルール・納得できる言葉
④ 子どもを知るための努力と見通し：子ども理解・指導計画の作成・保育評価と反省
⑤ 明日への夢と希望への研鑽：特技を磨く・子どもの遊び・環境と気配り
⑥ 職員室での仕事と他のクラスとの関係：会議・打ち合わせ・計画・行事・人間関係作り
⑦ 実習中の基本的生活のあり方を知る：睡眠・食事の好き嫌いなど

図1－5　気をつけたい三者関係

第5節 実習先オリエンテーションに向けての心構え

実習は，実習先オリエンテーションから始まる。実習生としての態度を考えよう。

（1）実習園を訪問するにあたっての心構え
　　　　－実習先オリエンテーション当日に向けて－

1）オリエンテーション約束の前日には確認の電話をする

挨拶・言葉遣いは丁寧に，要件を考え，わかりやすさを心がけよう（p.26，図1－3，1－4参照）。事前に，何を連絡，確認すればよいのかをメモに書いてから電話をする。携帯電話からの場合は電波が届きにくかったりするので，注意が必要である。

2）当日は約束時間の10分前には到着する

図1－6にある六つの項目を参考にして事前チェックを行う。まずは，時間厳守である。早く着きすぎた場合には，時間まで待たせていただこう。実習先は，超多忙であることを理解しておくこと。実習生が，お客様にならないように気をつけよう。

3）服装・頭髪等は実習生らしく清楚さを心がける

図1－7は，実習生として求められる服装の一例である。園の方針や考え方によって異なるので，オリエンテーションでは確認しよう。

① 常に清楚，清潔な服装，汚れなどを点検し，いつも礼儀正しくしておく。
② 上履き・下履きの区別をきちんとする（かかとをふまないこと）。
③ ネックレス・指輪・イヤリング・ピアス等の装飾品は，はずす。
④ 爪は短く切り，長い髪の人は束ねる。
⑤ その時，その場所に応じた服装を心掛ける（オリエンテーション時など）。

4）実習先への提出書類は前日までに準備する，筆記用具・上靴を持参する

実習のねらいや実習課題を確認し，質問事項は事前にまとめておく。

5）実習園の教育目標・教育方針を聞く

図1－8を参考にして，下記事項を確認しよ

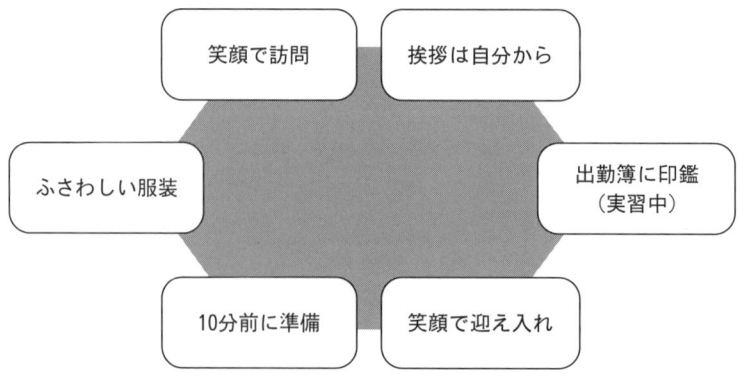

- 笑顔で訪問
- 挨拶は自分から
- 出勤簿に印鑑（実習中）
- 笑顔で迎え入れ
- 10分前に準備
- ふさわしい服装

図1－6　実習生としての心がまえ

う。「備えあれば憂いなし」。事前準備が整うと不安感がなくなる。ホームページでも各園の状況が調べられる。どんどん活用しよう。

① 一日のプログラム（保育の流れ・曜日ごとの時間）を聞く。
② 注意事項（実習時間・実習中の服装・貴重品の処理など）を聞く。
③ 準備事項（弁当持参か給食か・給食費用は・帽子・上靴・運動靴の持参）を聞く。
④ 配属クラス・指導教諭の名前・クラスの人数などを聞く。
⑤ 配慮が必要な子ども（アレルギーなど）について聞く。
⑥ 実習中の行事予定（園外保育・誕生会・参観など）を聞く。
⑦ 実習時間と役割（出勤時間・朝の仕事・掃除などの分担）について聞く。
⑧ 園舎内の位置関係（トイレ・給食室・保健室など）について聞く。

例）実習先とのオリエンテーション

いよいよオリエンテーションである。さあ、幼稚園に到着した。訪問したと仮定して、礼儀や挨拶の仕方をシミュレーションしてみよう。「おはようございます。（失礼します。）○○大学の○○です。実習のオリエンテーションに参りました。」出てきた人が誰かはわからないが、きちんと挨拶をしよう。玄関では、靴を揃え、持参した上靴に履き替えて上ろう。保護者や子

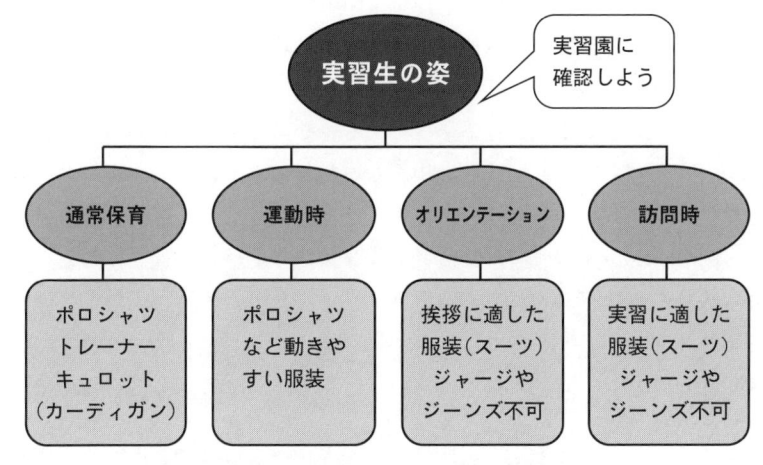

図1－7　実習生として求められる服装の一例

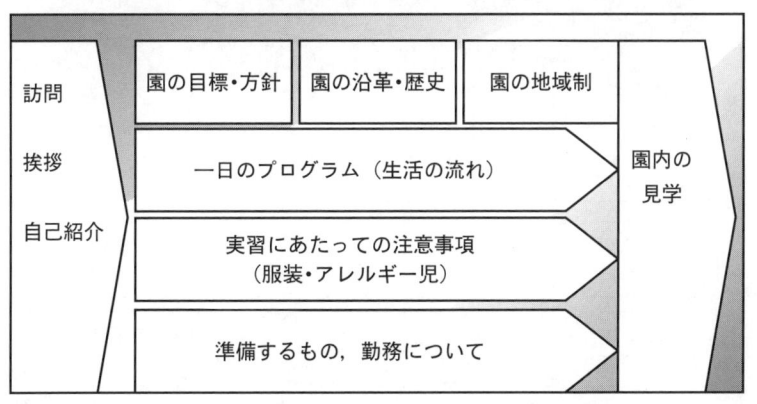

図1－8　実習先オリエンテーションでの学び

どもには，会釈をして，登園の邪魔にならないようにしよう。行動はすばやくすることが大切である。園長先生が来るまでは，メモや持参書類を出して静かに待ち，来たら，椅子から立ち上がり，挨拶と自己紹介をしよう。「○○大学から参りました○○です。○月○日から実習に参ります。どうぞよろしくお願いいたします。」「どうぞ」といわれてから椅子に座り，姿勢を正しくし，話を聞こう。必要に応じてメモをとる。実習初日に慌てないように，質問は事前に考えておく。質問もなく，黙ったままの実習生は，意欲がないのかと思われるので注意する。

（2）これだけは守る社会人としての実習生マナー

　社会人は仕事上「ほう（報告）れん（連絡）そう（相談）」が大切といわれる（図1－9）。社会人として，実習生は，まずこのことを守ってほしい。自分自身にかかわることがある時（例えば欠席・遅刻をするような時）・子どものことで何かある時（例えばけがをした時）・保護者のことで何かある時（伝言を頼まれた時）・用事を頼まれた時（事後の報告）など多岐にわたっている。判断基準は園長先生・担任の先生にあるので，自分勝手に判断することがないようにする（p.27，図1－5参照）。

（3）実習生に求められる社会人としての姿

　実習生において，社会人として必要とされるものには，「ほうれんそう」（図1－9）以外にも「かきくけこ」（図1－10），「ABC」（図1－11）などが言われている。「かきくけこ」は，（か）感性豊かに，（き）気配りをして，何事も（く）工夫することが大切。（け）健康に留意して，（こ）根気よく最後まできちんとやり遂げることが求められる。（け）の内容は，＜健康管理＞①～⑤に示しているので参考にしよう。

　「ABC」は，常に（always），美しく（beautiful），清潔に（clean）という意味がある。まず，掃除を丁寧に行い，清潔・整理整頓をすることが子どもの保育への第一歩ということである。そのことが子どもの教育は環境を通してといわれるように，よい環境づくりのセンスへとつながっていく。さらには，子どもたちが新鮮な気持ちで一日を過ごすことへとつながることを示唆している。技術以前に，まずは，ここから始めよう。さらに，「先生に求められるもの」は，表1－3に示しているので参考にしよう。

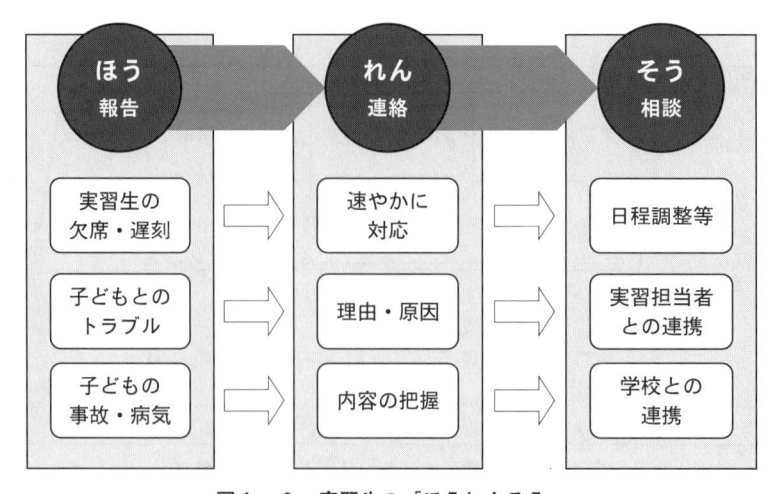

図1－9　実習生の「ほうれんそう」

＜健康管理＞

① 規則正しい生活をし，疲労を残さないように心がける。
② 睡眠，休養は十分とる。
③ 病気は早期発見し，正しい治療が必要である。
④ 定期健康診断は必ず受ける（麻疹など抗体検査もしておく）。
⑤ O-157・赤痢・サルモネラなど，衛生には気をつける。

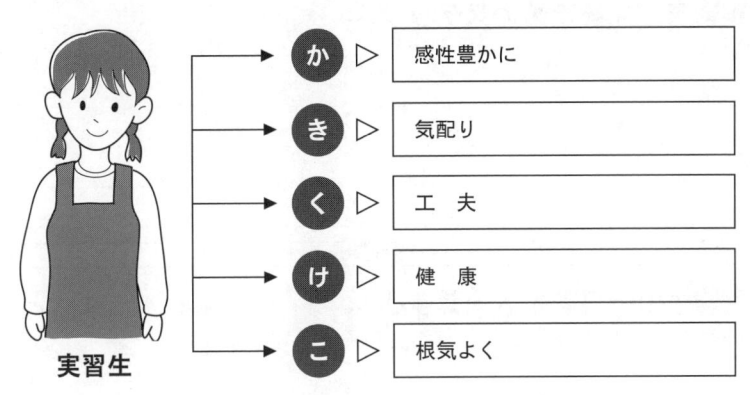

実習生
か ▷ 感性豊かに
き ▷ 気配り
く ▷ 工　夫
け ▷ 健　康
こ ▷ 根気よく

図1－10　実習生の「かきくけこ」

子どもたちが新鮮な気持ちで一日をすごせるように
Ａ　Ｂ　Ｃ　を心掛けよう

A always 常に
B beautiful 美しく
C clean 清潔に

図1－11　実習生の「ＡＢＣ」

表1－3　先生に求められるもの

① 骨身惜しまず子どもの世話ができる。
② 子どもの立場に立って子どもの気持ちをわかることができる。
③ 個人差に応じたかかわりができる。
④ 愛情深いかかわり（応答的にかかわること）ができる。
⑤ 子どもを大切に思うことができる。
⑥ こまやかな気配りができる。
⑦ 子どもとかかわることに喜びを感じることができる。
⑧ 子どもを心からかわいがることができる。
⑨ 笑顔で子どもに接することができる。
⑩ 自分の仕事に自信と誇りをもつことができる。
⑪ 保育者自身が自分を大切に思うことができる。
⑫ 保育者自身が自分の健康管理ができ，精神的にもゆとりがある。

第1章 確認チェックと発展

「事前準備」について学んだことを，あなた自身の事前準備の計画をもとに記入し整理していこう。

第1節　実習を迎えるためのステップ　より

実習の目標は＿＿＿＿＿＿＿＿＿＿＿＿＿＿＿＿＿＿＿＿＿＿＿＿＿
＿＿＿＿＿＿＿＿＿＿＿＿＿＿＿＿＿＿＿＿＿＿＿＿＿＿＿＿＿＿＿
＿＿＿＿＿＿＿＿＿＿＿＿＿＿＿＿＿＿＿＿＿＿＿＿＿＿＿＿＿＿＿
＿＿＿＿＿＿＿＿＿＿＿＿＿＿＿＿＿＿＿＿＿＿＿＿＿＿＿＿＿＿＿
＿＿＿＿＿＿＿＿＿＿＿＿＿＿＿＿＿＿＿＿＿＿＿＿＿＿＿である。

第2節　実習生の一日をイメージする　より

私の普段の学生生活と，実習生の一日と比べてみた違いは＿＿＿＿
＿＿＿＿＿＿＿＿＿＿＿＿＿＿＿＿＿＿＿＿＿＿＿＿＿＿＿＿＿＿＿
＿＿＿＿＿＿＿＿＿＿＿＿＿＿＿＿＿＿＿＿＿＿＿＿＿＿＿＿＿＿＿
＿＿＿＿＿＿＿＿＿＿＿＿＿＿＿＿＿＿＿＿＿＿＿＿＿＿＿である。

第3節　実習中の場面―このような時，あなたならどうする？　イメージからスキルアップへ―　より

スキルアップのために今日から身につけたいことは＿＿＿＿＿＿＿
＿＿＿＿＿＿＿＿＿＿＿＿＿＿＿＿＿＿＿＿＿＿＿＿＿＿＿＿＿＿＿
＿＿＿＿＿＿＿＿＿＿＿＿＿＿＿＿＿＿＿＿＿＿＿＿＿＿＿＿＿＿＿
＿＿＿＿＿＿＿＿＿＿＿＿＿＿＿＿＿＿＿＿＿＿＿＿＿＿＿である。

第4節　社会人に向けての心構え　より

子どもからは「先生」と呼ばれ，園の先生や保護者からは「社会人」として扱われる。
今日から私が頑張りたいことは＿＿＿＿＿＿＿＿＿＿＿＿＿＿＿＿
＿＿＿＿＿＿＿＿＿＿＿＿＿＿＿＿＿＿＿＿＿＿＿＿＿＿＿＿＿＿＿
＿＿＿＿＿＿＿＿＿＿＿＿＿＿＿＿＿＿＿＿＿＿＿＿＿＿＿＿＿＿＿
＿＿＿＿＿＿＿＿＿＿＿＿＿＿＿＿＿＿＿＿＿＿＿＿＿＿＿である。

第5節　実習先オリエンテーションに向けての心構え　より

実習先オリエンテーションに行き，思ったことや考えたことは＿＿
＿＿＿＿＿＿＿＿＿＿＿＿＿＿＿＿＿＿＿＿＿＿＿＿＿＿＿＿＿＿＿
＿＿＿＿＿＿＿＿＿＿＿＿＿＿＿＿＿＿＿＿＿＿＿＿＿＿＿＿＿＿＿
＿＿＿＿＿＿＿＿＿＿＿＿＿＿＿＿＿＿＿＿＿＿＿＿＿＿＿である。

第2章 観察実習

「観察実習」とはどのような実習だろうか。また，その準備としてどのようなことを考えておくといいだろうか。

☞ **第1節 いざ現場へ ―初めての幼稚園―**

一人ひとりの子どもたちの遊びや生活の場面での違いや，子ども同士のかかわりの様子の違いを理解するための観察ポイントは，どのようなことだろうか。

☞ **第2節 子どもの動きや様子を意識して観察する**

「子どもと保育者のかかわり」や「保育者の職務」を理解するための観察のポイントはどのようなことだろうか。

☞ **第3節 保育者の動きや様子を意識して観察する**

実習日誌を書くことに不安がある。書き方とかポイントにはどのようなことがあるだろうか。

☞ **第4節 初めての実習日誌**

最後に，「観察実習」のまとめをしておこう。

☞ **第5節 観察実習での保育者とのかかわりと振り返り**

第1節 いざ現場へ ―初めての幼稚園―

(1) 観察実習ではどういうことをするのか

1) 初めての幼稚園現場

第1章では，実習の事前学習として心構えや実習の一日の流れなどについて学んできた。実習に行くと最初は観察または観察実習を体験する場合が多いようである。そこでこの章では，初めての幼稚園現場での観察実習について説明する。この観察実習でしっかり子どもや保育者を見る目，そして保育を見る目を養うことができれば，次の参加実習へスムーズにつながっていく。

初めての実習だから戸惑うことも多いだろうが，観察実習ではその園の雰囲気を感じ，子どもの名前を早く覚え，表2－1のように，そのクラスの保育の流れや，子どもや保育者の行動や様子を意識的にしっかり観察することが求められる。そのことを通して「子どもの気持ちを理解する」および「保育者の気持ち（意図・ねらい・思い）を理解する」ことが，観察実習の目標となる。

表2－1 観察実習で行う主な内容

①　園生活の一日の流れを観察することで，保育の流れを理解する。
②　保育の具体的な事柄（好きな遊び，一斉活動，食事，片付け，登園・降園など）の実際を観察することで理解する。
③　個別の子どもとクラス全体の子どもたちを観察することで，子ども理解をはかる。
④　保育者と子どもとのかかわりを観察することで，保育者の援助の実際を理解する。
⑤　保育は，園の保育方針やその日の保育のねらいがあって，展開されていることを理解する。
⑥　保育者から指示された事柄を行ったり，保育者の手伝い，また，保育室や園庭やトイレなどの環境整備を行う。
⑦　日々の保育終了後に実習日誌を書く（翌日の朝，園に提出して指導を受ける）。

保育終了後に，自分がその日に観察したことをもとに，実習日誌を書くことによって，観察実習の一日が終わる。そのため，充実した実習日誌を書くためにもしっかり観察することが大切である。なお，実習日誌は，養成校によっては実習記録ともいう。

実習初日は，誰もが「みんな同じ顔に見えて，誰が誰だかわからない」「保育の流れがわからない」「どうしていいかわからない」というわからないことばかりである。しかし，観察実習を終える頃には，一人ひとりの子どもたちの名前と顔が一致して，子どもたちから「先生」と呼ばれる嬉しさを感じ，その園の保育の流れや保育者の役割が見えてくるようになってくる。

2) 観察実習の基本

幼稚園にはそれぞれ特色があり，その雰囲気や保育のやり方，子どもたちの様子はすべて違う。実習生が観察実習を行うのは，その多様な園の中のある一園の事例にしか過ぎない。日々の保育は，その園の教育方針，教育課程，指導計画に基づいて展開され，その日の保育のねらいに基づいて行われている。そこで観察実習では，表2－1の①～④にある「園での保育の流

れ」「子どもの様子」「保育者の様子や園の環境」の観察を意識的に行い、⑤の「ねらいが具体的な形でどのように展開されているか」(子どもの具体的な活動、環境構成への配慮や保育者の援助)といった保育に対する理解を深めていくことが求められる。観察実習では、「見る(観察する)ことを通して学ぶ(理解する)」という気持ちが大切である。目の前にいる子どもから学ぶ、保育者から学ぶという姿勢をもって観察実習に臨もう。

3）観察実習での実習生の立場

　観察する際、子どもや保育者の様子を壁際に立って観察することに徹したいところだが、なかなかそうはいかない。実習生の存在は、保育や子どもの行動を左右する。壁際のあまり目立たない場所にいたとしても、そこに存在するだけで、子どもにとってはいつもと違う環境になるからである。そのため、観察実習において、観察することだけを主に経験することもあるが、多くの場合、参与観察というスタンスで、子どもたちとかかわりながら、あるいは保育者から頼まれたことの手伝いをしながら観察することも多いようである。

　また、保育室で観察する際、自分自身の立ち位置にも注意することが必要である。例えば、壁際で自分では子どもたちの遊びや保育の流れに邪魔にならない場所を選んで観察しているつもりが、実はその後の展開を考えると、適切でないこともある。個別の子どもを理解するためには、その子のそばで遊びの様子や子ども同士のやりとりをしっかりと観察することが必要だが、あまり近づきすぎると実習生の存在が大きくなり過ぎることもある。一方、全体の様子を観察するためには、保育室や園庭で幅広く全体を見通せる場所を見つけて観察することが必要だが、あまり子どもたちから離れすぎると何をしているか見えなくなる。同様に保育者が絵本の読み聞かせをしている場面では、子どもたちの輪の中に入るように指示を受けることもあるが、幅広く全体を見渡すために輪の中に加わらずに周囲から観察するように指示を受けることもある。

　観察実習中の実習生の立場として、保育の流れを乱さないように気をつけることも必要である。保育者から「子どもと積極的に触れ合いながら観察してください」と言われたとしても、保育者が片付けの声をかけているのに一緒に遊び続けたり、子どもが主体となって好きな遊びをしている時に、遊びを盛り上げようとすると、自分では積極的に子どもに触れ合っているつもりが、実際はその日の保育の流れを乱している場合もあるので注意しなければならない。

（2）実習課題をもつ

　観察実習に限らず、実習に参加する時には、何を課題にして今日の実習をするかという「実習課題」をしっかりもって臨むことが大切である。観察実習の段階では、表2-1（p.34）の七つの項目を踏まえて、表2-2（p.36）のように自分自身の「行動目標」（自分がその日に達成したい行動目標）と「観察の視点」（その日の観察の重点課題）との二つを考えるとよいだろう。以下、表2-2をもとに二つの例をあげて実習課題について説明する。

例1）「子どもの名前と顔を覚える」という実習課題の場合

　これは実習初日あたりに必要な実習課題である。たくさんいるクラスの子どもたちの名前と顔を、どうすれば早く覚えることができるだろうか。名札を付けている場合もあるが、「よろしくね」という挨拶とともに、そばに行って言葉を交わしながら名前を教えてもらったり、名札を見せてもらうことが必要である。また、あの赤い服の子は○○くんというように服装の特

徴から覚えようとするとか，いま積み木で遊んでいるのは○○ちゃんといった遊びとセットで覚えようとするなどといったことを考えながら，子どもの様子を見ることになる。

例2）「一人の子どもに着目し，その子の動きをよく観察する」という実習課題の場合

その日の朝の登園時の様子や前日の実習の経験などから，今日は○○ちゃんの動きに着目して観察しようと決める。そうすると基本的には，○○ちゃんの一日密着取材のようにその日一日の実習生の動きが決まってくる。どうすれば○○ちゃんの様子や言葉をよく観察できるのかと考えながら，近づきすぎず，また離れすぎない距離感で実習に参加することになる。このような個別の子どもの動きを追うことで，その子の理解をはかると同時に，その子にとっての園生活の一日を追体験することにつながる。しかしながら，その子のことばかりに注目しすぎて，周りが見えなかったため，実習日誌の記述に苦労することもあるので，個別理解をはかることを主眼におきながらも，子ども全体の様子・保育者の様子を見ておくことが必要である。

このように「どうすればよいか」「どういうようにしているのだろう」と考えるということは，保育を見たり，子どもとかかわったりする時に目的意識をもって観察すること，行動することにつながる。観察実習では，特に観察の視点としての実習課題をしっかりともって実習に参加することが，保育に対する理解を深めていくことにつながる。

（3）観察実習中のメモのとり方

1）実習日誌につなげるためのメモ

表2－1（p.34）の⑦で「日々の保育終了後に実習日誌を書く」とあるが，そのためには要点を押さえてメモをとっておく必要がある。実習日誌の書き方は第4節（p.46）で説明をする。

観察実習では，実習課題（表2－2）のよう

表2－2　観察実習での実習課題例

＜行動目標としての実習課題＞（自分がその日に達成した行動目標）
・子どもの名前と顔を覚える。
・園生活の一日の流れを把握する。➡表2－1－①に対応
・一人ひとりの子どもとかかわりながら観察する。〔個別〕
・クラス全体の子どもたちと万遍なくどの子ともかかわりながら観察する。〔全体〕
・子どもたちと話をする時，丁寧で優しい言葉遣いに気をつける。
・次に何をしなければならないのかを保育者に確認する。
・保育者に必ず一つは質問するように心がける。　　　　　　　　　　　　　　　　　　　　　　　　　　　など
＜観察の視点としての実習課題＞（その日の観察の重点目標）
子どもを観察するにあたっては，まずは子どもの個別理解をはかり，その次にクラス全体の子ども理解へと進めていくとよいだろう。
・一人の子どもに着目し，その子の動きをよく観察する。〔子どもの個別理解〕➡表2－1－③に対応
・子どもがどのような活動に，どのように興味をもっているかを観察する。〔個別と全体〕➡表2－1－②に対応
・友達とかかわって遊ぶ姿を観察する。〔個別と全体〕➡表2－1－③に対応
・子ども同士のかかわりの様子を通して，友達関係や仲間意識について観察する。〔個別と全体〕➡表2－1－③に対応
・子どもに伝わりやすい話し方を観察する。〔個別と全体〕➡表2－1－④に対応
・子ども同士のけんかやいざこざが起こった時の保育者の対応について観察する。〔個別〕➡表2－1－④に対応　　など

に「自分がどのようなことを意識して見たいのか」という自分なりの観察の視点をもつことが必要である。その視点に基づきながら，簡潔にメモをとっていく。また，保育者から指導されたこと，子どもたちの様子，保育者の援助の仕方，気づいたこと，わからないと思ったことなどを，さっとメモするとよいだろう。

2）どのようなことをメモするとよいか

　実際にメモをとる際，子どもの目線でメモをとるということに気をつけるとよい。観察実習先の園の生活は，多くの実習生にとって初めての実習の場であるので，子どもたちよりもその園の生活は新参者である。それゆえ，その園に初めて登園してきた子どもの目線になって，子どもたちがどのように一日を過ごしているのか，保育者はどのようなことを子どもたちに伝えたり，園での生活をうながすのかについてメモをとると実習日誌につながるメモとなる。表2－1 (p.34) の項目を実習日誌と対応させると，①「一日の流れ」および②「具体的な事柄の実際」は「時間」「環境構成」，③「子ども理解」は「幼児の活動」，④「保育者のかかわり」および⑤「保育のねらいに基づく展開」は「保育者の援助・留意点」の欄に該当する。詳しくは次節以降で見る観点を示すが，ここではメモの観点を大きく2点示しておく。

① 観察実習の初日には，特に「一日の流れ」と「具体的な事柄の実際」を意識してメモをとり，把握していく。「この時間帯には，どういうことをしているのか」「次に何をするのか」といったことを，初日にすべて把握することは難しいのだが，おおよその流れは，序章第4節「（1）ある幼稚園の登園から降園までの子どもの生活」(p.8) などを振り返って参考にしてみよう。生活や活動の区切りの時間は，園によって若干違うが，およそ9時前に登園し，昼頃に昼食を摂り，14時頃に降園するという流れは共通している。その時間とともに，好きな遊びやクラスの活動，片付けやお集まりといった生活や活動の区切りの時間をメモしておこう。

② 子どもや保育者の様子を観察するポイントは，具体的に次節以降で説明するが，単に「○○ちゃんと□□ちゃんが，ままごとをしている。」とか，「保育者が，『みんな，今からホールに行くから集まってね。』と言った。」というような「している遊び」や「言葉がけの内容」をメモするだけでは不十分である。遊びの具体的な様子や，保育者の言葉の意図も含めてメモしておかないと実習日誌に役立つメモにはならない。

3）メモをとる際に注意すること

　メモはいつでもどこでもとってよいというものではない。園によっては，保育中にメモをとってもよい方針の園と，メモに頼らずに子どもとかかわってほしいという思いから保育中にメモをとらない方針の園がある。メモをとれる場合でも，その場ではなく少し時間と場所をずらして子どもたちの見えない所でメモしたほうがよい場合があるので注意が必要である。

　例えば，子どもとやりとりしている最中にメモをとると，そのことに興味をもって，遊びが中断されることもある。その時の状況判断が大切だし，メモを書くことに没頭しないで，手短かにメモするということも大切である。また，メモをとれない場合は，頭の中に子どもの様子や保育者の援助などの流れをイメージして記憶する必要がある。そのような場合でも休憩時間などを利用して手短かなメモを残しておくと，日誌を書く時の助けになる。なお，メモ帳は手のひらサイズの小さなものがよいだろう。ペン類は凶器になることもあるので注意が必要である。それらを実習着あるいはエプロンのポケットに，落ちないように入れておく。

第 2 節　子どもの動きや様子を意識して観察する

　この節では，まず表2−1（p.34）の①「一日の流れ」と②「具体的な事柄の実際」，つまり実習日誌の「時間」「環境構成」につながる部分の観察について説明する。続いて，③「子ども理解」について「全体」と「個」の両方の視点から説明する。子どもの動きや様子を観察する時には，「個」と「全体」の両方の視点を意識することが大切である。そして，実習日誌の「子どもの活動」には，その観察したことを元に記入していく。

- 「全体」の視点：子どもの遊びや生活の様子を，幅広く全体を見渡すように観察する
- 「個」の視点：子どもの遊びや生活の様子を，個々の子どもに焦点をしぼって観察する

　個別観察の積み上げが，クラス全体理解につながり，クラス全体の流れの中で個々の子どもが生活を送っているという両側面を踏まえることが大切である。

（1）子どもの生活のいろいろな場面を観察する

1）登園・受け入れの様子

　子どもたちは登園してきて，保育者との「おはようございます」の挨拶もそこそこに，身支度をさっさと済ませて，すぐに遊び始める子もいれば，身支度に時間がかかってしまい，なかなか遊びが始められない子もいる。また，遊びながら友達が来るのを待っている子もいれば，保育室内や園内を何となくあちこち動きまわりながら友達を待っている子もいる。
　実習生は登園してくる子どもたちと挨拶を交わすだけでなく，保育者と子どもとの会話や，衣服の着脱や身支度の様子，遊びの始まり方，友達との朝の出会い方といったことを観察すると，一人ひとりの朝の様子の違いが見えてくる。また，子どもの遊びの始まり方の違いに着目すると，子どもたちがどのような遊びを一日の始めにしようと思って登園してきたかということや，その時の友達とのかかわり（一緒にいる友達）が，その後もずっと一緒なのか，かかわる相手が変化していくのかということも見えてくる。

2）片付けの時間

> **事例1）片付けの様子**
> 　片付けの時間になり，自分の遊んでいたブロックを片付けているKくん。しかしSくんはまだブロックで遊んでいる。Kくんが「もうお片付けだよー」と伝えるが，Sくんはまだできていないと答えブロックで飛行機を作っている。Kくんが「お片付けしているから，はやく片付けて」と言って，遊んでいるSくんを急きたてている。保育者は，Sくんに「作り終わったら，片付けてね」と声をかける。ままごとをしていた女児はままごとコーナーをきれいに片付け，「せっせっせーのよいよいよい…」と"おちゃらか　ほい"（わらべ歌）をして遊んでいる。

　「片付け」は，ある活動から次の活動へ移行する時に必ず行うもので，保育の流れをつかむポイントになる。片付けが遊び感覚に近い3歳児，片付けの意味がしっかりわかり，さっと片付けができる5歳児など，入るクラスの年齢によっても，その様子は違う。一方，片付けになっても，まだ遊び続けている子や片付けに参加していない子がいたりすることもある。そのような場面に出会った時，実習生自身が困惑

こ, とも多いようである。どういう状況で困惑したかを日誌に記録したり、保育者に質問することでアドバイスをもらったり、次に同じ場面に出会った時にどうすればよいかを考えるヒントを得られたりする。

また, 片付け終わった子どもたちが次の活動に移るまでの様子（どのようにして待っているかということ）も観察しておくとよいだろう。

3）お弁当・給食の様子

昼食の様子を見ると、その園やクラスの雰囲気, 保育のねらいがよく出ている。例えば, 昼食の準備の様子は, 園によっても, 入るクラスの年齢によっても, また給食の日とお弁当の日の違いによっても異なる。園の環境により, クラス内での食事が基本の園もあれば, ランチルームやホールで異年齢の子どもが混ざって食事をする園もある。基本的には, 食事することを楽しんでほしいと願っているが, 保育方針により, 例えば座る席も好きな友達同士か, グループごとかも違う。観察の視点としては,

- テーブルの配置やその準備がどうなっているか。
- お茶や食器の用意などの段取りはどうなっているか。
- 食前の「いただきます！」という挨拶, 食後の挨拶を含め, 食べ始める時の様子や食べ終わりの様子はどうなっているか。
- 食事中の子どもたちの会話の様子はどうか。
- 食事の準備にかかる時間, 食事の時間, 食後の片付けにかかる時間。

といったことを見るとよいだろう。特に実習初日は, 保育者の指示に従って, その段取りや流れを把握していこう。食前には, お当番さんの仕事を張り切ってやる子もいるだろうし, 上手にできるかなと不安な思いをもって担当している子もいるだろう。その様子はどんな様子か, また役割はどういうことまでを担うのかといったことも観察するとよいだろう。

4）降園の支度・降園の様子

> **事例2）降園の支度・降園の様子**
>
> トイレに行った子どもから, お帰りの用意をしている。持って帰るものをリュックにいれ, 保育者のところに集まる。用意が終わった子どもたちは, 保育者と一緒に手遊びをして楽しんでいる。ロッカーの前で, 手遊びをして遊んでいるTちゃん。保育者に「Tちゃん, お帰りの用意を先にしてね」と声をかけられ, 歌を歌いながらお帰りの用意をする。
> 保育者は, 全員が集まったことを確認して, 一人ひとり名前を呼び, お便り帳を配る。子どもたちはリュックにお便り帳をしまい, 紙芝居を見る。明日も元気に会えるように挨拶をし, バスで帰る子, お迎えの子どもに分かれて集まる。

事例2のTちゃんのように, 楽しそうな遊びに惹きつけられてなかなか降園の身支度が進んでいない子どももいる。「今日も一日楽しかった。明日もまた幼稚園でいっぱい遊ぼう」という明日への期待感やそういう気持ちをもって降園できるように保育者は考えている。観察の視点としては,「降園までどのくらい時間がかかるか」「降園時に身支度を援助する年齢や発達の違いによる違い」「クラス全体が集まり, 帰りの話をしている時の子どもたちの様子」「帰りの挨拶の様子」「クラスから出て行く時の様子」を意識的に見るとよいだろう。

（2）子どもの遊びの様子を, 幅広く全体を見渡すように観察する

実習園の子どもたちは, 好きな遊びをしている時, 保育室内や園庭でどのような遊びをしているだろうか。室内でのままごとや積み木などの遊び, 砂場で砂山作り, 型抜き, お団子作りなどの遊びなどは, 実習生がよく目にする子どもたちの遊びである。まず観察実習では, 保育室内でも, 園庭でも, 保育者が計画した環境構成の中でさまざまに活動する子どもたちを観察

するが，すぐ目の前にいる子どもたちの遊びの様子をとらえるとともに，幅広く全体を見渡すように「どこでどのようなことをしているか」と，クラス全員（あるいは異年齢児や他クラスの子どもも視野に入れて）の子どもたちの遊びの全体の様子を把握することが大切である。

具体的には，砂場で子どもたちが砂山やトンネルを作っている様子，ドッジボールをしている様子や，保育室内で積み木やブロックで何かを作っていたり，ままごと遊びをしている様子を，「どこでどのようなことをしているか」がわかるように図としてメモしておくと，言葉だけのメモよりも具体的にイメージすることができる。また，みんなで取り組む活動（一斉活動）の時に保育者はどのように環境構成を行い，どこに教材を置いて，子どもたちはどのように座っているのか，保育者はどのような位置にいるのかということを図として記しておくと，その後の参加実習，部分実習，全日実習に役立つ。第4節の「実習日誌」の改訂例（p.53，表2－11）を見てみよう。環境構成の欄に，図や言葉でその時の様子が示されている。

（3）子どもの遊びの様子を，個々の子どもに焦点をしぼって観察する

1）子どもの様子から内面を理解するポイント

より深く子どもの遊びをとらえるには，一人ひとりの子どもの内面をとらえる目を養うことである。

同じ場で遊んでいる子どもたちの様子を見ても，その行動や言葉，そして表情や視線から，それぞれの子どもの内面の違いがあることに気づければ，観察実習としての子ども理解の目的は達成できたといえるだろう。そのためには，表2－3の四つのポイントをおさえて観察し，メモをとり，それを手がかりに，その子の内面を理解していく。

① 「～する」「～している」といった行動だ

表2－3　子どもの様子から内面を理解するポイント

① 子どもの行動・しぐさや言葉に注目する。
② 子どもの表情・視線（まなざし）に注目する。
③ 子どもの取り組む様子に注目する。
④ 子ども同士のやりとりの様子に注目する。

けではなく，「～するために・・・している」「～した結果・・・になった」という流れを理解する。また，言葉を発している時にその言葉だけではなく，声のトーンや相手に何を伝えようとしているのかを理解する。このような点に注目すると，子どもが何を思っているか，考えているかなどを推測する手がかりになる。

② 真剣に取り組んでいる表情，"やったぁ！"と達成感を感じている表情というように遊びの中で子どもたちはいろいろな表情を見せる。また，興味をもっているものや人に対して，視線（まなざし）はどういう様子か，それはどうしてかということも理解する。

③ 遊びには大抵もの（遊具・道具）が使われる。その時の扱い方の違いやそれを使って遊ぶ時にどういう発想をもっていたり，どういう思いを感じているかを理解する。

④ 友達とどのようなやりとりをしているか注目する。遊びによって友達関係は変わることもあるが，よく一緒にいる子もいる。多くの場合，好きな友達・親しい友達に対しては受容的なやりとりが多く，対抗心をもっている場合は，受容的なやりとりとともに，対抗するような言葉や行動が現れることがある。また，あまり関心が深くない友達の場合は，かかわるということ自体が少なかったり，「入れて」「いいよ」というやりとりで，「入れて」「だめ」といったことがみられたりする。このような遊びやさまざまな生活場面で，子ども同士のやりとりの様子も理解するように努めるとよいだろう。

2）事例を通して考える

事例3の「3人の子どもたちのごっこ遊び」を通して，この場面の子どもたちの内面を少し想像してみよう。この事例を子どもの活動（行動・言葉）と内面に分けてみると，表2－4のようになる。

全体的には，お店屋さんごっこは子どもたちに人気があり，みんなで楽しく遊んでいるように思える。しかしながら，よく観ると，Yちゃんのように店員としてやりとりを楽しんでいる子もいれば，Wちゃんのようにお買い物することを楽しんでいる子もいれば，Nちゃんのように遊びにどのように参加すればよいか困っている子どももいるということが理解できる。

> **事例3）3人の子どもたちのごっこ遊び**
>
> ままごとコーナーで，3人の子どもがお店屋さんごっこをしている。
> Yちゃんは店員になり，遊具の果物や，野菜をお皿にのせて「いらっしゃいませー」「100円でーす」と積極的に呼びかけている。そこにWちゃんが，果物が二つのっている赤いお皿を指差し，Yちゃんに「これくださーい」と言う。Wちゃんは，画用紙で作ったポシェットの中から，紙で作ったお金を嬉しそうに取り出し，Yちゃんに渡す。Yちゃんは，「ありがとうございましたー」と大きな声で言って，また別のお客さんに呼びかけている。
> そこへ，Nちゃんが，Yちゃんのお店をじっと見ながら，お客さんとしてままごとコーナーにやってくる。しかし，混雑していて，なかなかお店の中に入ることができず，うろうろしている。そうしているうちに，どんどんお客さんがきて，「すみませーん，いちごください」などと言って，お金を差し出したり，品物を選んでいる。保育者はNちゃんを見守りながら，混雑してきたお店屋さんのスペースを広くし，スムーズにやりとりができるようにしていた。

次の事例4は「砂場あそび」の場面である。

> **事例4）外遊び（砂場での遊び）**
>
> Sくんは高い山を作ろうと，シャベルで必死に砂を集めている。そこへ，Oくんが「山つくってるの？　入れて！」と言う。Sくんは，「いいよ。これで砂集めて」と自分の持っていたシャベルを渡し，集まった砂を手で固めている。となりでは，Eくんが大きな穴を掘っている。Oくんは，SくんとEくんに「この山と穴をくっつけよう」と提案する。Eくんは，「いいよ。そしたら池にするね」と言って，Oくんの提案を受け入れた。Sくんは「いいけど，ちょっと山できてないし…」と言って，2人のほうを見ないで，必死に砂を固めている。

この子どもたちの内面を想像してみると，Sくんは「高い山をつくるという目標をもち，山

表2－4　事例3の子どもの活動（行動・言葉）と内面

子どもの活動（行動・言葉）	子どもの内面
①　Yちゃんは，<u>積極的な呼びかけ</u>や，大きな声で「ありがとうございましたー」という<u>やりとりをしている</u>。	①　店員の真似をすることを楽しみながら，お客さんとのやりとりを楽しんでいる。
②　Wちゃんは，「これくださーい」と言う。また，画用紙で作ったポシェットの中から，紙で作ったお金を嬉しそうに取り出し，Yちゃんに渡す。	②　お客さんになり，自分の作ったポシェットやお金を使うことが嬉しい。買い物をすることを楽しんでいる。
③　Nちゃんも，<u>お店をじっと見ながら</u>，お客さんとしてままごとコーナーに<u>やってくる</u>が，なかなかお店の中に入ることができず，<u>うろうろしている</u>。	③　お店屋さんごっこをしている友達を見ながら楽しそうだと思い，自分も参加したいと思っているが，お店屋さんにはお客さんが増えて，どのようなふうに参加すればよいか困っている。

作りをしている。Oくんと一緒に山をつくるのはいいけど、池と合体させるのはあまり賛成ではない」、Oくんは「SくんやEくんと一緒に遊びたい」、Eくんは「穴を掘っていたけど、Sくんの山と合体させたら、もっと楽しくなりそう」ということを感じていると理解できそうである。それぞれ一人ひとりの思いで始まった遊びが、徐々に発展し、友達が集まり、一緒に遊びの目標をもつことにつながっている。しかし、Sくんのように自分の目標が達成できていない（まだ納得のいく山が完成していない）ので、みんなで遊ぶのはいいけど、Eくんの池と合体するのは、待ってほしいという願いが込められているということが理解できる。

これら事例3や事例4のように、同じ場で同じ年齢の子が遊んでいても、子どもたちのもっている思いはそれぞれである。実習の段階が進んだ後や、実際の保育者になった時には、その子のこれまでの育ちの理解をもとに、より深く子ども理解ができるようになっていることと思われる。

しかしながら、最初の実習段階の観察実習では最低限、それぞれの子どもたちの思いや感じていることが違うのだということを知り、理解を深めるように心がけるとよいだろう。その際、表2－3（p.40）のような子どもの行動や言葉、視線や表情、やりとりの様子といったことを意識するとよいだろう。

第3節 保育者の動きや様子を意識して観察する

本節では、表2－1（p.34）の④「保育者のかかわり」および⑤「保育のねらいに基づく展開」について説明していく。

保育者が子どもにかかわる際、実習生にとって一見すると何気ない言葉がけや援助のように思えても、そこには保育者の意図や思いや願いが込められている。その意図をすべて読み取るのはかなり難しいことだが、この言葉や援助は、どういう意味をもつのだろうと探ろうという気持ちをもって観察することが大切である。また、保育者の何気ない言葉がけの意味が、その時や実習日誌を書いた時には理解できなくても、後日「そうだったのか」とわかることもある。観察実習では、そのようなことに気づくということも大切な学びである。実習日誌の「保育者の援助・留意点」には、その観察したことを元に記入していく。

（1）保育者の様子を観察して、何を読み取るか

遊びやさまざまな保育場面で、保育者はどのような行動をしていたり、言葉がけをしているだろうか。観察実習では、保育者の行動や言葉がけの背後にどういう意図や思い・ねらいがあるのかということを理解しようとする必要がある。事例を通して検討してみよう。

1）第2節の事例を振り返って

a．事例2「降園の支度・降園の様子」の場面（p.39）　「お帰りの用意が終わった子どもから集める」「手遊びをしながら、お帰りの用意をしている子どもたちの様子を見守っている」「手遊びに夢中になっているTちゃんに、『お帰りの用意を先にしてね』と言う」「紙芝居を読み、落ち着いて降園できるよう話をする」という様子がみられた。Tちゃんに対する保育

者の思いや意図はどういうものだっただろうか。

　Ｔちゃんはきっと今日一日を楽しく過ごしたことだろう。しかし，「お帰りの用意をまだしていない状態で，手遊びを楽しんでいる」様子から，保育者としては，その気持ちを壊さないように気をつけて，先に用意を済ませてから，一緒に手遊びしようという思いを込めて，Ｔちゃんに声をかけたのではないかと思われる。「Ｔちゃん，お帰りの用意を先にしてね」という言葉が強い口調だったか，柔らかく誘いかけるような口調だったのか，この事例からは読み取れないが，声をかけられた後にも，Ｔちゃんが「歌を歌いながらお帰りの用意をする」様子からは，柔らかく誘いかけるような口調だったのではないかと想像できる。

　ｂ．事例３「３人の子どもたちのごっこ遊び」の場合（p.41）　「保育者も店員になって，一緒になってお店屋さんごっこを楽しむ」様子や，「お店の中に入ることができず，困っているＮちゃんに気づいて見守りながら，混雑しているお店のスペースを広くする」という様子がみられた。この時保育者にはどのような思いや意図があったのだろうか。

　まず，お店屋さんごっこを通して，子どもたちのかかわりが増え，深まっていってほしいと思って保育者も店員になっていたと思われる。そして，「お店のスペースを広くして，スムーズにやりとりができるようにした」という行動の意味を探ると，Ｎちゃんには「自分から友達の輪の中に入っていってほしい」と思っていたと想像できる。それは，「Ｎちゃんに"入れて"と言ってみよう」と言葉がけする方法ではなく，「スペースを広くする」ことで，Ｎちゃんがスムーズに入って行きやすいように環境構成を少し変化させる方法で援助したと考えられる。

　これら事例２や事例３の保育者のように，保育者の行動や言葉には，必ずその裏側に保育者の意図や思いがある。そのため，観察する際に，「保育者の行動や言葉がけの背後にある意図や思いは何か」ということを意識することが大切なのである。

２）別の事例を通して考える

> **事例５）一斉活動の事例**
> 　クラスのみんなで"椅子とりゲーム"をしている。保育者は，楽しくゲームに取り組めるよう，カラー帽子をかぶるように伝え，子どもたちにもグループがわかるようした。ピアノを弾き，ピアノがとまったら，周りの椅子に座るというゲームであるが，進級当初の活動であるため，保育者は友達同士の名前を知ったり，親しみをもてるように，ゲームの中に，握手や名前，インタビューをいれながら，ゲームを進行している。また，ピアノに強弱をもたせたり，高低などの変化をつけるなどして，歩くだけでなく，座って動いたり，動物になったりしながら動くようにした。子どもたちは，ピアノを聞きながら表現することを楽しんだり，インタビューに耳を傾けるなど，友達とのかかわりも楽しんでいる。

　この事例５の保育者の行動や言葉がけの背後にある意図や思いはどういうものだろうか。

① 　カラー帽子をかぶるように伝え，子どもたちにもグループがわかるようした。

➡これは，「楽しくゲームに取り組めるように（グループの混乱がないように）配慮している」と考えられる。

② 　ゲームの中に，握手や名前，インタビューをいれながら，ゲームを進行している。

➡これは，進級当初の活動だったため，「保育者は友達同士の名前を知ったり，親しみをもてる」ように配慮してのことだと思われる。また，そのことにより，「友達のインタビューに耳を傾け，友達とのかかわりも楽しんでほしい」と願っていると考えられる。

③ 　ピアノに強弱をもたせたり，高低などの変

化をつけてゲームを進行している。
➡これは、「歩くだけでなく、座って動いたり、動物になったりしながら動くようにすることで、子どもたちはピアノを聞きながら表現することを楽しんでほしい」と願っていると考えられる。

このように、保育者が行っていることの背後には、保育者のさまざまな思いや意図がある。観察実習の初期には、保育者が「何をやっているか」「どのような言葉を子どもたちにかけているか」と表に見える行動や言葉だけを観察するだけで精一杯だが、この保育者の言葉や援助は、どういう意味をもつのだろうと意識して観察を心がけることが大切である。

(2) 保育者の観察のポイント

基本的には、個々の子どもを観察する時と同じで、保育者の「行動」「言葉」「しぐさ・表情・まなざし」、そして「タイミング」といった目に見えるものを観察することになる。その上で、その意味を考えることになる。そのため、メモする際には、「目に見えるもの」と「意味」をセットに書いておくことが必要である。また、その場の状況に応じて保育者が醸し出す雰囲気やムードもメモしておく。

1)「行動」の意味を考える

「何のために、それをするのか？」「それをしたことで、次にどういうことをしようとしているのか？」という流れを理解することが必要である。先の「3人の子どもたちのごっこ遊び」の事例（p.41）のように、「スペースを広くした」のは、何のためだったのだろうか。「混雑してきたから」ということと、「Nちゃんがスムーズに入れるように」という意図があったように、その行動がどういう意味をもつのかを、前後関係を意識して読み取ることが必要である。

2)「言葉」と「しぐさ・表情・まなざし」の様子をセットでとらえる

子どもに話をしたり、言葉をかける時、その内容だけでなく、クラス全体に通るような大きく声か、誰か一人に向けられた小さな声か、また、声のトーンも楽しそうな感じか、困ったような感じかといったことを意識してみよう。楽しそうな声のトーンの時には、きっと楽しそうな表情で、まなざしも優しい感じだろうし、クラスで何か困ったなぁということが起こっていることを子どもたちに伝える時には、表情やまなざしも困った感じだと想像できる。

このように、保育者が「話した内容（言葉）」だけではなく、どのようなトーン・表情だったかメモしておこう。また、保育者の「身振りやしぐさ」にも着目するとよいだろう。楽しい話の時には、身振り手振りも楽しそうに、何かの説明の時には、具体的な物をもって、手を上にあげて説明しているだろう。そういうしぐさは子どもが話を理解しやすくなるための役割を果たしている。だから、「身振りやしぐさ」も意識してとらえるとよいだろう。

そして、その「話した内容（言葉）」が、声のトーンや表情、身振りやしぐさなどからどういう意味をもつのかということを意識して読み取ることが必要である。

3)「タイミング」を意識する

保育者は何かを子どもに伝える時や援助する時、常にそのタイミングを見計らっている。危険な時、いけないことをしている時にはすかさず声をかけるだろうし、遊びやの子どもが何かに取り組んでいる時には、タイミングを見計らっているだろう。だから、その「タイミング」もどういう状況だったかをメモしておくとよい。

そして、その「タイミング」が、「行動や言葉」同様に、どういう意味をもつのかということを意識して読み取ることが必要である。

4)「子どもとのやりとり」の様子

子どもとのやりとりは一方的なものではなく，子どもの話を受けとめるような受容的なかかわりが多いだろうし，何かの説明の時でも，一気にすべてを説明するのではなく，立ち止まり確認しながら話を進めていく。このような「子どもとのやりとり」の様子を意識してとらえるとよいだろう。

「個別の子どもへの言葉がけや援助」の場合，どんな「タイミング」で言葉がけや援助をしているかを観察してみよう。そして，そのタイミングでなぜそのような言葉がけや援助が必要だったのか，またその言葉がけや援助に含まれる保育者の意図・思いを理解するように心がけてみよう。

「クラス全体に対する言葉がけや援助」の場合，ここでもどのような「タイミング」での言葉を発しているかということは大切なポイントである。また，子どもたちに，これからすることをどのように提示し，どのように展開しているか，またそのための動機付け（興味の喚起）はどうしているかを観察するとよいだろう。特に，「個別対応の中」と「全体に向けて」の話し方の違いや言葉のやりとりの違いを理解するように心がけてみよう。

(3) 環境を構成する保育者の観察ポイント（表2-5）

保育の状況に応じて，保育者は環境構成を変化させていく。その環境構成には，保育者の意図やねらいが背後にある。そのことを観察して読みとり，実習日誌の「環境構成」には，略図や言葉で記入していく。

1) 保育室内の環境

基本的には，子どもたちの個人棚，制作道具などの棚，ままごとや積み木などの遊具の置かれているコーナーや棚，さらには椅子やテーブル（机）などがある。活動の節目ごとに，どのように環境構成がなされているか観察して略図を書いておこう。具体的には，登園時，好きな遊びの時，一斉活動時，昼食時，降園時といった活動の節目ごとに保育者は環境構成を変化させている。一日ずっと一緒ということはないので，その時々の環境構成を略図に示しておく。また，晴れの日と，雨の日といった天候による環境構成の違いや，何かの行事前の環境構成を観察して，略図に示しておく。

観察実習で複数クラスに入る時には，同じ学年でもクラスによる環境構成の違いや，学年（年少と年長など）による環境構成の違いを観察しよう。

2) 園全体の環境

園のパンフレットなどに園舎の見取り図やクラス配置が書かれている。それをもとにして，固定遊具や砂場や築山，植物・小動物の飼育小屋などの自然環境が，子どもたちの実際の活動を通して，どのように活用され位置づいているかを観察して，略図に示しておく。戸外や園庭での遊びの時に，そのことを略図で実習日誌に示す。

表2-5 環境を構成する保育者の観察ポイント

① 保育室内の環境構成が，どのようになされているか観察する。
② 園舎・園庭の環境構成が，どのように環境として位置づいているか観察する。
③ 晴れの日と，雨の日といった天候による環境構成の違いや，何かの行事前の環境構成を観察する。
④ 観察実習で複数クラスに入る時には，環境構成のクラスによる違いや学年による違いを観察する。

3）みんなで取り組む活動での環境

第2節でも述べたが，みんなで取り組む活動（一斉活動）の時に，保育者はどのように環境構成を行い，どこに教材を置いて，子どもたちはどのように座っているのか，保育者はどのような位置にいるのかということを略図で，実習日誌に示す。

第4節 初めての実習日誌

表2－1（p.34）の⑦にあるように，実習日誌を書くことは，一日の締めくくりの作業である。書くことによって，その日一日を振り返り，何を感じ，何を考え，何がわからないのかということが意識化される。そして，翌日の観察実習の課題を改めて設定したり，確認することになる。また，実習日誌は，実習園の保育者に指導してもらい，実際の保育に即した書き方を身につけていくための記録となる。そのため丁寧に書いていくことを心がけることが必要である。

（1）実習日誌の様式例

表2－6に実習日誌の様式例を示す。各養成校により様式は多少違うが，基本的なことをおさえておこう。また，実習日誌は黒ボールペンで書くことが一般的だが，実習園によっては実習日誌を修正しやすいように鉛筆で書くように求められることもある。

（2）実習日誌の書き方のポイント

1）基本的な情報と，保育のねらい・実習生のねらい

a．「日付」「天候」「クラス」「出席人数」

まず「日付」「天候」「クラス名」を記入し，男児・女児の出席人数を記入する。そのことにより，「この日の活動は何人で行われたのか」「この日の保育をする上で，天候はどうだったのか」などのクラスの基本的な情報を把握することができる。

b．「保育のねらい」「実習生のねらい」

日々の保育は，保育者のその日の保育のねらいがあって行われている。そのため，「保育のねらい」は，自分が考えて記入するのではなく，担当保育者に聞いて記入する。具体的には，今日の保育（活動）が，子どもたちにとってどのように達成してほしいのか，育ってほしいのか，何を伝えたいのか，といった担当保育者に聞いた「ねらい」が記入される。

「実習生のねらい」には，表2－2（p.36）の実習課題に示した「子どもがどのような活動に，どのように興味をもっているかを観察する」や「園生活の一日の流れを把握する」といった「観察の視点」と「行動目標」を書く。

2）時間／環境構成／幼児の活動／保育者の援助・留意点／感想／考察

書き方のポイントをより細かく示すと表2－7（p.48）のようになる。

a．時 間 登園から降園までの子どもの生活の一日の流れを時系列（時間の経過）に沿って記入していく。保育の流れには，区切り（変わり目）となる時があるので，その生活や活動の区切りの時間を記入しておく。そうすれば，どういうことが何時に始まったのか，片付けにどれくらいの時間がかかったのかなど幼稚園での生活の流れが理解できる。

また，例えば，制作ではさみを使って折り紙を切るのにかかった時間や，活動の導入に保育者がかけている時間なども記録しておくと，自分自身が指導案を立てる際の時間配分を把握することにつながる。

　b．環境構成　　子どもたちはどのような環境構成の中で遊んでいたのか，素材や遊具などがどのように準備されていたか，安全な場所を設定するにはどのように配慮しなければいけないのかといったことなどを略図で図示したり，言葉で説明する。特にクラスでの一斉活動の際，保育者の立ち位置や教材を置く場所，子どもたちの座る場所やテーブル配置などをできるだけ詳しく書いておくことによって，指導案作成や部分実習などで役立つ。

　c．幼児の活動　　例のように「幼児」を主語にし，「（幼児が）～する」と現在形で表現する。一日の生活の流れを"まとまり"として見るために，「○」と「・」を使い分ける。「○」は大きな活動のまとまりで，「・」はその中に含まれる細かい内容を表す。幼児の生活の様子（保育の流れ）がわかるように簡潔に記入すると同時に，その時々の幼児の心の動きや，遊びの変化，活動への取り組み手順などを書いておく。登園から降園までの幼児の行動をだらだらと書いたものにならないように気をつける。

　d．保育者の援助・留意点　　例のように「保育者が」を主語にし，「（保育者が）△△のために～する」と現在形で表現する。幼児の姿の欄の「○」（あるいは「・」）に合わせて横一列に並ぶように記入する。この欄は単に保育者がどのように行動したかを記入するのではなく，第3節で学んだように，その行動がどのような意図をもって行われているかという意味や留意点を読み取って記入する。例のように，子どもたちにかかわる時には，たくさんの援助があるので，単に「うながす」「援助する」では不十分である。また，5W1H（when, where, who, why, what, how）を使うように心がけると，より具体的に記録に残すことができる。

　e．感　想　　その日一日，実習をする中で楽しいと感じたり，感心したり，思ったりした

表2－6　実習日誌の様式例

○月○日（　）	天候	△歳児□□組	男児○名　女児○名　出席　　計　○名
保育のねらい			
実習生のねらい			

時間	環境構成	幼児の活動	保育者の援助・留意点
・保育の大まかな流れの時刻を記入する欄である。 ・一日の流れを時間の経過に沿って記入していく。	・保育室の様子を図にして記入したり，活動における準備物や，遊具，教材などを記入する欄である。 ・子どもたちは，どのような環境構成の中で，遊んでいたのか？活動をする上で，どのようなものが準備され，どういう状況であったのか？　安全な場所を設定するには，どのように配慮しなければいけないのか？　などを書く。	・登園から降園までの子どもたちの生活や活動の具体的な様子を記入する欄である。 ・子どもの行動をだらだらと書くのではなく，子どもの園生活の様子（保育の流れ）がわかるように，簡潔に記入していく。	・保育者がどのように子どもとかかわっているかを記入する欄である。 ・保育者の行動を記入するだけでなく，その行動がどのような意図をもって行動に現れているのかということも書いていく。
感想			
考察			

ことなどを記入する。

　f．考　察　「感想」より深く保育者の行動の意味や環境構成の意味，幼児の行動や言葉の意味などを自分なりに「こうではないか？」と明らかにして記述するのが考察である。そのために，「どうしてそういう行動をしているのか」「それがどのような意味をもつのか」といったことを考えて書いたり，自分自身の「実習生のねらい」が達成できたのであれば「どういう点で達成できたのか」，達成できていないのであれば「どうして達成できなかったのか」といったことを記述する。表現の注意点としては，「感想」も「考察」も，話し言葉（「たぶん」「きっと」など）や，くだけた表現（「やっぱ〜」「いまいちわからない」「〜かなぁって思いました」など），さらに絵文字などは使わないように気

表2－7　実習日誌の書き方のポイント

a．時間	b．環境構成	c．幼児の活動	d．保育者の援助・留意点
保育の大まかな流れの時刻を記入する。 例） ○10：15〜 ×15分間	・保育室の環境構成の様子を図にして記入 ※ 参照 ・活動における準備物や，遊具，教材などを記入 ・環境設定における配慮点を記入	＜記入例（活動のまとまり）＞ ○順次登園する ・挨拶をする。 ・帳面にシールを貼る。 ・今日の日付がわからず，保育者に聞き，自分でシールを貼る。 ・体操服に着替える。 ○自由遊び（室内） ・好きな遊びを見つけて遊ぶ。 ・ブロック，積み木，ままごと，お絵かき，パズルなど ・女児3名でままごとをしている。一人がお母さん役となり，ぬいぐるみを子どもにして，着替えをさせたり，ご飯を作っている。 ＜注＞ ＊「○」　保育の区切りとなる大きな項目を記入 ＊「・」　生活や活動の具体的な子どもの姿を記入 ＊○と・で整理して記入することで，活動のまとまりを示す。 ＊体言止め，現在形（〜する）で記入 ＊手遊びや絵本などは，タイトルもしっかり記入しておく。	＜記入例（語尾）＞ ・〜を認める。 ・共感する。 ・気持ちを汲み取る。 ・〜するよう言葉をかける（声をかける）（助言する）。 ・〜について伝える（知らせる）。 ・イメージが広がるようにする。 ・子どものつぶやきに耳を傾け，たくさんの意見を引き出す。 ・意欲を高める。 ・見守る。 ・一緒に遊ぶ。 ・やってみせる。 ・〜して興味をもてるようにする。 ・ともに考える。 ・〜を提案する。 ・安心感をもつことができるようにする。 ・〜に関心をもち，次の活動へつなげていく。 ・自信や喜びをもてるようにする。 ・気持ちを支える。 　　　　　　　　　など ＜注＞ ＊「保育者が〜するように言う」といった，「」を使った具体的な言葉がけの内容は書かない。この場合は，「保育者が〜について説明する（囁く，注意する）」など言葉を置き換えて記入する。
e．感想			
f．考察			

をつけ,「書き言葉」を意識することである。

(3) 実習日誌を書いてみる

【演習1】 第2節事例3「3人の子どもたちのごっこ遊び」(p.41)の事例を実習日誌として書いてみよう。
この時の保育者の援助・留意点はどのように書けばよいだろうか。表2－8に自分で書き込んでみよう。

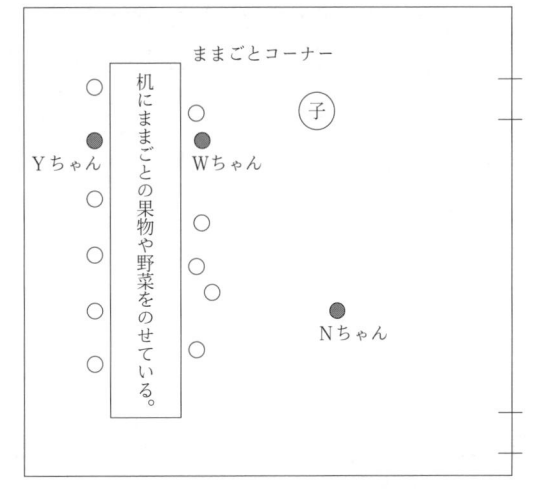

【演習2】 第2節事例2「降園の支度・降園の様子」(p.39)を実習日誌として書いてみよう。この時の幼児の活動・環境構成はどのようになるだろうか。表2－9 (p.50)に書き込んでみよう。

表2－8,2－9は,実際の一日の流れからすると一部分に過ぎないが,すらすらと書いてみることはできただろうか。

表2－8　事例3「3人の子どもたちのごっこ遊び」の実習日誌

時間	環境構成	幼児の活動	保育者の援助・留意点
10：00	事前にごっこ遊びで使えるポシェットとお金を画用紙で作っておく。 ※ 参照	○自由遊び（室内） ・ままごとコーナーでお店屋さんごっこをする。 ・Yちゃんは店員をし，Wちゃんはお客さんになって遊んでいる。 ・お店屋さんにお客さんの子どもたちがたくさん集まってきて，混雑している。 ・お店に入りたいが，入ることができないNちゃん。	（自分で書いてみよう）

表2－7　※

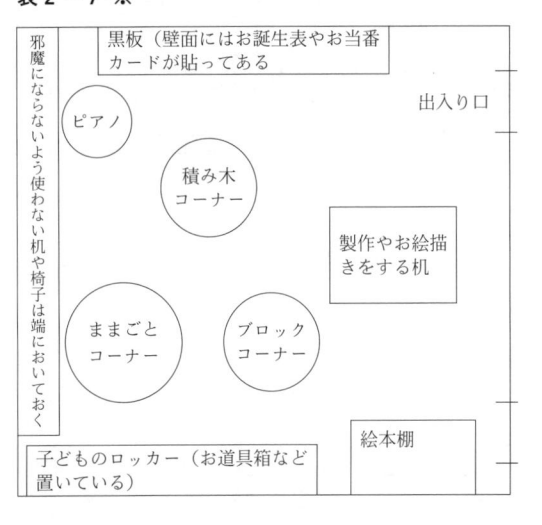

（保育室配置図：黒板（壁面にはお誕生表やお当番カードが貼ってある），出入り口，ピアノ，積み木コーナー，製作やお絵描きをする机，ままごとコーナー，ブロックコーナー，絵本棚，子どものロッカー（お道具箱など置いている），邪魔にならないよう使わない机や椅子は端においておく）

表2－8　※

（ままごとコーナー配置図：Yちゃん，Wちゃん，Nちゃん，机にままごとの果物や野菜をのせている，子）

表2－9　事例2「降園の支度・降園の様子」の実習日誌

時間	環境構成	幼児の活動	保育者の援助・留意点
11：15	（自分で書いてみよう）	（自分で書いてみよう） ○降園の支度	・持ち帰りのものを忘れないように，声をかけ，忘れている子どもたちには渡すようにする。 ・降園の用意が終わった子どもから集め，手遊びをしながら，降園の用意をしている子どもを待つ。 ・降園の用意をしないまま，一緒に手遊びをしているTちゃんに先に用意を済ませるよう声をかける。 ・全員が集まったことを確認する。 ・一人ひとりの名前を呼びながらお便り帳を配り，視診をしながら今日一日の子どもたちの様子を知る。 ・落ち着いた状況で降園できるように，紙芝居を読む。 ・明日も子どもたちが元気に登園できるよう笑顔で挨拶をし，見送る。

（4）実習日誌の書き方を磨く
―不十分な例と改訂例―

1）実習日誌を自分で修正してみる

次の表2－10「不十分な実習日誌例」は，ある実習生の実習日誌である。これを見ながら，どのように改善すればよいのかを検討することを通して，実習日誌の書き方を磨いていこう。

下記の＜第1チェックポイント＞を参考に，表2－10の実習日誌を検討してみよう。

＜第1チェックポイント＞
- □ 文章表現のおかしいところや，誤字脱字はないだろうか。
- □「環境構成」は，図で示されたり，準備物などが書かれているだろうか。
- □「幼児の活動」で，活動のまとまりがわかるように，「○」「・」の使い分けができているだろうか。また，主語が「幼児が」になるように書かれているだろうか。
- □「保育者の援助・留意点」は，幼児の活動に対応して書かれているだろうか。また，主語が「保育者が」になるように書かれているだろうか。

表2-10　不十分な実習日誌例

4月20日（木）	天候　雨	4歳児　りんご組	男児17名　女児13名　出席	計　30名
保育のねらい	・登園を楽しみにし，保育者や友達に親しみをもつ			
実習生のねらい	・子どもたちの名前を覚える　・一人の子どもに着目し，その子の動きをよく観察する			

時間	環境構成	幼児の活動	保育者の援助・留意点
8：50		○登園する。 ○身辺整理をする。 ・リュック，絵本バック，タオルをかける。 ・おたより帳にはんこを押す。 ・スモックを着る。	・視診，触診する。 ・できるだけ自分で身辺処理できるように声をかけ見守る。 ・タオルや，カラー帽子をかけ忘れていないか子どもたちに声をかける。
9：50	おもちゃを用意しておく ※1　参照	○自由遊びをする。 ・ブロック，お絵かき，絵本，ままごと ○片付けをする。 ・排泄をする。 ○保育者の周りに集まる。 ・歌をうたう。 「幸せなら手をたたこう」 「アイアイ」 ・挨拶をする。 ・出席をとる。 ・タオルチェックをする。	・片付けするように声をかけ，片付けてから排泄するよう伝える。 ・子どもが楽しく歌えるように，保育者も一緒に歌う。 ・動物の歌は，自由に体を動かし，その動物になりきれるよう声をかけ見守る。 ・「おさるさんになってみよう」と言う。 ・子どもたちの意見に耳を傾け，歌いたい歌も歌えるようにする。 ・視診しながら，一人ひとり名前を呼ぶ。 ・子どもたちの前で，タオルをかけ忘れていないか一緒に確認する。
10：40	※2　参照	・ゲームをする。 （さんぽでいろんな椅子に座る）	・楽しくゲームに取り組めるよう，カラー帽子をかぶるようにする。 ・友達同士名前を知ったり，親しみをもてるように，ゲームの中に，握手や名前，インタビューをいれる。 ・歩くだけでなく，座って動いたり，動物になったりしながら動くようにする。
11：15	帽子掛けやレインコートなどを保育室に入れておく お帰りの音楽を鳴らす	○お帰りの用意をする。 ・排泄をする。 ・紙芝居を見る。 ・保育者の話を聞く。 ・挨拶をする。 ○降園	・「リュックを背負う前に，トイレに行ってね」と声をかける。 ・おたより帳を忘れないように，声をかけ，忘れている子どもたちには渡すようにする。 ・明日も子どもたちが元気に登園できるよう笑顔で挨拶をし，見送る。

感想　少しずつ登園に慣れてきて、昨日より楽しそうに遊んでいるなあと思いました。しかし、昨日は楽しそうに過ごしていた子どもが、今日は不安げな顔をしているのも感じました。私は昨日より、多くの子どもたちと話をするなどかかわることができました。今日、ゲームをしている時、先生が子ども一人ひとりと握手をしたり、お帰りの時にはタッチをしたりと子どもたちが親しみをもてるよう工夫されていると感じました。子どもたちもとても嬉しそうでした。

考察　朝、子どもたちの身辺整理を援助している時、ずっと私の後ろにくっつき、泣きそうになっているMちゃんがいました。私はMちゃんと手をつなぎながら、他の子どもたちの身辺整理をしていたのですが、途中から、そちらに気をとられていて、Mちゃんが半分泣きながら一人で立っていました。今年入園したので、不安な気持ちでいっぱいだったと思うのに、他の大勢の子どもたちばかりに目がいってしまっていたことをとても反省しています。これからは、何をしていても、常に周りや全体に目を向けられるよう努力していきたいと思います。

表2−10 ※1

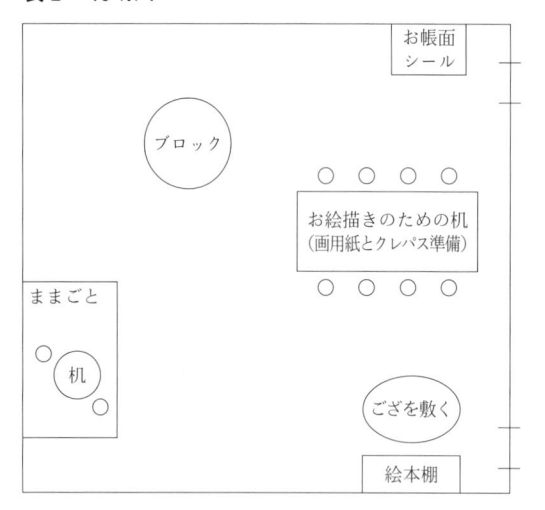

表2−10 ※2

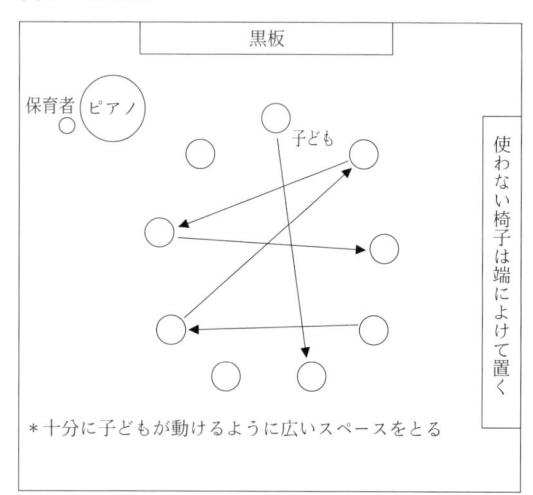

2）実習日誌の改訂例

さらに＜第2チェックポイント＞を参考に、不十分や訂正箇所を修正した表2−11「実習日誌の改訂例」を見てみよう。

＜第2チェックポイント＞
- □「環境構成」は、幼児の活動に合わせて、環境の設定や配置がわかるように書かれているだろうか、また、保育者の立ち位置や、幼児の活動場所がわかるように書かれているだろうか。
- □「幼児の活動」で、幼児の様子や、どのように活動していたのかがイメージできるように書かれているだろうか。
- □「保育者の援助・留意点」は、保育者はどのように援助していたのか、保育者の意図や思いがわかるように書かれているだろうか。
- □「実習生のねらい」が達成できているような実習日誌になっているだろうか。表2−10の場合、「一人の子どもに着目し、その子の動きをよく観察する」となっているが、具体的に一人の子に着目している様子がこの日誌から読み取れるだろうか。

第 4 節　初めての実習日誌

表 2-11　実習日誌の改訂例

4月20日（木）	天候　雨	4歳児　りんご組	男児17名　女児13名	出席　計 30名
保育のねらい	・登園を楽しみにし，保育者や友達に親しみをもつ			
実習生のねらい	・子どもたちの名前を覚える　・一人の子どもに着目し，その子の動きをよく観察する			

時間	環境構成	幼児の活動	保育者の援助・留意点
8：50	【登園した時の子どもの様子が書かれていないので，その様子を加えました。】	○登園する。 ・元気に挨拶し，昨日の出来事を話す。 ○身辺整理をする。 ・リュック，絵本バック，タオルをかける。 ・おたより帳にはんこを押す。 ・スモックを着る。	・子どもの様子を知るために，スキンシップをしながら挨拶をし，視診・触診する。 【どのように，視診・触診しているのかわからないので，その様子を加えました。】 ・できるだけ自分で身辺処理できるように声をかけ見守る。 ・タオルや，カラー帽子をかけ忘れていないか自分で気づくことができるように子どもたちに声をかける。
9：50	遊具を用意しておく 【実際に遊んでいる姿がわからないので，どのような遊びをしているか加えました。】 ※1　参照	○自由遊びをする。 ・ブロック，お絵かき，絵本，ままごと ・男児2名がブロックで飛行機を作って遊んでいる。 ・ままごとコーナーにたくさんの子どもが集まり，お店屋さんごっこをしている。 ・片付けをする。 ・排泄をする。 ○歌をうたう。 ・保育者の周りに集まる。 「幸せなら手をたたこう」 ・保育者の真似をする。 ・頭やおしり，友達の背中など手をたたこうから変化をつける。 「アイアイ」 ・サルの真似をしながら歌う。 ・友達と向い合いながら，動きをつけて歌うことを楽しむ。 ・挨拶をする。 ・出席をとる。 ・タオルチェックをする。	・片付けをするように声をかけ，片付けてから排泄するよう伝える。 ・子どもが楽しく歌えるように，保育者も一緒に歌う。 ・動物の歌は，自由に体を動かし，その動物になりきれるよう声をかけ見守る。 【保育者が声をかけている意図を加えました。】 【保育者の言葉は書かないので削りました。】 ・自信をもって歌えるように子どもの表現を認める。 ・子どもたちの意見に耳を傾け，歌いたい歌も歌えるようにする ・視診しながら，一人ひとり名前を呼ぶ。 ・子どもたちの前で，タオルをかけ忘れていないか一緒に確認する。
	【歌を歌っているときの様子がわからないので，体を動かす様子も含めて加えました。】		
	【どのような風に握手をしたり，インタビューに答えたのか記入しました。】		
10：40	※2　参照	○ゲームをする。 （「さんぽ」の曲に合わせて，いす取りゲームのように椅子に座る） ・ピアノに合わせて椅子の回りを歩き，ピアノがとまったところで，近くの椅子に座る。 ・座れなかった子どもは，インタビューに答える。	・楽しくゲームに取り組めるよう，カラー帽子をかぶるように声をかける。 ・友達同士名前を知ったり，親しみを持てるように，ゲームの中に，握手や名前，インタビューをいれる。 ・歩くだけでなく，座って動いたり，動物になったりしながら動くようにする。

		・インタビュー例 「今日一日嬉しかったことは何ですか？」「お友達と何をして遊びましたか？」など	・恥ずかしさから発言できない子どもには，一緒に発言したり，代弁するなど援助する。
11：15	帽子掛けやレインコートなどを保育室に入れておく 【タイトルを記入しました。】 お帰りの音楽を鳴らす	○降園準備をする ・排泄をする。 ・紙芝居「ワンタのどうぶつかくれんぼ」（教育画劇）を見る。 ・保育者の話を聞く。 ・挨拶をする。 ○降園	【保育者の言葉は書かないので削りました。】 ・お帰りの用意がしやすいように，先に排泄をするよう声をかける。 ・おたより帳を忘れないように声をかけ，忘れている子どもたちには渡すようにする。 ・明日も子どもたちが元気に登園できるよう笑顔で挨拶をし，見送る。

感想
　少しずつ登園に慣れてきて，昨日より楽しそうに遊んでいるなあと思いました。しかし，昨日は楽しそうに過ごしていた子どもが，①今日は不安げな顔をしているのも感じました。
②今日，ゲームをしている時，先生が子ども一人ひとりと握手をしたり，お帰りの時にはタッチをしたりと子どもたちが親しみをもてるよう工夫されていると感じました。子どもたちもとても嬉しそうでした。

考察
③朝，子どもたちの身辺整理を援助している時，ずっと私の後ろにくっつき，泣きそうになっているMちゃんがいました。私はMちゃんと手をつなぎながら，他の子どもたちの身辺整理をしていたのですが，途中から，そちらに気をとられていて，Mちゃんが半分泣きながら，一人で立っていました。今年入園したので，不安な気持ちでいっぱいだったと思うのに，他の大勢の子どもたちばかりに目がいってしまっていたことをとても反省しています。これからは，何をしていても，常に周りや全体に目を向けられるよう努力していきたいと思います。

表2－11※1

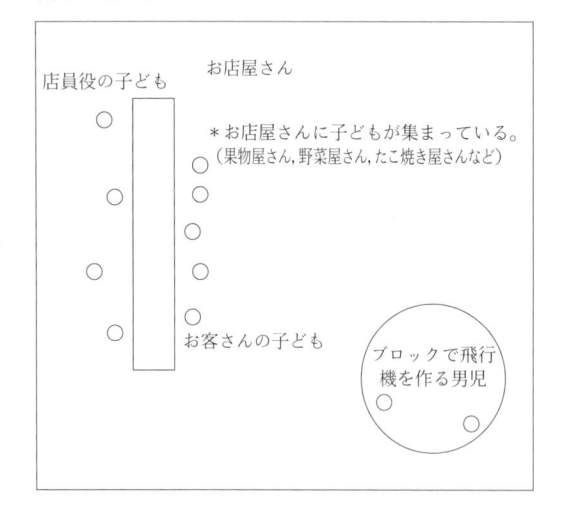

店員役の子ども　　お店屋さん
＊お店屋さんに子どもが集まっている。
（果物屋さん，野菜屋さん，たこ焼き屋さんなど）
お客さんの子ども
ブロックで飛行機を作る男児

表2－11※2

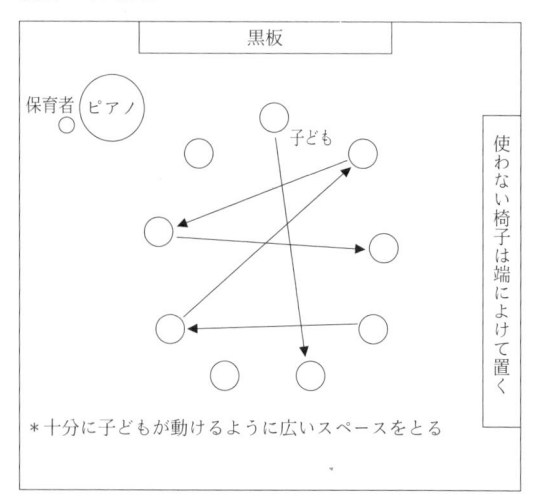

黒板
保育者　ピアノ　子ども
使わない椅子は端によけて置く
＊十分に子どもが動けるように広いスペースをとる

3）実習日誌の改訂のポイント

　実習日誌は各園や各学校によって，指導の仕方や書き方に違いがある。また，園の中でも保育者により指導内容が違う場合もある。この実習日誌も「不十分な例」と「改訂例」を示しているが，どれが正しい，間違っているというわけではなく，さらにこのように書いたほうが，わかりやすいというアドバイスとして受けとめるとよいだろう。

　第1・第2チェックポイント（p.50，52），そして表2-11（p.53）の「吹き出しコメント」を参考に，実習日誌を磨いてみよう。表2-10（p.51）の実習日誌を見ると，「幼児の活動」で「〇」「・」の使い分けができていないため，活動のまとまりがわかりにくい状況である。「環境構成」が活動のまとまりで示されていなかったり，また，「保育者の援助・留意点」も子どもの活動との対応がわかりにくい箇所もある。まずは，そういう点を修正することが大切である。

　さらに，「幼児の活動」では，幼児の様子や，どのように活動していたのかがイメージできるように書かれているだろうか。「保育者の援助・留意点」では，保育者はどのように援助していたのか，保育者の意図や思いがわかるように書かれているだろうか。改訂例では，そのことを少し書き加えている。

　この実習生の場合，「実習生のねらい」に「一人の子どもに着目し，その子の動きをよく観察する」となっているが，表2-10（p.51）の実習日誌では，具体的に一人の子に着目している様子を読み取ることができない。具体的な「幼児の活動」があまり書かれていないからで，表2-11（p.53）の改訂例では，具体的な「幼児の活動」を書き加えてみたが，それでも不十分である。そこで次の「感想」「考察」を見て活かしてみよう。

　「感想」「考察」には，違いがある。改めて前述の「e．感想」「f．考察」のポイントに戻ってみよう（p.47〜48）。単純には，「感想」は，その日の反省や，保育に参加して感じたこと，また子どもたちとかかわって感じたことなどを書き，「考察」は，自分なりにこう考えたということや，観察をしていてこのようなことに気づいたということを書く。そこで，表2-11（p.53）の「感想」「考察」の欄を見ると，表2-12のような改善ポイントが考えられる。

　以上のように，実習日誌として，最低限の書き方，適切な表現方法があるので，そのルールには気をつけて書いていこう。望ましい実習日誌は，自分の思いや気づいたこと，子どもや保

表2-12　感想・考察の改善ポイント

- ■感　想
  - 波線①：なぜ不安気な顔をしていたのだろうか？　自分なりに考えて書いておくといいだろう。担当保育者は，実習生がこのような理解をしたのだという意思表示として受けとめることができる。
  - 波線②：保育の中で，印象に残った保育者のかかわりを書いておくのは，とてもよいことである。「保育者がこのような工夫をしているのかな？」と感じたことや，「子どもたちもとても嬉しそう」というように，そのことが子どもにどういう影響を与えているのかを書いておくことはよいことである。
- ■考　察
  - 波線③：自分自身の反省点と，これからの課題を書いているのでわかりやすい。「一人の子どもに着目し，その子の動きをよく観察する」という「実習生のねらい」は，この日はMちゃんだったと想像できる。Mちゃんとのことは，朝の様子だけなので，その日一日，どうだったのかを書き加えれば，よりよい考察になるだろう。
- ■文章全体として，いろいろなことが書かれているので，改行したり，接続詞や，印象に残ったことは…，今日のねらいは，などを用いて，まとめるように心がけるとよりよいだろう。

育者の様子，保育の様子ができるだけ映像としてイメージできるような記録になっていることである。その時はわかっていても，後から読み返すとわからないということはよくあるので，何度も書きながら，自分が経験した大切な記録として残していくとよいだろう。

（5）実習日誌の指導の受け方

　保育者は「素敵な保育者になってほしい」という思いから，実習生の実習日誌や実習姿勢を通していろいろな指導を行う。また，実習日誌に赤で修正を入れていただいた部分や，口頭で指導していただいた部分をきちんと修正していくことで，実習最終日にはその現場に即した書き方ができるようになり，指導される内容も深まっていく。

　ただし，園や学校によっては，どのように指導を受けたのかを知るために，保育者からの修正部分は残しておくように指導されている場合もあるので，その場合は，付箋に書いて貼っておくとわかりやすい。

　一方，実習園が何かの行事前だと特に，保育者が忙しくされており，細かいチェックではなく口頭で説明を受けたり，指導があまりないままに実習の日々を過ごすこともあるが，観察実習の期間，まったく指導を受けないということはない。直接的な指導を受けていない日には，前日書いたことより深めていこうという意識をもって，自分自身と向き合って実習を振り返り，新たな実習課題をもつように心がけていくと，翌日の実習に生かすことができる。

第5節　観察実習での保育者とのかかわりと振り返り

（1）観察実習での実習生と保育者とのかかわり

　ここでは，表2－1（p.34）の⑥に関連して，保育者に指示されたことの手伝い（保育室や園庭やトイレなどの環境整備も含めて）や保育者へ質問する際の留意点をまとめておく。

1）保育者とのかかわり

　観察実習とはいえ，保育者とクラスの子どもたちの輪の中に，実習生が入っていくこともある。実習生が緊張するのと同様に，受け入れる保育者も子どもたちも「今度，実習に来る実習生はどういう人だろう？」と期待をもちながらも緊張している。こちらが身構えてしまっていると，相手（保育者も子ども）も身構えてしまう。緊張しながらも，その場の空気や雰囲気の中に溶け込むように，自分自身が一皮むけるように努力することが必要である。

　「実習を楽しむ」というのは，そういう緊張感の中で自分を成長させていきながら，保育の場を共有して，子どもたちや保育者とのかかわりの中で楽しさや喜びを発見したり気づいたりすることをいう。発見も気づきも成長も自分の心構え・意識をどうもつかで違ってくる。

　そのためには，保育者との関係づくりも自分から意識して取り組むことが大切である。この保育者から「学ぼう」という姿勢，この保育者の保育技術を自分でも取り入れるためにしっかり観察しようという意欲など，実習にかける熱い気持ちが保育者に伝わらないと，いい学びにはつながらない。「何か質問はないかな？」と聞かれても，無表情で「別に。」とか，「ないです。」と一言返事するだけでは，保育者からす

ると「この実習生は，本当に学ぼうと思ってるのかな？」と思われても仕方がない。

また，実習中に保育者からいろいろとアドバイスを受けたり，注意を受けたりすることもある。特に注意を受けると多くの人は気分が落ち込むが，言い訳したり，反論するのではなく，そのような助言や注意を素直に受けとめて，それをきっかけに次に同じ助言や注意を受けないように一歩前進していく姿勢も大切である。そのためには，物事を否定的・悲観的に理解するのではなく，肯定的に理解して，そのような助言や注意を受けた原因や対応を考えることが大切である。

2）質問することの意味と方法

子どもを観察している時や，保育者の意図や思いがわからない時に，ふと疑問に思い，質問が出てくることがある。何度も実習を重ねても，保育者になっても「質問」をするということに難しさを感じるのが多くの人の実感である。何か目新しいものを見た時「これは何ですか？」と質問するのは簡単だが，多くの場合，質問の意味がきちんと相手に伝わらないこと，どのように質問すればよいかわからないということが難しいのである。基本的には，アドバイスを引き出すように，自分の思いや理解を伝えながら質問につなげていく。

例えば，自分の目の前で，ものの取り合いや意見の相違で子ども同士のけんかが起こって，自分なりに仲裁している時に，保育者が来て対応した場合，「今日のけんかの場面で私は・・・と考えて，・・・という対応をしたのですが，それでよかったのでしょうか，それとも違う対応をしたほうがよかったでしょうか？」と質問すると，保育者も「この実習生はあの場面で，このような理解をして対応したのか」と実習生の対応を理解した上で質問に答えることができる。

（2）観察実習を振り返る

初めての実習は緊張と不安でいっぱいだと思われるが，本章や序章，第1章を読んでみて，「観察実習を楽しんで来よう！」という発想をもてそうだろうか。不安や戸惑いはこれからの実習や学内での授業などで少しずつ解消していくことができる。自分の心のもちようとして「観察実習を楽しもう」という気持ちがあると，大きな楽しさや嬉しさだけでなく，小さな楽しさや嬉しさを感じ，自分の心と体で感じる実り多い実習になる。子どもたちとともに感じる楽しさや喜びは，保育現場に身を置くことによってしか味わえない。

そこで，観察実習を終えた先輩が実習後に書いたレポートより，どのような感想を抱いているか，表2-13（p.58）を見てみよう。

上記の先輩のように，あなたが観察実習に参加することによって，少しでも得られるものが何かあることを願っている。そのために振り返って自分と向き合い，あらためて子どもや保育のこと，保育者のことを考えることが大切である。観察実習の段階で，保育ができるようになることを求めていない。それぞれの実習段階で，しっかり目的意識をもちステップアップしていくこと，そして何よりも，子どもとのかかわりを楽しむことができる，喜びを感じることのできる実習生であってほしい。

（3）保育者や子どもは見ている
　　　　－見られている自分－

表2-13（p.58）の下線部分は，不安だった先輩が子どもや保育者から楽しい・嬉しいをもらった感想である。初めての実習では特に不安や緊張も大きく，その分，子どもや保育者からの言葉などは，とても嬉しいものである。そして，子どもと遊んだり，子どもが喜ぶ姿を見て，

自分までもが楽しくなる。先輩の感想でも，「『先生』と呼んでくれて，支えになり，自覚がもてた。とても嬉しかった。」「子どもたちが手をつないできてくれた時の強さや，感触が忘れられない。信頼してくれているんだと思った。」という感想があったが，このような感想は，実習生として最大の喜びになる。その感想の中に「何よりも私たちの一生懸命な姿を子どもや保育者は見ているのだと気づいた。」とある。そのことの意味を考えてみよう。

「一生懸命な姿」とはどのような姿だろうか。子どもの目線になって，子どもたちの話に一生懸命耳を傾けること，保育者の仕事を見て「お手伝いしましょうか？」と積極的に声をかけられること，子どもや保育者の姿を見て，メモをとり記録を丁寧にとっておくこと，子どもたちと一緒に遊ぶこと，というようにいろいろありそうである。指導されたことも素直に受けとめ，次の日にはこうしてみようと改善する気持ちや行動，子どもたちとかかわる姿勢など，自分に何ができるかを常に考え，前向きに取り組むあなたを「一生懸命な姿」として，子どもも保育者も見ているのである。

(4) 参加実習に向けて

観察実習では，その園やクラスの雰囲気を感じ，保育の流れや，子どもや保育者を行動や様子を意識的にしっかり観察すること，そのことを通して「子どもの気持ちを理解する」「保育

表2-13 観察実習前のイメージと，実習後の感想の比較

	観察実習前のイメージ	実習後の感想
保育者の姿を観察して	・保育者は子どもと遊ぶだけだと思っていた。 ・早く帰れるのかと思っていた。	・保育者は子どもたちの成長を考え，遊びの中にも保育者の意図があるかかわりをしたり，環境をつくるなどいつも子ども中心で考えられていた。 ・保育者同士の連携の大切さを知った。 ・次の日の保育の準備をいつも念入りにしていることを知った。
子どもの姿を観察して子どもとのかかわりから	・子どもたちとどのように遊んでいいのかわからなかった。 ・ただ子どもはかわいいと思っていた。	・子どもたちは「保育者」に対して憧れがあるのだと思った。 ・子どもたちは遊びでたくさんのことを学んでいると思った。例えば友達関係や何かができるようになることなど。 ・お話好きな子ども，恥ずかしがりやの子ども，運動が大好きな子どもなどそれぞれの個性があることを知った。 ・子どもから誘ってきたり，「遊ぼう」と言うと，喜んでいたり，子どもたちといっぱい遊んで楽しかった。
実習の緊張・戸惑い・困ったこと	・実習日誌がうまく書けるか不安だった。 ・子どもたちの前に立つことが不安だった。 ・保育者からいろいろ注意されるのかと思っていた。	・担当保育者が，毎日丁寧に教えてくださったので，少しずつ書けるようになった。 ・「先生」と呼んでくれて，支えになり，自覚がもてた。とても嬉しかった。 ・子どもたちが手をつないできてくれた時の強さや，感触が忘れられない。信頼してくれているんだと思った。 ・保育者の方々はみんな優しく，いろいろなことを教えてくれた。いろいろな指導も学校では聞くことができない指導で，ためになることばかりだった。 ・何よりも私たちの一生懸命な姿を子どもや保育者は見ているのだと気づいた。

者の気持ち（意図・ねらい・思い）を理解する」ことが目標だった。このことが，次の「参加実習」「部分実習」「全日実習」の土台になっている。例えば，参加実習では，今度は自分が保育者の補助をしながら動くことになる。そのため，「どのように保育者として振る舞うか」ということは観察実習で学んだことが土台になっているのである。

　ここで，実習生Uさんの「実習総括レポート」（観察・参加・部分・全日実習を終えた後のまとめのレポート）より1回目の観察実習に焦点を当ててみてみよう。

　実習生Uさんのように，はじめから完璧に観察を行い，記録を書くということは誰にとっても難しいことである。保育者と話をしながら，「そうだったのか」と気づくことも多いだろう。そうしたことの繰り返しにより，一つひとつの理解が深まっていくのである。観察実習での経験や学びを土台として，次の段階「参加実習」に進んでいこう。

> ○　実習生Uさんの実習総括レポートより
> ○
> ○　　1回目の実習に行った時は，細かく観
> ○　るというよりも，生活や保育の流れを把
> ○　握することに必死になり，子どもの様子
> ○　や保育者のかかわりをじっくり見ること
> ○　ができていなかったように思います。そ
> ○　のため，実習日誌には担当の先生に赤で
> ○　いっぱい修正していただき，そこで初め
> ○　て気づくことも多かったです。
> ○　　しかし，2回目の実習では，1回目の
> ○　実習に比べて子どもの様子や，保育者の
> ○　援助が少しですが具体的に書くことがで
> ○　きるようになりました。今振り返って実
> ○　習日誌を読んでみると，自分自身の変化
> ○　にも気づくことができます。1回目の実
> ○　習では精神的にも余裕がなく，言われた
> ○　ことをするだけに終わっていたのが，2
> ○　回目の実習になると少し余裕がでてきた
> ○　のか，記録には自分から積極的にしてみ
> ○　るということが，感想に書かれていまし
> ○　た。　　　　　　　　　　〜以下省略〜

■参考文献
・相馬和子，中田カヨ子：幼稚園・保育所実習　実習日誌の書き方，萌文書林，2004.
・民秋　言，米谷光弘，上月素子，安藤和彦：幼稚園実習，北大路書房，2004.
・寺田清美，渡邊暢子監修：保育実習まるごとガイド，小学館，2007.
・鈴木恒一，小原榮子：教育・保育実習マニュアル—子どもたち，そして未来のために—，久美，2008.
・河邉貴子，鈴木　隆：保育・教育実習—フィールドで学ぼう—，同文書院，2006.
・森上史朗・大豆生田啓友：幼稚園実習　保育所・施設実習（新・保育講座12），ミネルヴァ書房，2004.

第2章 確認チェックと発展

「観察実習」について学んだことを，あなた自身の観察実習の計画をもとに記入し整理していこう。

第1節　いざ現場へ ―初めての幼稚園―　より

私が今回の観察実習で身につけたい力は_____
_____
_____
_____
_____である。
　　　　　　　　　（学んだことをもとに、観察実習での学びの目標を書いてみよう。）

第2節　子どもの動きや様子を意識して観察する　より

「子どもの遊びの様子」を全体観察するポイントは_____
_____である。
「子どもの遊びの様子」を個の視点で観察するポイントは_____
_____である。

第3節　保育者の動きや様子を意識して観察する　より

「子どもと保育者のかかわり」を理解するための観察ポイントは_____
_____である。
「保育者の職務」を理解するための観察ポイントは_____
_____である。

第4節　初めての実習日誌　より

実習日誌の書き方のポイントは_____
_____
_____である。

第5節　観察実習での保育者とのかかわりと振り返り　より

今回の観察実習を通して，
自分として「よかった」と思えることは_____である。
発見できた自己課題は_____である。
参加実習では_____を目標にしたいと思う。

第3章 参加実習

「参加実習」とは何だろうか。
☞ **第1節　参加実習の目的**

⬇

「参加実習」も目前。子どもとかかわる姿を事例をもとに考えておこう。
☞ **第2節　事例から学ぶ子どもとのかかわり方**

⬇

保育者を真似ながら子どもへの援助の仕方を身につけるには，どうすればいいだろうか。
☞ **第3節　子どもの生活にかかわりながら，援助の仕方を身につける**

⬇

子どもの気持ちや遊びの面白さを理解するには，どうすればいいだろうか。
☞ **第4節　子どもの実態をとらえる**
　　　　　―子ども理解への手がかり―

⬇

「観察実習」の日誌と「参加実習」の日誌は違うのだろうか。
☞ **第5節　参加実習日誌の記入のポイントとまとめ**

第1節 参加実習の目的

（1）参加実習ではどういうことをするのか

 第2章では，観察実習について学んできた。観察実習とは，保育現場で子どもや保育者の動きを観察することを通して，保育を理解する実習だった。これから始まる参加実習では，実際に子どもたちとふれあい，共に遊びを楽しむ。また，担任の先生の動きを真似ながら一日の保育活動に加わっていく。観察実習を行っている間，「あそこで子どもたちはどんなことをして遊んでいるのかな」「何を話しているのかな」「一緒に遊んでみたいな，入れてほしいな」と，何度も思ったことだろう。参加実習では，積極的に子どもの世界へ入っていこう。そして，子どもと共に遊びながら，その楽しさを発見していきたいものである。

 その際に忘れてはならないのは，単なる一緒に仲良く遊んでくれる優しいお姉さん，お兄さんではないということである。その場では学生でもなく，観察者でもなく，一人の保育者として体験的に保育指導を学んでいるということである。あくまでも担任保育者の意図や保育の仕方を理解した上で，実習生らしさを活かしながら動いていく。ここでは，子どもと毎日を楽しく過ごしながら，かつ，保育者へ近づくためにどのような視点で動き，気づいていくことが必要であるのかを考えていきたい。

（2）観察実習から参加実習，そして部分実習へ

 参加実習の基本は，観察実習を通して学んだことをもとに実際に自分が動いてみることである。今までの観察実習では，実習先の担任保育者が日頃行っていること，つまり，実習園の一日の保育の流れや登園・降園方法など，保育の実際を観察し記録しただろう。また，保育者が子どもたちに声をかけ，一緒に遊ぶ様子も見てきたことだろう。今度は，あなたが実際にやってみる番である。

 観察をしている時に，子どもたちはどのような遊びをしていただろうか。すぐに思い出して一つ，二つは言えるだろうか。そこでは，自分はどのように子どもとかかわっているだろうか。そばで見守っているか，それとも一緒に走り回っているのか。また，どのような会話を子どもとしているだろうか。子どもと遊んでいる姿をイメージしてみることは，観察実習から参加実習へ移る時には大切である。

 まずは担任保育者に指示されたことを速やかに行い，担任保育者の子どもへのかかわり方を真似ることから始めてみよう。そして，だんだんと見当をつけながら動くことができるようになりたいものである。実際に動いてみる，試してみるなどの経験を重ねる中で，保育者の立場で実習生自身が計画し実践する部分実習へとつながっていくのである。

 そのためにも，参加実習へ臨む前に，観察実習で学んできたことで，次のようなことを確認し準備しておこう。

○配属クラスの子どもたちの名前は覚えたか？
・子どもたちは名前を呼ばれることをとても喜ぶ。早く子どもの名前を覚えよう。
○実習園の一日の流れはどのようなものか？
・登園から降園まで，見通しがもてるようにしておこう。

○子どもはどのような場所で，どのような遊びを楽しんでいたか？
・子どもたちとかかわるチャンスである。まずは近づき，子どもと話をするきっかけを作ろう。

○ ある実習生の反省

　私は実習が始まって，緊張していて表情が硬く，喜怒哀楽がないということを先生方に言われました。それが一番の反省点だと思います。子どもたちとも仲良くなるのに時間がかかりました。でもアドバイスをいただいてからは，顔には笑顔を忘れないように気をつけました。また，私は背が高いので，子どもたちの目線に合わせるために少し小さくしゃがむように気をつけました。そうすることで子どもたちとの距離が縮み，子どもと気持ちが近くなったように感じました。これからは，声には抑揚をつけ，表情豊かに子どもたちに対してもっと言葉がけをしていけるようになりたいです。

この実習生の反省にもあるように，もう一度，自分自身が子どもと一緒に遊ぶ準備ができているか振り返ってみよう。そこが参加実習のスタートである。

（3）参加実習の目的と課題

1）参加実習の目的

参加実習の準備も整ってきた。ここで，参加実習の目的と課題を整理しておこう。
参加実習での学びの目的は，次の2点である。
① 子どもの生活にかかわりながら，保育者を真似て援助の仕方を身につけていくこと
② 子どもとかかわりながら，子ども理解を進めていくこと

序章にも述べられていたように，今までは，学生という受身で学ぶ立場であることが多かっただろう。しかし，参加実習という営みにおいては，保育という生き生きとした能動的な世界に入ることとなる。そこでは，子どもや保育者，保護者など多様な人とのかかわりの中に身をおくことになる。そして，実習までに得てきた知識や技術や体験を駆使しながら，実際に保育者の姿を真似しながら動き，子どもとのかかわりを試すなどの経験を重ねる中で，見えないものを見る目を養う，つまり本質的な部分を体で覚えていくことが望ましいのである。

2）参加実習で学びたいこと

そこで，もう少し具体的に参加実習で学びたいことを挙げてみる。
① 園の生活リズムをつかみ，子どもと積極的にかかわる。
② 子ども一人ひとりへの保育者のかかわり方，言葉がけを知る。
③ 保育者の動きに注意しながら，自分のすべきことを考えて動く。
④ さまざまな活動の際の保育者の援助や配慮を知り，真似をしながら援助していく。
⑤ 子どもたちの遊びに積極的に参加する。
⑥ 子どもと積極的にかかわり，一人ひとりの感じている遊びの面白さに気づき　援助する。
⑦ いろいろな場面に応じた適切な言葉がけを行っていく。
⑧ 子どもの思いに共感することを意識して，かかわっていく。
⑨ 子どもと一緒にこんなことをして遊びたいというアイデアをもつ。

参加実習においても，観察実習時と同様にその日の保育に入るまでに具体的な実習のねらいをもっておこう。できれば，前日の実習日誌を書き終えた際に，翌日の実習のねらいをもっておこう。例えば「子ども一人ひとりの性格を知り，接していけるようにする」，「教師の子どもへのかかわり方を学び，同じように接していけるようにする」など具体的に記していこう。な

ぜなら，参加実習で学びたいねらいを明確にもって実習に臨む場合と，そうでない場合では，その日の保育に参加していく姿勢に違いが出てくる。実習生として今日はどのように保育に参加していこうか，どのように動いてみようか，何を学びたいのかということを明確にもつことで，その日の実習に目当てをもって参加できるようになるだろう。

3）保育者の意識をもちながら，子どもと積極的にかかわる

さて，学びたい具体的事項にも挙げてあるように，参加実習では，まず子どもと積極的に遊んでみよう。なぜなら，子どもと一緒になって遊び，子どもと同じことをしてみることで，子どもが面白いと感じていることを知ることや，楽しい気持ちを共感することができるようになるからである。これは観察実習ではできなかった，参加実習ならではの醍醐味である。

そこでは，まずたくさんの子どもと，たくさん遊ぶことが大切である。子どもが興味をもっていることや得意なことを知ったり，子どもの気持ちや思いに気づいたりすることが，子どもに寄り添っていくことの出発点となる。そこでボーッと子どもを眺めているだけでは何も見えてこない。子どもたちが何に興味をもっているのだろう，どうしてあの子は一人で遊んでいるのだろうなどと，疑問をもちながら子どもを知ろうとしていくこと自体に面白さを感じてほしい。そして，それが子どもを理解することへとつながっていく。

しかし，やみくもに何でもやってみる，子どもと遊ぶ，動いてみることではない。参加実習の目的は，担任保育者が子ども理解をもとに計画した保育の意図を受けとめながら，保育者としての自覚のもとに保育の意図や目的，指導方法の実状を体験的に理解し学ぶことである。

「私は保育の現場にはいつも先生の気持ちで参加している」と，観察実習の際の心構えと変わらないと受け取る人がいるが，実は実習は静かに変化している。その変化は一見保育を見ているだけのようにみえて，実は，学生から保育者への視点の転換を要請されているのである。その視点の転換の時に，極端な二つの傾向がある。一つは，自分が担任保育者と同じ保育者として振る舞うというパターンである。もう一つは，担任保育者のやることをよく見ているのだが何もしないというパターンである。はじめのパターンでは実習生としての立場を逸脱しかねないし，次のパターンでは実習生としての積極性や熱意が欠け，保育者としての資質が問われることにもなりかねない。

まずは担任保育者から指示のあったことを遂行することである。指示されたからやっているのではなく，「保育者としての気持ち」をもって行ってほしい。

第2節 事例から学ぶ子どもとのかかわり方

参加実習において，子どもとのかかわりをもたずして実習は成り立たない。しかし，子どもたちと直接かかわることに「子どもと仲良くなれるだろうか」「一緒に遊べるだろうか」「受け入れてくれるだろうか」など，心配を抱いてしまう人も多いだろう。

そこで，ここではいくつかの戸惑う実習生の事例を具体的に取り上げながら，子どもと出会い，一緒に楽しく過ごすにはどのようなことを押さえておけばよいのか，イメージしていこう。

（1）実習生Tさんの戸惑い：「子どもと積極的にかかわるにはどうするの？」

> **事例1）身の置き場がわからない**
> Tさんは，4歳児のクラスに配属された。登園してきた子どもたちは身辺整理を終えると，園庭に走り出していく子どもやお部屋で積み木を出して遊ぶ子どもなど，一人ひとりが自分のしたい遊びを見つけて取り組み始める。こうした，子どもたちが好きな遊びをしている時間に，Tさんは誰と，どこで遊んだらいいのか，どうやって遊びに入ったらいいのか自分の身の置き場が見つからない。子どもの遊んでいる場に近づくのだが，眺めてしまっているだけで，なかなか一緒に遊んでいるという実感がもてない。反省会でも，「子どもの遊ぶ姿を眺めているだけでなく，もっと積極的に子どもとかかわってほしかった」と言われてしまった。

子どもたちは毎日の連続する生活の中で，4歳児ともなると，自分のペースでしたい遊びに取り組んでいる。また，友達とのかかわりも増えてくる時期である。その中にいきなり入っていく時に，実習生はどこに身を置けばよいのだろう，どこまで入り込んでよいのだろうと悩むことだろう。特に，好きな遊びに取り組んでいる時間はその思いも強くなるかもしれない。そのような時に，担任保育者からは「子どもといっぱい遊んであげてね」と言われたとすると，なおさら，どのようにかかわっていったらよいのか戸惑う人もいるのではないだろうか。

まずは，子どもたちが何をして遊んでいるのか，どのようなことが面白いと思っているのかを知りたいと思う気持ちが大事である。そのような気持ちで子どものそばにいると，子どもの好きなものが見えてくる。そして見守るだけではなく，一緒にその活動をやってみてほしい。泥団子作りや廃材を使ってのロケット作りなど，子どもの感じる面白さをわかるきっかけになる。

さらに，子どもたちのしていること，目に映ることを言葉にしてみよう。例えば，「バケツに砂がたくさん入っているね」，「たくさんお料理が並べられたね」，「（牛乳パックなどの廃材を）たくさんつなげられたね」などである。「おいしそうなケーキができたね」と声をかけた実習生に，「先生にも作ってあげる」と言って一生懸命作って持ってきてくれる子どももいる。「ありがとう，とってもおいしいよ」という言葉のやり取りが，子どもにかかわるきっかけになる。こうしたことが，子どもたちのしていることを受けとめること，共感することになる。

また，一緒に遊んだ子どもの名前は，できるだけ早く覚えておこう。子どもも名前を呼ばれると嬉しいし，その後のコミュニケーションもスムーズになっていくだろう。「こんなかかわり方でいいのかな」と考える前に，子どもと一緒にやってみるという体験を通して感じとることが大事である。まずは，遠慮などせずに自分から入り込んでいく姿勢を大切にしよう。

（2）実習生Iさんの戸惑い：「子どもと思いっきり遊んでいるつもりなのに」

> **事例2）遊びの主体は誰？**
> Iさんは，実習が始まってから，積極的にということを意識してどんどんと子どもの中に入っていった。子どもたちも，元気のよいIさんと遊ぶことが好きな様子でずっと一緒に動いている。ある日，砂場では子どもたちがスコップで穴を掘ったり，山を作ったり，バケツに砂を入れたりと思い思いに遊んでいたのだが，Iさんは「大きなお山をつくろうよ！」といって大きなシャベルで土をおこし，山を作り始めた。ダイナミックなIさんの活動に子どもたちも喜んでいるようだったが，担任保育者からは「子どもの遊びを大事にしてください」と注意を受けた。

子どもと一生懸命遊んでいるつもりになっていたIさんだが、担任保育者から注意を受けてしまった。何がいけなかったのだろうか。

Iさんがボーッと立っているだけでなく、積極的に子どもたちとかかわり遊ぼうとする姿は大切なことである。しかし、子どもたちのしたいことを取り上げながら進めていただろうか。子ども一人ひとりが行っている活動から、その子が感じている遊びの面白さを大切にすることが優先されなければならない。つまり、生活の主体は子どもたちだということである。実習生も子どもとともに遊び、体験して感じ取ることは大切だが、実習生が主体になって子どもを振り回しては困る。子どもたちの思いに沿って、ともに活動することを心がけてほしい。例えば、声の大きさなども、子どもの状況に合わせて小さい声で語りかけたりというように、コントロールすることを心がけてほしい。子どもの気持ちに寄り添いながら遊びに参加することは、子ども理解ということを学ぶことにつながる。

もう一つ気づいてほしいことは、好きな遊びの時間であっても保育のすべてが担任保育者の意向で進められているということである。戸外での砂遊び、ボール遊び、固定遊具での遊び、室内でのさまざまな素材とかかわる遊びやごっこ遊びなども、担任保育者は子どもに対するねらいと取り組んでいる遊びのねらいをもっているのである。そうした担任保育者の計画を無視して、関係のない活動や自分勝手に盛り上がる活動に導いてしまっては、保育を邪魔していることになってしまう。

また、担任保育者の動きも気にしながら、自分の動きを考えよう。例えば、砂場で遊んでいるところに、担任保育者やあるいは別のクラスの保育者がかかわってきたとする。自分が、そのまま砂場で遊んでいてよいのか、あるいは保育者がやってきたために手薄になっている子どもの遊びはないかなどに配慮してみよう。担任保育者の意向に沿って、自分が子どもとかかわる場を考えることも大切な力である。

そして、担任保育者から注意されたことで、積極的にかかわってはいけないのだというように受けとらないでほしい。実習生は、ありのままの子どもの世界に身をおくことで、そこから遊びを共有し、子どもの遊びを楽しいと感じとれることが大切なのである。子どものテンポに合わせて動いてみることで、子どもが感じていることが伝わってきたり、子ども同士の交流する様子がうかがえたりとさまざまなことを理解することが大事なのである。実習生であり、子どもに影響を与える保育者でもあるということを自覚しながら振る舞っていくこと、そして社会人としても担任保育者からの助言を謙虚に受けとめていく姿勢を大事にしてほしい。

（3）実習生Nさんの戸惑い：「同じ子どもとばかり、かかわってしまう」

> **事例3）子どもたちみんなに目を向ける**
> 実習が始まった日から、Nさんのところには女の子たちが寄ってきて、「一緒に遊ぼう」「あっちに行こう」「一緒に給食を食べよう」など、子どもたちが遊びや活動に誘ってくれた。Nさんは、その女の子たちと一緒に戸外でごっこ遊びをしたり、ボール遊びをしたりして過ごしている。しかし、実習も始まり1週間が過ぎたが、実習生のそばに来てくれる女児とは遊ぶのだが、自分たちで遊びを進めている子どもや男児の遊びには入りにくく、気がつけば自分を受け入れてくれる女児とばかりかかわっていた。

子どもの中には、一緒に遊んでくれる優しい実習生がやってくることを楽しみにしていて、実習生の周りに集まってくる子どもがいる。子どもたちも実習生のことを知ろうとしているのである。あるいは、周りの子どもとうまく関係がもてないために、実習生にくっついてくる子どももいる。実習が始まって、2～3日の間は

子どもたちを知る，理解する手がかりとして，実習生のそばにいる子どもにかかわりながら，その子どもの特性などを把握してみるとよいだろう。

しかし，実習は保育現場に身を置き，一人ひとりに言動や気持ちに違いがあることを知り，個々の子どもにその都度必要なかかわりを考えなければならないことを学ぶ場である。自分に近づいてきてくれる子どもとだけかかわっていては，多種多様な子どもの表現に対して，敏感に受けとめたり，対応したりする力を身につけることは難しくなる。

実習も日がたち，余裕が出てきた頃には，実習生の周りに集まる子どもばかりでなく，そばに来たいのに来られない子どもに目を向け，声をかけてみよう。また，男児の遊びにも進んで加わってみよう。集団の遊びばかりではなく，一人でいる子どもの遊びにも参加してみよう。泣かれたり，嫌いと言われたりする場合があるかもしれない。その場合でも，無理にかかわろうとせず，子どもの立場になって考えてみることを忘れないでほしい。外遊び，室内遊びとまんべんなく活動にかかわることを心がけていこう。

そして，おとなしい子，明るい子といった印象だけではなく，それぞれの子どもの好きな遊びや一緒に遊んでいる子どもの名前，担任保育者や実習生へのかかわり方など，一人ひとりの子どもの特性を把握して記録をしておこう。部分実習や全日実習など後半の実習にもつながるし，自分が把握できていない子どもの存在にも気づくことができるだろう。

第3節　子どもの生活にかかわりながら，援助の仕方を身につける

それでは，担任保育者の意図を理解しながら主体的に動き，子どもへの援助の仕方を身につけるためには，どのようなことに視点をおいて実習に取り組めばいいのだろうか。

保育室で，子どもがバケツの水をひっくり返してしまった。ひっくり返した子どもの服は，水で濡れてびちゃびちゃである。周りの子どもたちも，床に広がる水を囲んで大騒ぎしている。

このような場合，実習生のあなたはどのように動くのだろうか。担任保育者の動きと自分の動きをイメージしながら考えてみよう。

このような状況は，子どもが生活する中では起こり得ることである。あなたならどのように動いたらよいのか思いつくだろうか。子どもの体を拭くための乾いたタオルを取りに行く，子どもの着替えを捜してくる，床に広がる水を拭くための雑巾を取りに行く，周りの子どもたちを落ち着かせる，行っている活動が中断しないように進めていくなど，これらの動きがピンと思いついただろうか。実際に目の前で起こった時には，行動がピンときて，そして担任保育者の動きを見ながら，適切に動けることができるようになりたいものである。

それでは，子どもの生活する具体的な場面をとらえながら考えていこう。

（1）担任保育者の動きやかかわり方を真似る

実習中は，常に実習園の指導担当保育者や園長先生の指示を理解して行動することが基本である。ただし，いつも保育者からの指示を待ち，受身で実習に臨むということを意味しているのではない。初めにも書いたように，保育の現場は，その園の子どもと保育者の生活の営みが継

続している場である。実習生の意思でさまざまなことに挑戦することは大切なことである。しかし、その挑戦が場合によってはその園の保育の流れを遮断したり、担当保育者の計画を乱してしまったり、子ども自身も混乱させ迷惑をかけることがある。

例えば、外靴と上靴の履き替えのルール一つとっても、実習園ではさまざまである。他にも、昼食時に、子どもが食べることのできない場合にどのように指導をしているのかも見ておくとよいだろう。「あと一口だけ頑張ったら、残していいよ」「頑張って、全部食べようね」など、園の方針や子どもにより対応が異なっている。

まずは、担任保育者が大切にしている子どもとのかかわり方を真似ながら動くこと、指示に合わせて動くことから始めていこう。担任保育者が片付けの指示を出していたら、「お片付けの時間だよ」と子どもたちに声をかけながら一緒に片付けを始めることが求められるだろう。

実習園の教育方針・保育方針、その他のルールを十分に理解し守ることや担任保育者の指示を聞いて動けることは、保育者の意図を汲み取る第一歩となる。観察実習の際に見ていても、実際に動くとなると戸惑ってしまうこともよくある。観察実習の日誌に記録していることを読み返し、場面ごとに自分の動くイメージをつくっておこう。

そして、実習初日にはわからなかった朝の準備も、「朝は保育室の窓を開けて換気し、タオル掛けやコップ掛けを廊下に出しておく」など、日がたつにつれわかってくることも増えるはずである。「〇時頃になったら片付けが始まるな」「昼食の時に机を出す位置はここだな」など、実習園での一日の流れや概要もつかめてくるはずである。「何をしたらいいですか？」と担任保育者に問うばかりではなく、生活の流れを予測して、自分で気づき、そして積極的に動いてみることを心がけよう。

その他にも、実習期間中にお誕生日会や運動会などの行事があった時には、子どもの様子をとらえるだけでなく、当日までの準備や保育者の役割分担、自分のクラスの仕事と全体の仕事のバランスのとり方などにも関心をもとう。そして、実習生自身も積極的に参加しよう。参加している時に、わからないことは質問をしていくことを忘れないでほしい。あまり何でもかんでも質問していると保育者にも迷惑だと思い、控えめにしてしまう実習生がいる。しかし、そうすると、保育者たちはわかっているから質問をしないのだと受け取ってしまい、あとで迷惑をかけることにもなりかねない。わからないことを、タイミングを見計らって質問していくことも、大切な学びなのである。

保育者は子どもの育ちを支援するだけではない。例えば、多くの園では家庭との連携をとる一つの場面として、送迎時の保護者との交流を大切にしている。周りの状況を考慮しながら、短時間に必要な連絡を取り合っている姿も知っておくことは大切だろう。しかし、保護者から質問を受けた時などは、絶対に自分の判断で応答せずに、直ちに指導担当保育者に伝えることが必要である。

（2）園生活のさまざまな場面での子どもへのかかわり方

朝、子どもが家を出て、園に向かい、午後、園を出て自宅に到着するまでが教育・保育の現場であることを考えた時、その日程の中には数々の人として生きていくための基本となる事項がある。子どもの生活へ目配りをすることは、子どもと共に生活を作っていくことにつながる。ここでは、まず生活の部分において積極的な動きが求められる実習生の参加のあり方について具体的に考えてみよう。

1）安全管理が原点

参加実習全般における一番の留意点は、子どもも実習生も安全に生活するということである。実習生が子どもを傷つけることは絶対にあってはならないが、その逆もあってはならないことである。互いに傷害保険に加入しておくなど事前の対処が求められる。

実習中、園内で子どもがけがをする時は予想できない。また外から見守る観察実習とは異なり子どもとかかわる参加実習では、子どもの位置を感じながら実習生の位置を考えなければならない。「背中にも目がついている」くらいになれるよう配慮をしてみよう。

そして、いついかなる時であっても、些細な傷であっても子どもがけがをした時には、速やかに担任に知らせ、指示を仰ぎ、対処していくことが求められる。「これぐらいは…」という安易さ、曖昧さは、大きな問題を残すことになりかねない。また、その日の実習が終了した後に、起こったことのあらましを大学などへ必ず報告しておく。内容によっては、大学などからの指示を仰ぎ対処していこう。

2）丁寧に挨拶をしよう

生活する中で子どもは、折々に「挨拶」をする場面に出会う。子どもにとっては、さまざまな場面で周囲の大人が「おはようございます」、「ありがとう」、「いただきます」などの挨拶を交わす姿を見たり聞いたりする中で、それらの意味を知り、どのような時にどのような挨拶をするのかを理解していく。さらに人とかかわる楽しさや感謝の気持ちなども体得していくのである。

参加実習の場合、子どもと実習生が心をつなぐためにはこの「挨拶」が大きな役割を果たす。必要と見取った時には、すかさず、手抜かりなく、はつらつとした声、自然な声で挨拶を交わしたいものである。かしこまった姿勢ではなく、丁寧に心を込め、子どもの目をしっかりと見つめながらすることが求められる。実習中に実習生自身が、一人ひとりにどのように声かけをしたのか確認してみよう。

3）身支度の場面

入園前にさまざまな家庭環境で育ってきている子どもにとっては、身支度の折にも一人ひとりの姿を見せる。実習生はまず子ども一人ひとりの取り組み方を把握することが求められる。それと同時に、とまどっている子どもに対しては、それぞれの年齢に応じたやさしい方法を実際にしてみせたり、子どもにわかる言葉で伝えていったりすることが必要である。「ちゃんとしてごらん」というような抽象的な言葉がけは、子どもにはわからない。具体的な言葉や動きで援助をしたいものである。

また大勢の子どもの中には、保育者のねらいに即した動きをしている子どもがいるものである。その姿を素早く見取り、「○○ちゃんのやり方は、よく考えていて素敵だね」など、認めの言葉をかけることが、周りの子どもの大きな刺激となり、みんなにやる気を奮い立たせることになる。

こうした場面では、これまでの生活の流れで「ここまでできるようになってきている。少しの間、自分でやろうとする姿を見守ろう」というように、保育者の子どもに対する願いや方針がある。その場合、実習生がどこまで援助するのかは難しいところである。また実習中に年齢の小さいクラスから大きいクラスに移動した際やその逆の場合でも、どこまで手伝えばよいのか戸惑ってしまうということがある。まずは、一人ひとりの育ちに合わせた援助をすることが基本であることを念頭に置いておこう。そして実際に身支度の場面で、担任保育者の声をかける様子や具体的な援助をよく見て聞いておくことがそのヒントになるだろう。また、その日の

実習反省会の時や実習日誌を通して，尋ねておくことも必要である。

4）食事の場面

園によっては，弁当や給食など，さまざまな食事の方法・内容がある。

日々の献立には，子どもの心身を大きくしていくための願いがあることを，まず理解しよう。そして食事の時「食事をすることは楽しいことである」ということを，子どもが感じながら食べることが第一の願いであるが，身支度の場面と同じように，そこには「一人ひとりの課題」も必ずあることを理解しておこう。

参加実習の折，何でも次々口に入れる子，じっと食事を見つめ，においをかいだり，ほんの一口しか口に運ばなかったりする子など，いろいろな子どもの姿に出会う。それら一人ひとりの子どもの実態と当日の課題をきめ細やかに担任保育者から聞いておくことが必要である。さらにはその日の献立についても，その一つひとつの食材の意味や栄養価などをわかっておくことが，子どもへの適切な助言ができることになる。

食事中，実習生は，担任保育者と同様に「食事は楽しいもの，心身を大きくするために必要不可欠なもの」であることを実際に食べながら知らせていきたいものである。「ああ，おいしい。先生，これ，だあいすき」の言葉は，子どもへの最大の助言になる。なかにはアレルギーのために食べられない物やどうしても体に合わなくて，口に入れにくい物もあるだろう。それらについての事前把握はもちろん必要であり，苦手な物があることがいけないことではないということを知らせることも大事である。それら本音を語り合いながら食事をしていくことで，子どもが食べる意欲を高め，楽しさを味わっていくことにつながる。

さらに機会をとらえて食材や食事をつくった人への興味・関心，そして感謝の気持ち，食事を食べられることへの感謝の気持ちも子どもには感じさせたいことである。実習生自らそれらの気持ちをもちながら生活している人であってほしい。

5）子ども一人ひとりが好きな遊びをしている場面

まず，保育のすべてが担任保育者の意向で進められることを，再度，認識しておこう。

戸外での砂遊び，固定遊具（ブランコ，すべり台など），築山を使った遊び，三輪車やスクーターの乗り物遊び，縄やボールの遊びなど，そして室内でのさまざまな素材とかかわる遊び，つくったり描いたりする遊び，歌ったり楽器を奏でたりする遊び，絵本や紙芝居を見たり読んだりすること，手遊びなど，子どもが好きな遊びに取り組んでいる時には，担任保育者には子どもに対するねらいと取り組んでいる遊びへのねらいがあることを理解しておこう。そしてその両面を事前に担任保育者から聞き取り，把握しておく必要があることは周知の通りである。

ここで子どもが好きな遊びをしている時，参加実習生としてのかかわりのポイントは，次の5点である。

① 子どもにとっては参加実習生も保育者であることを自覚し，担任保育者を拠り所にして常に担任の側にいるのではなく，担任保育者のいないところで担任保育者のねらいに則して遊ぼう。

② 園生活の主体は子どもであることをわきまえ，まず実習生も子どもになりきって遊び，子どもが感じていることを実感してみよう。ただし実習生がヒーロー気分になり，実習生の思惑で活動を引っ張っていってはならない。子ども自らが遊びを深め，広げていくための言動を選びながらかかわりたい。

③ 担任保育者の折々の思いを感じとり，指示

を素直な気持ちで聞き取り速やかに行動しよう。

④　子どもの安全面で何かが起こった時には些細なことでもすぐに報告しよう。

⑤　常にポケットに入るサイズのメモを携帯し、参加実習中にわからなかったこと、疑問に思ったことはすぐに書き留め、子どもが降園した後に担任保育者に尋ね、次の日の参加実習に生かそう。

好きな遊びをしている時に、実習生であっても一人ひとりの子どものことを認め褒めていこう。熱心に砂山を作っている子どもには「お山が高くなってきたね」、廃材制作を楽しんでいる子どもには「かっこいいロケットができたね」など、子どもが大切にしていることや一生懸命な姿を言葉に出して伝えていくことである。

しかし、褒めることはできても、叱ることはなかなか難しい。次の事例で考えてみよう。

> **考えてみよう❶　子どもを叱ることができない**
>
> ある実習生が実習中に苦手としていたことは、子どもを叱ることだった。子どもたちが生活している場に、実習生としてわずかな期間をかかわるだけであるのに、注意をしたり叱ったりすることはどこまで言っていいものかわからずにいた。そのため、担任保育者の前では、決してしないようなことをして、怒らないと思っているのか実習生の前では甘えて言うことを聞いてくれない子どもも出てきた。こんな場合に実習生としてはどうしていけばよいのだろうか。

子どもたちは1年間の連続した生活を送っているのに対し、実習生はその一部に飛び入りで参加するような状態である。そこでは、いきなり来た人が叱っていいものであろうかという戸惑いや、叱ることで子どもに嫌われるのではないかという不安があるのだろう。

しかし、これまでにも述べてきたように、実習生といえども子どもにとっては先生であり、また実習生自身が先生であるという意識をもっていなければ成り立たないのが実習である。

大人としての常識、社会の常識を念頭に置きながら、実習生であることよりも先生であるということを重視して、遠慮をせずに叱ることが大事である。特に、けがをする恐れのある場合など、子どもの安全にかかわる時には躊躇せずに、叱らなければならない。

その際に、怒ることと叱ることは違うといわれる。「怒る」は怒りなどの感情をただひたすら相手にぶつけることであり、「叱る」は事の善悪を相手にしっかりと教えることと意味づけされる。子どもが「怒られた」という印象をもつような接し方では、子どもには不満しか残らず、善悪の判断などを学ぶことにはつながらない。感情的に叱ってみたり、「〇〇先生に言ってもらうから」と他の権威を用いてみたり、「だめな子ね」と人格を否定するようなことを言ってはならない。叱る時には、なぜいけなかったのかという理由が子どもにわかるように伝えることが大切である。

ただし、園によって叱るタイミングや方法などの考え方も異なる。園の教育方針ともかかわってくるので、担任保育者の叱る姿や方法も観察しておくことが必要である。

6）クラス全体で遊ぶ場面

朝のひと時、おやつや昼食を食べる時、食後のひと時、降園前のひと時、そして予期しない時に集まる必要が生まれた時など、一日の幼稚園生活の中ではクラス全体で集う機会が必ずある。そのような場合でも参加実習のあり方は「5）子ども一人ひとりが好きな遊びをしている場面」（p.70）に述べたこととほぼ同様であ

り，実践していきたいものである。

しかし，大きな違いも存在する。それらは次に述べる点である。

① 担任保育者が保育するから実習生は何もしないほうがよいと，じっと立っていたり，一人の子どもとなって座り込んだりしない。
② 基点となる保育者は担任保育者であることをわきまえ，担任保育者の指示が子どもに浸透していくよう，担任保育者の気持ちに常に思いを馳せ，援助の必要性を見極めながら行動しよう。言い換えれば，担任保育者の保育の邪魔をしないよう，担任保育者が求める助力を先先に感じとりながら行動することである。例えば，行動に時間がかかる子どもに必要な援助をしたり，準備物を必要に応じて設えたり，後始末をしたりなどである。つまり「心が動き，体が動く」ことが求められる。

以上のことは，非常に難しいことである。同年齢同士で集まって遊ぶ時，異年齢集団で遊ぶ時，全園児の集会時，など，保育者が保育している場合も同様である。

日々，自分を取り巻く周囲の子どもや大人の気持ちに心をやりながら生活することが，参加実習生にとって感性を磨くことになると思われる。

考えてみよう❷ クラス活動の時にどこまで参加してよいのだろうか

ある実習生の園では，好きな遊びが終わった後に，クラスでの活動が位置づけられている。担任保育者がリードしながら，その日によって制作活動であったり，表現遊びであったりといろいろである。あるいは，クラス全体で集うお弁当の時間や降園の準備の時なども，実習生として手を出さずに見ていたほうがよいのか，それともどこまで子どもに手を貸して，参加したらよいのかに戸惑ってしまった。どのようなことに気をつけて参加するタイミングを考えればよいのだろうか。

クラス全体で集う時間であっても，好きな遊びの時間であっても，実習生の参加実習のあり方に大きな違いはない。担任保育者が進める保育活動であるから，実習生は見ているだけであったり，何もしなくてよいというのでは困る。では，その時にどう考えることが大事になってくるのだろうか。

まずは，実習生自身に担任保育者が何を期待してるのか，その役割を考えることが大切である。例えば，担任保育者が絵本を読み聞かせているとする。その際に，実習生が後ろで離れて立っているのは，観察をしていなさいという指示がない限りやめよう。観察をしている場合でも，立っているのではなくしゃがんで邪魔にならないように気を配ることが必要である。実習生としては，一番後ろで子どもと並んで座りながら，担任保育者の読み聞かせる絵本に耳を傾けよう。その際に，実習生に話しかけてきて絵本に集中しない子どもには聞くようにうながしていこう。間違っても，子どもと一緒におしゃべりをして保育の邪魔をしてはならない。

ただし，いつまでも子どもと同じようにしていてよいわけではない。絵本を読み終え，担任保育者が次に制作活動をするという指示を子どもに出したとする。実習生としては次の活動に備えるようにしよう。担任保育者の指示が子どもに浸透するよう，そして制作活動を行うための準備に思いをめぐらすことが大事である。机を出すこと，粘土板を用意すること，画用紙を準備することなど，担任保育者の気持ちに思いを馳せながら，必要な援助を行っていこう。

そのためには、事前にその日の保育計画について、担任保育者とよく打ち合わせをしておくことが重要になってくる。どのような活動をするのか、何を準備しておくことが必要なのかを尋ねておこう。また、子ども一人ひとりの様子を知っておくことも役に立つ。制作活動を苦手にしている子、楽器の演奏が苦手な子、行動に時間がかかる子など、担任保育者から聞いておくこともよいだろう。

実習も始まり数日が過ぎると、一日の保育の流れがおおよそ把握できるようになる。朝の環境づくりなど、指示がなくても自分からやるようにしよう。また、クラス全体で集う時間に限らず、活動と活動をつなぐ時間（片付けの時間など）や異年齢集団で遊ぶ時間などにも、次の展開を想定して、担任保育者の指示を仰ぎながら、その準備を心がけていこう。

（3）保育者の意図を汲みながら動けること

参加実習では担任保育者の意図を汲みながら、保育者の補助的な役割を意識して動けることが大切である。例えば子どもたちが集まってきて、担任保育者の話を聞く時になかなか集中できない子どももいる。そのような時には、その子どものそばにそっと寄り添いながら声をかけていくことができるとよいだろう。

保育の実践は刻一刻を争うというと少し大げさだが、仕事をこなす要領のよさや段取りということも求められる。例えば、翌日の制作活動の準備で画用紙を適当な大きさに切る時に、丁寧に作業を行うことも大事だが、時間ばかりかかっていたのでは仕事はこなせない。丁寧に、かつスピードも求められる。

このように担任保育者の補助的な役割を担うためにも、事前に担任保育者の指導計画案を見せてもらい、一日の生活がどのように展開するのかを把握しておくことが必要である。実習生の動きが担任保育者の意図するものと反したものとなってしまうからである。わからない点は担任保育者に質問をしておくことや、指導保育者から謙虚に学ぶ姿勢をもつ必要があるだろう。そのためにも実習期間中は、実習生自身が実習園の保育者の一員であるという意識をもちながら取り組もう。

第4節　子どもの実態をとらえる　―子ども理解への手がかり―

観察実習では、子どもの活動や保育者の指導の邪魔にならない離れた場所に位置しながら、子どもの行動を観察することが大切だった。しかし参加実習では、子どもとかかわる中で、子どもの思いに気づき、共感し、そして子どもの気持ちを体験的に理解していくことが大切になってくる。単に、目に見える保育者の子どもへの援助の仕方を学ぶのではなく、「子どもの思いに気づきながら」保育者がどのように援助を行っているのか、ということを学ぶことが重要になってくる。そこで子どもの実態をとらえる際に、次のような視点で子どもの様子をとらえてみよう。

- 子どもの好きな遊びは何か？
- 子ども同士の関係は？
- 子どもの生活面での自立の状態は？
- 行事などへの子どもの取り組みは？
- クラス活動での子どもの様子は？

また、担任保育者の行う子ども理解にも気づくことで、実習生自身がどのような思いで子ど

もとかかわるのか，自分はどうかかわっていくことがよいのかを考えることができるようになる。そして，その時の幼児の実態理解が部分実習や全日実習へとつながる。

（1）自分なりに子どもの姿を理解する

1）子どもの感じている面白さに気づく

　観察実習を通じて，「誰が，どこで，何をして遊んでいるのか」はある程度見通しをもてていることだろう。しかし，遠くから「〇〇ちゃんと△△ちゃんが，砂場でおままごとをしていた」といった外側からの観察だけでは，砂遊びにおいて何を楽しんでいるのかがわからない。

　そこで，参加実習では，積極的に多くの子どもたちの遊びに参加し，会話を聞いたり，共に遊んだりしよう。砂場で遊んでいる子どもたちには，穴を掘っている子，山を作っている子，ままごとでご飯を作っている子，コップに砂を入れることを繰り返している子，道路をつないでいる子などさまざまな取り組みが見られることだろう。同じ場面で遊んでいても，その遊び一つひとつには子どもが夢中になる面白さがあるはずである。聞こえてくる言葉にも耳を傾け，一緒に穴を掘ってみたり，山を作ったり，料理をしたりしながら，その遊びの面白さに共感しよう。また，遊びが行き詰ってしまっていないかなども見ていこう。ままごとでごちそう作りをしたいのに素材や道具がないままで遊びが広がらないなどといったこともある。こうしたことをとらえることは，環境構成や援助につながる。その時に，子どもの遊びを邪魔しないように参加することはいうまでもない。

2）子どもの仲間関係に気づく

　個々の子どもの気持ちの理解や遊びのイメージ，面白さへの理解を進めると同時に，子どもの集団の中での子ども同士の関係にも注目してみよう。子ども同士で遊びを作りだしていく過程をとらえ，互いにかかわり交流している様子を押さえていこう。

　年齢によっては，同じ場で遊んでいても同じイメージで遊ばずに，個々の思いで遊んでいることもある。また「気の合う友達」ができ始める時期には，何をして遊ぶのかということよりも気の合う友達といることが楽しいという場合もある。

　実習生の中には，一人ひとりの子どもにじっくりかかわることに目が向きすぎて，自分がかかわっていた子ども以外は，ほとんど目に入っていなかったということがある。部分実習や全日実習のことも念頭に置きながら，クラスの子どもたちの姿をとらえておくことも必要である。あまりかかわりのなかった子どもへも声をかけていったり，一緒に遊びに参加したりと，積極的に子どもとも接触できるようにしよう。ただし，一日のうちにクラス全員の子どもとかかわるのは難しいことなので，何日間かかけて理解を重ねていくことである。

（2）担任保育者に相談しながら子ども理解を深める

　自分なりに子どもの内面理解や遊びの理解，仲間関係などについて担任保育者と話をしてみることも大切である。自分の思い込みでとらえている部分やある側面からだけ子どもを見ていることにも気づかされるかもしれない。これまで積み重ねてきた毎日の生活の中で，子どもたちがどのような体験をしてきたのか，子どもたちの遊びがどのように始まり，どう変化してきたのかなどを聞いてみよう。その際には，漠然と「〇〇ちゃんって，どんな子ですか？」と聞くのではなく，自分の観察・かかわりをもとに読み取ったことを準備した上で聞くようにしよう。昨日気づいたことや保育者との話し合いの中で指導されたことを基に，自分のかかわり方

を見直し考えていくことが，体験的な参加実習では求められる。その考察の繰り返しが，子どもの様子を見て，その場に適した言葉がけや援助ができるようになることへつながるのである。

そして，担任保育者がとらえている個々の子どもへの理解や願い，遊びへの興味・関心のとらえ方などを知ることが，担任保育者の指導や援助の意図を理解することにつながる。つまり，実習生として，担任保育者の意図を汲みながら援助活動を行うことになるのである。

第5節 参加実習日誌の記入のポイントとまとめ

（1）保育者のねらいを知りながら，参加実習のねらいを明確に

参加実習でも，その日に学びたい実習のねらいを明確にしておくことは大変重要である。何を学びたいのかを明確にしておくことで，その日の実習に目当てをもって参加できる。また，参加実習では，保育者の保育の意図を汲み取りながら動くことが目的の一つとなっている。そのためにも，今日一日を担任保育者がどのように組み立てようとしているのかを把握しておくことは大切な準備となる。

では，どのようにして担任保育者の保育のねらいを知ればよいだろうか。もちろん，当日の朝に聞くことも方法の一つである。そのほかに，このようなことを考えてみよう。担任保育者は子どもの一日を思い出しながら保育室を掃除した後に，翌日の保育の準備や環境構成を行う。実は，その時に次の日につながるヒントがあるだろう。実際に担任保育者に「明日の保育は，どのようなことをされるのですか？」と直接コミュニケーションをとってもかまわないと思われる。こうした，昨日から今日，今日から明日という保育者の仕事の連続性が，実習のねらいとして意識されるようになるとよいだろう。

（2）参加実習として一日の流れを記録する

一日の流れを記録する際には，観察実習の時と同様にその日の活動内容と流れは丁寧に記録しよう。ただし，観察実習の日誌と異なる点は自分も保育に携わり，子どもにかかわっている存在であるという点である。では，どのようなところに留意していけばよいのかをポイントを挙げて述べていこう。

1）担任保育者の援助と実習生の援助の両方を記す

まずは，担任保育者の動きと実習生の動きのそれぞれをとらえて記述していこう。その際に，実習日誌によっては保育者の援助の欄と実習生の援助の欄が分かれていないものがあるかもしれない。その場合は，表3－1（p.76）のように工夫してわかりやすく記していこう。

2）保育全体を把握する

一日の流れをとらえる際に，実習生が積極的に子どもとかかわっていこうとすると，自分のかかわっている子どもとの応答はしっかり書けるけれども，保育全体の様子が見えなくなることもある。もちろん，かかわりをもった子どもや実習生が援助した場面など，深い読み取りを行いながら記述することは大切である。しかし，

表3-1　日誌記入例①

時間	環境構成	幼児の活動	○保育者の援助　●実習生の記録
8：30	・帳面にシールが貼りやすいように日付を示しておく。 　　　保育者 　　　　○	○順次登園する。 ・登園した子どもから靴を履き替え，帳面にシールを貼る。 ○園庭や保育室で好きな遊びをする。 ○片付けの合図のピアノの音を聞き，片付ける。 ○グループごとで椅子に座る。	○登園してきた子ども一人ひとりに笑顔で握手をし，「おはようございます」と挨拶をする。 ●登園してきた子どもに笑顔で今日一日が楽しく過ごせるように挨拶をする。 ○子どもの話を聞いたり，身辺整理のできていない子どもに声をかけたり，援助をする。 ●シールを貼る場所がわからない子どもには声をかけて援助していく。 ○うんていや鉄棒で遊ぶ子どもを危険のないように見守る。 ●全体の様子を見ながら，鉄棒で遊んでいる子どもや，ザリガニがつれた子どもなどに，共感しながら声をかけていく。 ●鉄棒が苦手な子にも意欲が湧くように声をかけていく。 ○片付けの合図をピアノで弾きながら，自ら片付けができるようにうながす。 ●遊んでいる子どもたちに，「ピアノの合図が聞こえるよ，片付けの時間だよ」と声をかけ知らせていく。 ○次の活動への期待をもたせ，グループごとに椅子を持って座るように伝える。 ●まだ遊びを続けている子どもに，次の活動が始まることを知らせ，一緒に片付ける。

好きな遊びをしている時間など，自分の目の前で起こること以外，担任保育者がどんな援助をしていたのかわからない，日誌に書けないようでは困る。

すべてのことを把握することは大変難しいことである。しかし，保育の補助的な立場で参加しているわけであり，やはり自分の動きだけでなく周りの保育者がどのような動きをしているのか，どのような援助を行っているのかなどは大まかにでも把握しておかなければならないだろう。日誌を記入する際に，実習生の動きだけでなく保育全体をとらえて書くようにしよう。

3）保育者からの指摘箇所を大切に

日誌はその日の保育が終わり，一日の実習を思い出しながら書く。実習日誌は，単にその日の流れを確認することではない。そして，担任保育者が点検し朱を入れてくれることの意味をしっかりと考えることが大切である。つまり，日誌は担当保育者の保育の意図を知る手がかりとなるのである。

表3-2は，ある実習生が提出した記録に担任の先生が添削をしてくれたものである。保育者が子どもの活動を援助するポイントや保育者の意図があることを読み取り記録していくことの大切さを考えてみよう。こうした気づきを重ねていくことは，部分実習や全日実習の指導計画案の作成へもつながっていく。

第5節　参加実習日誌の記入のポイントとまとめ　77

表3－2　日誌記入例②

環境構成	幼児の活動	保育者の援助
○とび箱 マット　ケンパ 一本橋	○体操遊びをする。 ・準備体操をする。 ・サーキットをする。 （鉄棒，一本橋，とび箱，両足ジャンプ，でんぐり返り，ダッシュ，箱の上を歩く） ・体操をする。 ・挨拶をする。	・子どもたちがより楽しめるように，保育者も参加し，目を配る。 ・とび箱のところで~~きちんとできているか~~見守る。また安全面にも配慮する。 ・意欲をもって取り組めるように，必要に応じて声をかける。

（吹き出し）
・体操の約束，態度を確認し，自分自身で安全を考え活動するようにする。

安全に，体を動かすことを意識し，体操することを

ポイントを押さえながら，伝え励ましながら，

ここでのポイントは，体操はまず身体を動かすことを子どもが意識して，そのものを楽しむことが大事だということである。また，安全のことも大事である。子どもの安全を見守ることや子ども自身でも態度など自覚して気をつけることを学ぶ場である。そのことを伝えてあげたい。

（3）考察や感想は具体的に詳細に記述する

　参加実習時の日誌で考察や感想の部分は，実際に子どもにかかわり援助することを通して印象に残ったこと，困ったこと，疑問に思ったこと，反省点などを具体的に書いていこう。

　この日誌の事例では，どのような場面で起こったことなのかということは丁寧に記述されている。しかし，実習生自身のかかわりを記述する際に，どのように話しかけたのかということやどのような思いをもって対応したのかということはあまり明確に書かれていない。また，その際の子どもの反応もあいまいである。実は，子どもとかかわる時に自分はどうしようと思ったのか，子どもをどのように受けとめたのかということをとらえておくことは，考察を深めていく上で大切なことである。その後の保育者の対応については，具体的に述べられている。今後，このような場面に出会った時の援助の参考となることだろう。

　自分が失敗をしたことや難しかったことなど

　　朝，子どもたちが数人で掃除を始めました。
　　Hくんが張り切って「今日はパーティーだ」と先頭に立ち楽しそうにしていたのですが，周りでさまざまな遊びが始まると，みんな興味のある遊びに移ってしまい，Hくん一人だけになってしまいました。Hくんはみんなで掃除がしたいのに，協力してくれず他の遊びを始めてしまったことで，自分の思いが受け入れられず感情が爆発してしまった様子でした。そばにいた私は，Hくんを落ち着かせようと話しかけたりしましたが，できませんでした。
　　そこで先生は，Hくんと一緒に掃除をしていた子どもたちと，お互いに話を聞き思いを受けとめ，それぞれに相手の気持ちが伝わるように間に入っておられました。それでも気持ちがなかなか落ち着かないHくんに対しては場所を変えたり，落ち着く時間をもつなどしながらじっくりと話ができるように働きかけていく様子が見られました。
　　お互いの気持ちを保育者が伝え合う手助けをすること，その経験を繰り返すことで子どもが少しずつ成長していくのではないかと感じました。

を冷静に振り返り，受けとめていくことで自分のその日の姿を整理することができる。具体的に，詳細に記述していくことを心がけよう。

（4）部分実習へつながるように記録を生かす

観察実習，参加実習と進む間に，実習日誌の記述内容にも広がりと深まりが出てきているはずである。最初は気づかなかったことも，参加し記録することで実習に見通しがもてるようになり，一人ひとりの子どもの好きなことやかかわり方などもわかってきたことだろう。

こうした気づきを大切にすると同時に，自分はこんな活動を子どもとやってみたい，こんな風に遊んでみたい，この絵本を読んであげたい，この手遊びを一緒にしたいなど，自分のしてみたい保育をイメージしアイデアがもてるようになってほしい。こうした思いが大きく膨らむと参加実習は成功したといえるのではないだろうか。

■参考文献

- 実習問題研究会 編著，小舘静枝・小林育子 代表：保育所・幼稚園実習のすべて，相川書房，1995.
- 大橋喜美子 編著：はじめての保育・教育実習，朱鷺書房，2003.
- 阿部 恵，鈴木みゆき：教育・保育実習安心ガイド―あそび・記録・指導案が充実―実習生の悩みを解決!!，ひかりのくに，2002.
- 林 幸範，石橋裕子：保育園・幼稚園の実習完全マニュアル，成美堂出版，2005.
- 待井和江，福岡貞子 編：保育実習・教育実習 第5版，ミネルヴァ書房，2008.

第3章 確認チェックと発展

「参加実習」について学んだことを，あなた自身の参加実習の計画をもとに記入し整理していこう。

第1節　参加実習の目的　より
私が今回の参加実習で身につけたい力は＿＿＿＿＿＿＿＿＿＿＿＿＿＿＿＿＿＿＿＿
＿＿＿＿＿＿＿＿＿＿＿＿＿＿＿＿＿＿＿＿＿＿＿＿＿＿＿＿＿＿＿＿＿＿＿＿＿
＿＿＿＿＿＿＿＿＿＿＿＿＿＿＿＿＿＿＿＿＿＿＿＿＿＿＿＿＿＿＿＿＿である。
（学んだことをもとに，参加実習での学びの目標を書いてみよう）

第2節　事例から学ぶ子どもとのかかわり方　より
私が子どもとのかかわりにおいて気をつけたいことは＿＿＿＿＿＿＿＿＿＿＿＿＿
＿＿＿＿＿＿＿＿＿＿＿＿＿＿＿＿＿＿＿＿＿＿＿＿＿＿＿＿＿＿＿＿＿＿＿＿＿
＿＿＿＿＿＿＿＿＿＿＿＿＿＿＿＿＿＿＿＿＿＿＿＿＿＿＿＿＿＿＿＿＿である。

第3節　子どもの生活にかかわりながら，援助の仕方を身につける　より
保育者の動きを真似ることから学んだことは＿＿＿＿＿＿＿＿＿＿＿＿＿＿＿＿＿
＿＿＿＿＿＿＿＿＿＿＿＿＿＿＿＿＿＿＿＿＿＿＿＿＿＿＿＿＿＿＿＿＿である。
気づきながら動くためのポイントは＿＿＿＿＿＿＿＿＿＿＿＿＿＿＿＿＿＿＿＿＿
＿＿＿＿＿＿＿＿＿＿＿＿＿＿＿＿＿＿＿＿＿＿＿＿＿＿＿＿＿＿＿＿＿である。
かかわりが難しかった場面は＿＿＿＿＿＿＿＿＿＿＿＿＿＿＿＿＿＿＿＿＿＿＿＿
＿＿＿＿＿＿＿＿＿＿＿＿＿＿＿＿＿＿＿＿＿＿＿＿＿＿＿＿＿＿＿＿＿である。

第4節　子どもの実態をとらえる― 子ども理解への手がかり―　より
子どもたちが興味や関心をもっていることは＿＿＿＿＿＿＿＿＿＿＿＿＿＿＿＿＿
＿＿＿＿＿＿＿＿＿＿＿＿＿＿＿＿＿＿＿＿＿＿＿＿＿＿＿＿＿＿＿＿＿である。
・子どもとのかかわりで難しかったことは＿＿＿＿＿＿＿＿＿＿＿＿＿＿＿＿＿＿
＿＿＿＿＿＿＿＿＿＿＿＿＿＿＿＿＿＿＿＿＿＿＿＿＿＿＿＿＿＿＿＿＿である。

第5節　参加実習日誌の記入のポイントとまとめ　より
今回の参加実習を通して，
保育者の援助と実習生の援助から気がついたことは＿＿＿＿＿＿＿＿＿＿＿＿＿＿
＿＿＿＿＿＿＿＿＿＿＿＿＿＿＿＿＿＿＿＿＿＿＿＿＿＿＿＿＿＿＿＿＿である。
発見できた自己課題は＿＿＿＿＿＿＿＿＿＿＿＿＿＿＿＿＿＿＿＿＿＿である。
部分実習や全日実習では＿＿＿＿＿＿＿＿＿＿＿＿＿＿＿＿＿＿＿＿＿＿＿＿＿＿
＿＿＿＿＿＿＿＿＿＿＿＿＿＿＿＿＿＿＿＿＿＿＿＿を目標にしたいと思う。

第4章 部分実習

「部分実習」とは何だろうか。
☞ **第1節　部分実習の目的**

↓

活動を選ぶ。
☞ **第2節　活動を選ぶ**

↓

深く理解し，ねらいと内容を考える。
☞ **第3節　活動を深く理解し，ねらいと内容を考える**

↓

部分案を作り，実践をシミュレーションしよう。
☞ **第4節　部分案を作り，実践をシミュレーションする**

↓

「部分実習」が終わってからは，何をすればいいのだろうか。
☞ **第5節　部分実習終了後**

第1節 部分実習の目的

> ○ 部分実習を終えて（実習日誌の記述より）
> ○ そわそわしている子どもたちをどう落ち着かせればいいのか戸惑いました。しかし、ピアノを弾いてスキップするように伝えたら、元気よくスキップをしたのでとても嬉しかったです。練習した分、手元を見ないでピアノを弾けたように思ったが、子どもの姿を見て褒めたり、直したらよくなるところを言葉がけができませんでした。事後協議で「かっこよく」という褒め言葉しか使っていなかったと先生に教えていただきました。もう少し子どもたちの姿を見て適切な言葉で褒められるよう語彙を豊富にしたいと感じました。
> M大学　3年生

（1）部分実習とは

部分実習とは、一日の一部の時間をいただき、保育者の立場で実習生自身が計画し保育実践する実習である。その過程で基本的な保育技術の習得となる経験を積んでいくことになるので、積極的に取り組んでほしい。今後、幼稚園教諭になるため身につけなければならないスキルなどの自己課題をみつけるチャンスである。

（2）部分実習の中で経験できること

図4－1に部分実習に向けての実践プロセスの一例を示す（実習園や実習の状況によって少しずつ内容は異なる）。
準備開始から実践終了後までのおおまかな流れや、どのような経験ができるかを把握しよう。このようなプロセス一つひとつが、保育者としての力量をつける学びの機会となる。

（3）部分実習で育ててほしい力

1）保育内容を研究する力（教材研究の力）をつける

幅広い教材研究、実技研究は保育者の日々の営みで必要不可欠な仕事である。そのために試行錯誤や創意工夫を惜しまず行うことは保育者の基本姿勢である。先にも述べたようにまずは、3案程度を考えて担任の先生に提示する真摯な姿勢と行動する力を養おう。

2）指導計画立案の力をつける

部分実習の指導案は各園によりさまざまなレイアウトがあり一概にはいえないが（養成校では実習先の幼稚園に準じるように指導がなされているのが実情である）、「誰がどうするのか」「何のために援助するのか」など適切な趣旨と読み手がわかるような文章表現を身につけてほしい。誤字、脱字、乱雑な文字がないように推敲する努力をしよう。表4－1（p.84）、4－2（p.85）、4－3（p.86）に挙げたものは、部分案の例である。取り上げた活動内容が異なれば部分案の記述内容や記述量は変わる（初めは、短時間の部分実習からはじまり、次第に長時間の部分実習になることが多い）ので、表4－1は初めの頃の案、表4－2、4－3の部分案は実習後半の何度か経験を重ねた時点での案だと考えてほしい。必ずしも完全なものではないが、どのようなことを記述するのかについて、イメージを膨らませてほしい。

```
┌─────────────────────────────────────────────────────────────┐
│                      活動を選ぶ                              │
│・与えられた時間や課題に合わせ，具体的な活動テーマを考えよう。│
│・活動案を三つほど考えて担当保育者に相談，指導してもらおう。 │
└─────────────────────────────────────────────────────────────┘
                            ↓
┌─────────────────────────────────────────────────────────────┐
│              活動を深く知る（教材研究）                      │
│・実施する活動を実際に体験し，「面白さ・楽しさ・喜び」「活動に│
│ 含まれる知識やイメージ，技術」「活動に含まれる人とのかかわり」│
│ などの視点から研究し，深く理解しよう。                       │
└─────────────────────────────────────────────────────────────┘
                            ↓
┌─────────────────────────────────────────────────────────────┐
│                 ねらいと内容を考える                         │
│・教材研究の結果をもとに，子どもの姿を理解し，その活動をどのよ│
│ うに投げかければ子どもたちに響くのかを考え，具体的なねらいと │
│ 内容を決定しよう。                                           │
└─────────────────────────────────────────────────────────────┘
                            ↓
┌─────────────────────────────────────────────────────────────┐
│                    部分案を作る                              │
│・ねらいと内容に基づいて，部分案を作成する。                  │
│・担当保育者に指導案を添削してもらい，書き直して再提出，完成さ│
│ せる。                                                       │
└─────────────────────────────────────────────────────────────┘
                            ↓
┌─────────────────────────────────────────────────────────────┐
│                 シミュレーションをする                       │
│・シミュレーションやリハーサルを行う。この時，細案を立ててみる│
│ とよいだろう。                                               │
└─────────────────────────────────────────────────────────────┘
                            ↓
┌─────────────────────────────────────────────────────────────┐
│              園児の前で部分実習をする                        │
└─────────────────────────────────────────────────────────────┘
                            ↓
┌─────────────────────────────────────────────────────────────┐
│                   部分実習反省会                             │
│・事後協議，振り返りの時間で担当保育者に指導してもらい，次への│
│ 自己課題にしよう。                                           │
└─────────────────────────────────────────────────────────────┘
```

図 4 - 1　部分実習に向けての経験のプロセス

3）保育実践の力（指導・援助の実践）をつける

　子どもに語りかける声のトーンや雰囲気など子どもにどう伝わったかをフィードバックする。自分がどう援助したか，何を言ったかだけが重要でなく，それを子どもがどう受けとめ，どのような表情で部分実習の時間を過ごしたかを汲み取るのが肝要である。そして，部分実習を繰り返すごとに子どもの前で安定した保育者の態度や援助，環境構成力など基本的な保育技術を高めよう。

（4）部分実習を繰り返す

　部分実習を繰り返す中で，全日実習へのイメージがふくらんでくる。部分実習以外でも，デイリープログラムのいろいろな時間帯にかかわったり，保育者の補助としてプログラムの一部を担当させてもらったりしよう。きちんと指導案を作成して実践するという部分実習は，「設定（保育）」・「主な活動」だけが対象ではない。自由遊び，片付け，昼食（お弁当），朝の会・帰りの会など，子どもにとっては，どのプログラムも一つひとつが必要で大切な経験であ

る。生活の流れのなかで毎日繰り返していることは，保育者が指導している時の様子からはスムーズに流れているように見えるが，実際に自分が担当すると子どもの動きは普段通りにはいかないものである。指導案など書類の提出をするように言われなくても，自分なりの指導案を書いてみてイメージをもって子どもとかかわってみると，実際の部分実習の時に役立つだろう。

表4－1　部分案の例①

2008年11月○日（金）	4歳児　さくら組　30名	実習生氏名　○○○○

幼児の姿	・園庭の柿の実が大きくなってきている様子に関心を持ち，色づくことを期待している。また，10月末の芋ほり遠足の経験を実習生に話すなど，果物や野菜の実りに対する関心が高くなっている。 ・クラスの多くの子どもたちがジャンケンを理解し，喜んで取り組んでいる姿が見られる。		
ねらい	・みんなで絵本を楽しみ，秋の自然を感じる。 ・みんなで手遊びを楽しむ。	内容	・絵本「14匹のあきまつり」をみる。 ・手遊び「グーチョキパーで何作ろう？」をする。

時間	環境構成	予想される幼児の活動	保育者の援助・留意点
10：00	●みんなで楽しめる雰囲気をつくる。（集まる場）	●実習生の前に集まる。	・子どもたちが集まっているか確認をする。
10：05	●子どもからよく見える位置に実習生が立つ。 　　　　子ども ○○○○○○ ○○○○○○ ○○○○○○ 　　●←実習生 ●手遊び（グーチョキパーで何作ろう？）	●挨拶をする。 ●手遊びをする。 ・実習生を真似る。 ・みんなでできるものを相談する。 ・みんなで考えた手遊びをする。	・子どもに親しみをもって挨拶をする。 ・最初はゆっくりしてみせる。 ・グーチョキパーの基本的な手の動きができているかをよく見ておく。 ・面白い表現を考えている子どもを認めて，みんなに広げる。
10：10	●絵本の読み聞かせ 　絵本「14匹のあきまつり」 　　　いわむらかずお作：童心社	◎絵本を見る。 ・見やすい場所に座る。 ・実習生の読み聞かせを聞く。	・子どもたちみんなに絵本が見えているか尋ねてから，読み始める。 ・登場してくるねずみの気持ちになり，声色や抑揚を考えて読む。 ・場面の移り変わりに応じて，子どもたちに話しかけ，ストーリーの展開に期待を持たせる。
10：20	●子どもがイメージしやすいように，話の中に登場したものを作って用意しておく。（木の実，きのこ，ねずみ，どんぐり，木の葉）	・話し合う 　森で見つけたもの 　ねずみのおまつり 　自分の知っているお祭など	
評価の視点	・表現を工夫しながら手遊びを楽しめたか。 ・絵本を楽しみ，秋の季節を感じられたか。		

表 4-2　部分案の例②

2009年10月○日（火）	さくら組　5歳児　30名	実習生氏名　○○○○

幼児の姿	・集団ゲームが自立的に行えるようになってきており，新しい遊びにチャレンジしていきたい気持ちが高まっている。また，保育者のきっかけ作りがあれば，作戦を考え，協力して遊びを進めることを楽しむ姿が見られる。 ・一輪車や登り棒など，こだわって繰り返している遊びが見つかっている。E児やT児など，これまで軽くみられがちだった子に対して，頑張っている姿を認めるSやYの姿もあるが，Rは，保育者が誘っても，なかなか運動遊びに取り組まず，失敗しないかどうか不安な様子がある。

ねらい	・集団ゲームの中で，作戦を考え，相談しながら遊びを進める経験をする。 ・遊びの中で，助け合うことや協力しあうことの喜びを感じる。	内容	・作戦を考えたり，助け合ったりしながら，タイヤとりの遊びをする。

時間	環境構成	予想される幼児の活動	保育者の援助・留意点
10：20	・帽子の着用。	・園庭に出る。 ・保育者の前に集まる。 ・体操をする 「たけのこたいそう」	・園庭に出るように声をかける。 ・ゲームの前に，準備運動をしっかりすることを伝える。 ・子どもたちのモデルになるように，実習生の身体の動かし方に留意する。
10：30	・タイヤとり用タイヤ（15本） ・園庭に下記のようなラインを子どもたちと引き，タイヤを並べる。 　　　　タイヤ 　　　○○ 　　　○○ ・ゲームは，生活グループ対抗で行う。 ・2グループずつで試合をし，1回ごとに交代で，試合をしていないチームは応援にまわる。	◎「タイヤとり」ゲーム ・遊びの準備をする。 ・遊びのルールを確認する。 ・グループ対抗でゲーム開始。 1回目（タイヤ15個） 2回目（タイヤ8個） 作戦タイム 3回目（タイヤ8個） ・ゲーム終了ごとに，各グループに入ったタイヤの数を一緒に数える。 ・感想を話し合う。 　困ったこと 　うれしかったこと 　作戦について ・タイヤを片付ける ・排泄・手洗い・うがいを済ませて，部屋に戻る。	・子どもたちと一緒にタイヤを園庭の中央に運ぶ ・ルールの説明，場所の確認，危険についての確認など，遊び方を説明する。特に，相手の陣地内に入ったタイヤが取れないことを伝えておく。 ・ゲームの中で，タイヤをとりにいきづらい子どもに対しては，あいているタイヤがどこにあるのかを伝えるなど声をかける。 ・2回目終了後，各グループの作戦タイムに実習生も参加し，どのタイヤを誰がねらうか，ピンチの時は「助けて！」と叫ぶなど，具体的な作戦を伝える。 ・応援している子どもたちが，試合をしている子どもたちの作戦の工夫に気づけるようにする。 ・ゲーム終了後に，子どもたちの作戦の工夫を認め，その成果について話す。 ・協力して運べるように声をかける。

評価の視点	・作戦タイムで，意見を出し合えていたか。 ・遊びの中で，助け合いや協力する姿が見られたか。その喜びを感じられたか。

表4-3 部分案の例③

2009年6月○日（金）	5歳児　さくら組　30名	実習生氏名　○○○○

幼児の姿	・さまざまな動くおもちゃに興味をもち、仕組みを考えて作ることを楽しんでいる。また、競い合う遊びを楽しんでいる。 ・園庭で見つけたカエルを飼育する中で、カエルに関心をもっている姿が見られる。 ・制作などの中で教え合う姿も見られるが、「わからない」「手伝って」と援助を求めることが難しい姿も見られる。 ・はさみを使う際、線に沿って切ることには自信をもって取り組んでいるが、「切り止まり」や「はさみを入れなおす」切り方がうまくいかない幼児も見られる。

ねらい	・よりよく飛ぶように工夫しながら、輪ゴムを使ったおもちゃ作りを楽しむ。 ・競い合う楽しさを感じる。	内容	・輪ゴムを使った動くおもちゃ作りをする。 ・友だちと伝え合いながら制作をする。 ・飛んだ高さや距離を競い合って遊ぶ。

時間	環境構成	予想される幼児の活動	保育者の援助・留意点
10:10	（保育者を中心に幼児が囲む図） 保育者／幼児 <準備物> ・縦8cm×横15cmの牛乳パックの紙（切り取る場所の印を入れる。人数分より余分に用意する。） ・輪ゴム（人数分×3＋予備） ・はさみ（個人のものを用いる） ・「ひっくりカエル」完成見本 ・サインペン2～3本 ・子どもたちの前で、制作の厚紙を提示しながら、絵を描き、はさみで切り込みを入れ、輪ゴムをひっかけることを説明する。 素材置き場 （机と椅子の配置図） 作り終わった子どもが遊ぶ場所	○保育者のまわりに集まる ○「ひっくりカエル」の作り方を見る ・牛乳パックの紙が変身する様子を見る。 ・保育者の作ったカエルが実際に飛ぶ様子を見る。 ・工程に沿って、作り方をみる。先生の説明を聞いて質問したりする。 ・グループで協力して机を出す。椅子は自分で出す。 ・道具箱からはさみを出し、着席する。	・全員がそろっているか確認する。 ・保育者の前に集まり床に座るよう呼びかける。保育者の声が聞こえ・動きが見えるところに移動するよう呼び掛ける。 ・子ども一人ひとりが見本を見られるように、円になるよう呼びかける。 ・牛乳パックが何に変化するのか、子どもたちの予想を引き出しながら、作って見せる。 ・どのような動きをするのか予想できるように問いかけをしながら、カエルを飛ばしてみる。 ・はさみの使い方（切り止まりとはさみの入れなおし）が意識できるようにする。（1回目はわざと失敗して切り落とし、2回目で刃が閉じきらない状態でとめることを意識できるようにする） ・机を出す時には、グループごとに順番で出せるように、また、グループ全員が揃っているかを子ども自身が気づけるように声をかける。 ・道具箱からはさみを持って来る際の約束事（走らない、刃の部分を握って持つこと）を確認してから、はさみを取りに行くよう伝える。
10:20		◎「ひっくりカエル」をつくる ・紙（牛乳パック）を半分に折り、折り目をつける。 ・印のところをはさみで切る。 ・輪ゴムを切り込み四隅に引っ掛ける。（完成） ・作品に名前を書いてもらう。または自分で書く。	・はさみの使い方を一人ひとり確認し必要に応じて個別に指導したり、できたことに共感したりする。 ・一人ひとりのカエルの絵を認める。 ・子どもの作品に名前を書く。自分で書きたい子には書き方を教える ・作った作品は持ち帰るので、遊んだらロッカーに片付けるように伝える。
10:35	・床にビニールテープでスタートとゴールの線をつける。 ・飛んだ距離がわかるように、床や壁に目盛などをつける。	◎完成した作品で遊ぶ。 ・ひっくり返る様子や飛んだ高さを見ながら楽しむ。 ・グループ内で誰が高く飛べたか競争する。	・できた子どもから飛ばしてみるように声をかける。 ・競い合うために一緒に飛ばすタイミングの合図を出すことや友達と誘い合うことを提案する。 ・よりよく飛ばすためにどうすればいいのかを問いかけ、ゴムの本数などの工夫を具体的に指摘し、認める。 ・よく飛んだカエルを作った子にはどのような工夫をしたのかを引き出し、他の子どもたちに伝えていく。
10:45	ゴミ箱の設置	○片付ける ・切りくずを捨てる。作品や個人のはさみをロッカーに入れる。椅子、テーブルの片付け。	・グループで協力して片付けができるよう、声をかける。 ・片付けの確認をして次の活動に支障のないようにする。

評価の視点	・作戦タイムで、意見を出し合えていたか。 ・遊びの中で、助け合いや協力する姿が見られたか。その喜びを感じられたか。

第2節　活動を選ぶ

（1）あなたが部分実習でやってみたいことは？
―子どもたちとどのような活動をしてみたいか？　部分実習で取り上げる活動の例―

園には一日の流れ（デイリープログラム・日課）があり，時間帯によっていろいろな活動がされている。部分実習ではその一部分の時間を担当する。園によって呼び方は異なるが，「設定（保育）」・「主な活動」の時間には，保育者が選んだ活動をクラス全員で一斉にすることが多いだろう。表4－4は，部分実習で取り上げられることが多い活動の例である。

表4－4　部分実習で取り上げられることが多い活動の例

活動分野	活動の特徴	実習生の準備や考えることなど	活動例
制作活動	描画・絵画，紙工作，廃品制作，粘土など造形に関連するもの。園によって行事に関連した制作活動を一斉にする場合もある。	□ 見本の作成 □ 材料，道具の準備 □ グループ活動か一斉指導か	制作 工作 描画・絵画 粘土
集団ゲームや運動遊び	室内（保育室，遊戯室など），室外（園庭，運動場など）です。体を大きく動かすことをねらいとしたり，ルールを守って友達と一緒にすることを楽しむ活動が多い。 保育者がリードして遊ぶ場合もあるが，内容によって年中長であれば自分たちで始めることもできる。	□ 場所や空間の使い方の選定 □ 道具類の必要 □ 遊び方・ルールの確認 □ 保育者主導か，子ども主導・保育者参加かなど	集団ゲーム 運動遊び 　フルーツバスケット 　人数集まり 　バウンドキャッチ 　ボールリレー 　鬼ごっこ 　長縄とび
音楽活動	歌唱指導，楽器指導（合奏），手遊び・指遊び，歌やうた遊びなど。 全員で楽しんで歌うことをねらう場合や，園によっては発表会の練習を取り入れることもある。	□ 楽器や伴奏をするか □ 必要な楽器や伴奏などの習得 □ 歌詞内容やメロディの理解 □ 導入に教材を使うか □ 子どもが使う楽器の必要の検討と用意 □ どの程度の指導をするか	手遊び・指遊び 歌・うた遊び リズム 手作り楽器
絵本やエプロンシアターなど	絵本，エプロンシアター，紙芝居，パネルシアター，ペープサートなどの教材がある。 既成のものは，一定の形や演じ方があるので取り入れやすい。子ども自身の動きが少なく，保育者が読んだり演じるのを見ているので簡単に思えるが，子どもが楽しんで聞いたり，集中するためには教材研究や練習等の事前準備が必要。	□ 教材の選定 □ 既製品か手作り教材か □ 下読み，事前練習	絵本の読み聞かせ 紙芝居 エプロンシアター パネルシアター ペープサート 素話・お話 ストーリーテリング

さあ，あなたは，どのような活動をやってみたいだろうか。自分が得意なことを中心に，「やってみたい活動」をいくつか考えておこう。いくつかの分野にまたがって「やってみたい活動」を考えておくことと，各分野で複数の「やってみたい活動」を考えておくことで，実際に部分実習で行う活動を絞り込みやすくなるし，指定された部分実習の機会や時間に応じた活動の選択が可能になる。

実習を受けていただいている園から，「やりたいことをもっていない実習生に対しては，どう指導するべきか困ってしまう」という声が聞かれることがある。また，ある幼稚園の園長先生は，「絵本読みでも，遊びでも，なんでもいいので，保育で使える"自分の得意なこと"を一つはもって実習に来てください。自分の得意なことを実践し，子どもたちが応えてくれたという実感が得られることで，保育の喜びを感じることや保育者としての自信に繋がるからです」と言われる。

あなたの得意なこと，やってみたいことは何だろうか？　第1章でも触れたことだが，実習を迎えるまでの期間に，自分の中で温めておこう。

(2) 活動を選ぶ時に考えること・気をつけること

観察実習を通してやってみたいと思ったもの，実習前から教材研究をして準備したものの中から実際に活動を選ぶ時には次のことを考えてみよう。

1) どの時間帯にするのか

一日の流れ（デイリープログラム・日課）のなかのどの時間帯にするのか，あらかじめ指定されているのであれば，前後の活動の流れ・保育の流れを考慮する。子どもたちにとって無理のない内容，静かな活動もしくは活発な活動にするのかなども考えよう。

2) どのような内容か

この活動を取り上げた理由を考える。何をねらって，子どもたちにこの経験をさせたいのか理由をはっきりさせる。これは，このあと書いていく指導案の「ねらい」や「内容」につながる。また，担当しているクラスの子どもの年齢や発達，子どもの姿や実態を考慮しているか，1年間の流れから時期や季節に照らし合わせて適当なものかなどを考える。また，月案や週案との関係から適切かどうかを担当保育者に伺って考えることも必要である。この点については，第3節（p.90）以降でさらに深く考えてみよう。

3) どのくらいの時間をかけるのか

子どもの実態に対して，活動や展開にかかる時間配分が適切かどうか，急ぎ過ぎる展開，盛りだくさんすぎる内容は子どもにとって負担であり，何を経験したのかがわからなくなる。実際の子どもの様子をよく観察した上で，活動のはじめから終わり，片付け，次の活動へ，無理のない流れになっているかどうかを確かめる。

4) 事前に準備するもの，環境構成

これらも担当する子どもの実態に即したものにする。制作であれば，どの程度はさみやのりなどの道具を使いこなせるかによって，事前に保育者が準備しておく材料の手のかけ方が異なってくる。また，個人持ちの道具なのか，グループで取り組むのか，一斉にするのか，保育室のスペースやレイアウト，テーブルや椅子の配置の仕方等をどうするのかなどを決める。この点についても，第3節（p.90）でさらに具体的に考えてみよう。

5）言葉のかけ方，導入

どのようにして子どもの興味・関心をひくか，一人で前に立って30名前後の子どもたちを前に指導できるものか，担任の先生のやり方を参考にするのか，やり方にクラスでのルールがあるのか，自分なりの指導法にしてもよいのかなどを考えよう。また，導入として手遊びや絵本や視聴覚教材の提示から始めるのかなども検討しよう。この点については，第4節（p.95）でさらに深く考えてみよう。

6）幼稚園や担任の先生との相談

自分なりにどの活動をするかを決めたら，最終的には担任の先生や園の方と相談して決定する。事前に指導案を作成して見てもらう段階では，指導担当の先生に補助的な役割をお願いするなど，実際に部分実習をする時の担当や，細かい指導法などをいくつかのパターンを相談して確認をもらう。

子どもとしてみたいことや自分ができることなど，いくつかの中から取り上げる活動を決める時，それが目の前の子どもの実際の様子に適した活動であるかどうかを再度確認しよう。最終的には指導担当の先生方にも協力してもらい決定する。子どもの姿に適した活動内容とする方法については，第3節（p.90）で具体的に考えよう。

他にも活動を選ぶ時には気をつけることがある。

a．実習で理解した，園の保育方針から考えてみよう

園にはそれぞれ保育方針がある。宗教教育をしている園，体育や音楽指導などに力を入れている園，シュタイナーやモンテッソーリの保育など特定の保育方法を取り入れている園もある。そのような場合，それぞれに特徴のある保育内容や指導援助の方法がある。また，特別な保育方法を取り入れていなくても，それぞれの園での方針や考え方によっても取り上げる活動は異なってくる。取り入れたい活動や考えている指導法が園の保育方針に即しているかどうか確認しよう。

b．「また〇〇の制作？」にならないために

学校で学んだ教材や本に載っているものを参考にすることは構わないが，安易に流用しないこと。「◇◇大学から来た実習生は，どの人も同じ活動しかしないよね…（実習園の先生方の心の声）」，「また，〇〇の制作ですか！？」という事態を招きかねない。制作をしたら作ったもので遊ぶ時間をしっかりとることや，ひと味ちがう遊び方を考えたりして，目の前の子どもに合わせたアレンジをしよう。

園長先生より，ちょっと一言～その1～

- 活動内容を決定するときには，案を三つほど考えて担当保育者に相談，指導してもらいましょう。
- 絵画，制作は自分で作ったものを提示しながら相談し，手遊びや歌，リズム遊びなどの音楽的な活動は，楽譜を見せたり，自分でも歌って担当保育者にみてもらうとよいでしょう。
- 口頭だけでは相手に伝わりにくい場合もあるので手間を惜しまずに準備しましょう（保育者の基本的な教材研修の姿勢である）。自分の考えたことを相手にわかりやすく伝える能力を高める機会です。

第3節 活動を深く理解し、ねらいと内容を考える

(1) ねらいとは？　内容とは？

「ねらい」とは、具体的な活動を通して子どもに育つことが期待できる心情や意欲や態度のことである。あなたが部分実習で行う活動を通して、何が育ってほしいのかを明確にすることが、ねらいを設定するということである。また、「内容」とは、ねらいを達成するために、具体的に経験してほしいことを見通したものである（「内容」の欄が含まれていない部分案の形式もみられる。あなたの学校・実習園の形式に合わせて理解してほしい）。

保育の方向性を決めるのは、「ねらい」である。例えば、「紙コプターづくり」のねらいが「飛ばして遊ぶことを楽しむ」である場合と、「大きさや紙の種類を工夫し、さまざまに試してみることから好奇心を養う」である場合とでは、環境構成（どの子も確実に飛ばせるような素材を準備するのか、工夫ができるようにさまざまな素材を準備するのか）、活動の展開（活動の導入時に「やってみたい」という興味や関心の引き出し方）、実習生の指導や援助（見本通りに「できた！」喜びを感じられるよう援助するのか、さまざまな工夫をすることを勇気づけたり、認めたりするのか）のありようが変わってくる。だからこそ「ねらい」の設定は大切なのである。

ねらいを立てるポイントとしては、「活動内容にかかわるねらい（遊びの楽しさの獲得や活動にかかわる力、心情・意欲・態度など）」と、「活動の中での人間関係にかかわるねらい（遊びの中での関係能力など）」の二つの視点から考えてみるとよいだろう。

しかし、部分案で立てられた「ねらい」が単なる実習生の思いつきであり、部分実習をさせてもらうクラスの子どもたちの実態とはずれた内容であったら、「ねらい」は達成されないことになる。これは、「保育者がつくった"ねらい"の妥当性はどこから来るのか」という、保育の指導計画を考える上での重要課題に通じる問題なのだが、では、ねらいが妥当なものに近づくためには、何を検討しておく必要があるのだろうか。それは、一つには、「子どもの姿を理解する」こと、もう一つには、取り上げた活動を「よく知る」ことだといえる。

「Plan → Do → See」という言葉は、これまでも養成校の学びの中で触れてきたことと思われる。「子どもの姿」から「保育の計画」が作られ、「実践」されるという循環は保育実践の大原則であり、それゆえに、「子ども理解」は、保育を方向付ける重要なものであるといえる。しかし、日常的に子どもたちと接している園の先生方と異なり、実習生がクラスの子どもたちの発達の姿を思い描くことは、限られた観察実習の経験の中では、限界があるともいえる。そのため、観察実習の期間内に、部分実習に繋がるような視点を明確にした観察、子ども理解を行っておく必要がある。

こうしたことから、本節では、「活動をよく知った上で、活動に即した視点から幼児の姿の理解を行う」というステップで、ねらいを妥当なものに近づける方法を考えていこう。

（2）活動を「よく知る」ためのステップ
―「ねらい」「内容」を考えるための教材研究の方法―

活動を「よく知る」ために，次のステップで考えてみよう。

ステップ①：実際に活動を体験してみる・活動のプロセスをおさえる

ステップ②：活動の面白さ・楽しさ・喜びをつかむ

ステップ③：活動に含まれる知識・イメージ・技術を考える

ステップ④：活動に含まれる人とのかかわりを知る

各ステップの検討内容を，付箋などに書き出しておくと，再構成しやすく便利である。検討した内容を，図4－2のワークシートに記入し，整理してみよう。

以下で，それぞれのステップについて説明していこう。表4－5（p.93）では，各ステップ

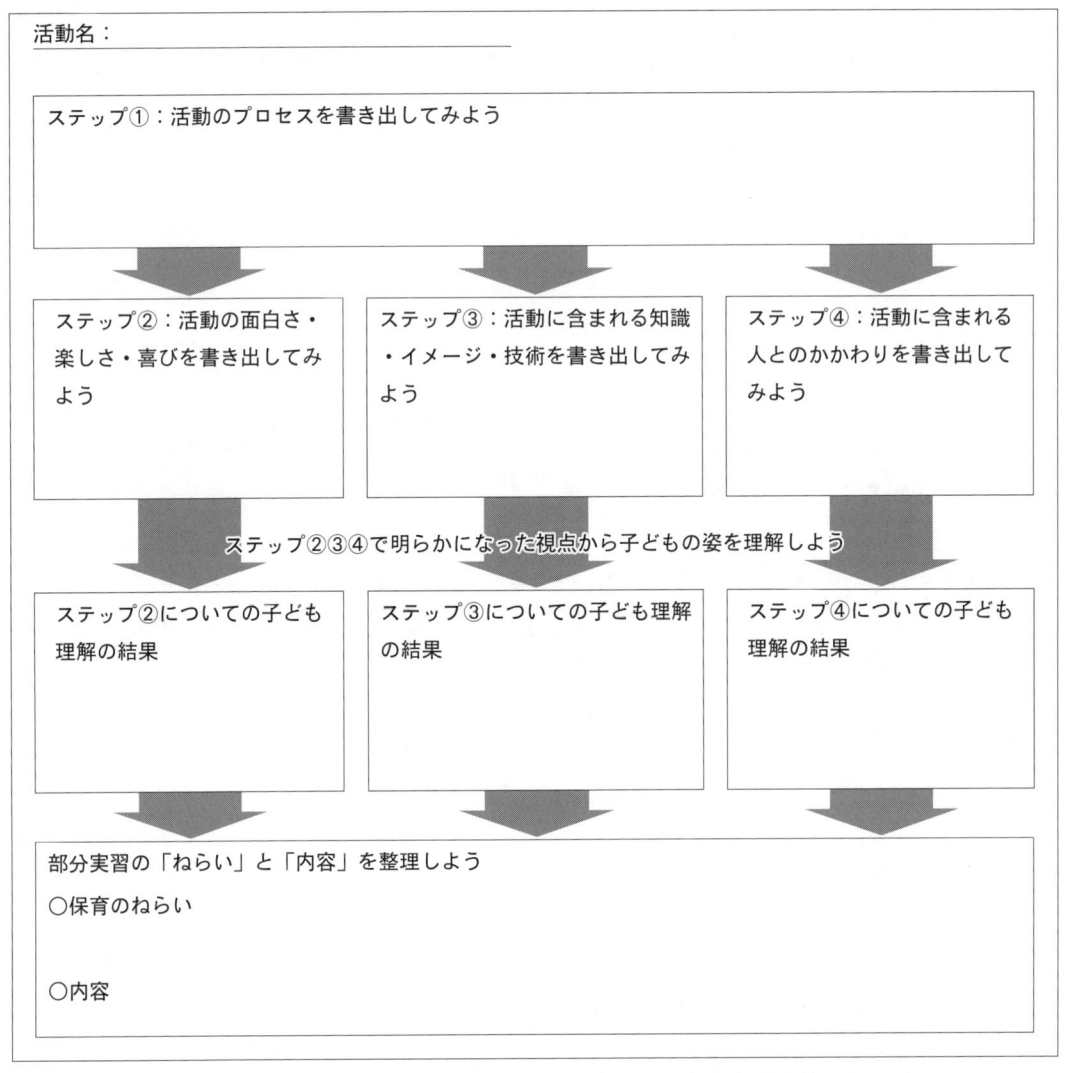

活動名：＿＿＿＿＿＿＿＿＿＿＿＿＿＿＿＿＿＿＿＿

ステップ①：活動のプロセスを書き出してみよう

↓　↓　↓

| ステップ②：活動の面白さ・楽しさ・喜びを書き出してみよう | ステップ③：活動に含まれる知識・イメージ・技術を書き出してみよう | ステップ④：活動に含まれる人とのかかわりを書き出してみよう |

ステップ②③④で明らかになった視点から子どもの姿を理解しよう

| ステップ②についての子ども理解の結果 | ステップ③についての子ども理解の結果 | ステップ④についての子ども理解の結果 |

部分実習の「ねらい」と「内容」を整理しよう
○保育のねらい

○内容

※　記入に際しては，p.92～95を熟読し，表4－5（p.93），表4－6（p.94）を参考にすること。

図4－2　「活動をよく知る」ためのワークシート

で検討すべきことを活動ジャンルごとに示しているので，参考にしてほしい。

1）ステップ①：実際に活動を体験してみる・活動のプロセスをおさえる

はじめに，部分実習で取り上げようと考えている活動を実際に体験してみよう。実際に制作をしてみる，絵本やエプロンシアターを読んでみる，演じてみる，歌ってみる，集団ゲームに取り組んでみる（難しい場合は，シミュレーションする）といった実体験をしよう。

実体験をした後で，「どんな活動のプロセスがあったか」「その中でどんなことを感じたか」を振り返って，記憶の中にしっかり落とし込もう。この実体験が，以降のステップの中身を考えるための基礎資料になる。

活動のプロセスの理解については，活動によってそのポイントは異なる。活動ごとに，次の点を意識して振り返りや整理をしてみてほしい。

- **制作活動**：準備から完成までの全工程を考えてみよう。道具の使用については，その具体的な使い方（例：はさみの使用の場合，直線を切るのか，円を切るのかなど）についても整理してみよう。
- **集団ゲーム**：ルールの内容とその中での行動を整理してみよう。
- **歌唱指導**：歌詞内容・メロディをしっかりと理解しよう。
- **絵本やエプロンシアター**：話の中身をしっかりと理解しよう。

2）ステップ②：活動の面白さ・楽しさ・喜びをつかむ

活動のプロセスが整理できたら，次に，その活動の「面白さ・楽しさ・喜び」が何であるのかを多様に考えてみよう。子どもたちがさまざまな活動に主体的に取り組むのは，その活動に興味や関心があり，面白さや楽しさ，自分にとっての意味を感じているからだといえる。また，ある活動を行えば，自動的にその活動に特有の「面白さ・楽しさ・喜び」を味わえるわけではないので，活動の面白さ・楽しさ・喜びを獲得していくことは保育のねらいの中核を成すものだと考える必要がある。そのために，保育者には子どもたちの興味や関心を積極的に引き出していく役割が求められるし，その役割を果たすためには，保育者自身が活動の「面白さ」「楽しさ」「喜び」を理解しておくことが必要になる。

活動に含まれる面白さ・楽しさ・喜びは，活動の発達に伴って変化していくし，ある子がその時に感じている感情も一つではないので，面白さ・楽しさ・喜びを多様に掴んでいくことが求められる。

では，実際に活動の面白さ・楽しさ・喜びを，ステップ①での実体験で感じたことを出発点としながら考えてみよう。

「制作活動」の場合は，創る面白さ・楽しさ・喜びがどのような形で表れるのかを考えてみよう。例えば，紙飛行機を作るという活動でも，「先生と同じような紙飛行機が自分にも作れた喜び」もあれば，「より遠くに飛ぶように工夫する楽しさ」もある。

「集団ゲーム」の場合は，そのゲームにはどのようなスリル・ドキドキ感が含まれているのか，どのような課題にチャレンジしていくことの楽しさがあるのかを考えてみよう。例えば，鬼ごっこの面白さは「追う―追われる関係の面白さ」「捕まらないように逃げるというチャレンジの面白さ」「作戦を立て，協力しながら勝とうとする面白さ」などが考えられる。

「歌唱」や「絵本・ペープサート」などの場合は，作品の内容・主題を読み取り，その中にどのような面白さや感動が含まれているのかを考えてみよう。

次に，その面白さ・楽しさ・喜びを，より原

初的・基本的なものから，発展的なものへと並べてみよう。これは，遊びの発展の道筋を，特に遊びの面白さ・楽しさに着目しながら整理することを意味している。こうした遊びの発展の道筋は，各園の長期指導計画の中で見通されている場合が多いので，実習園の長期指導計画を見せてもらえた場合は，どのような道筋が想定されているのかを掴むようにしよう。

3）ステップ③：活動に必要な知識・イメージ・技術を考える

取り上げた活動が成立するために，どのような知識・イメージ・技術が必要なのかを考えることは，活動の選択や保育者の準備，ねらいの確定，保育の中での指導・援助の明確化のためには重要である。そのために，取り上げた題材を次の点から整理してみよう。

一つ目に，その活動が展開するために必要な知識やイメージは何かを考えよう。例えば，あじさいの絵を描くのであれば，「あじさい」についての知識やイメージを，こおり鬼ごっこであれば，ルールについてのイメージを，「しゃぼんだま」の歌を歌うのであれば，しゃぼんだまについてのイメージをもっている必要がある。

二つ目に，その活動が展開するために必要な技術は何かを考えよう。例えば，制作であれば，どのようなはさみ使用の技術が，ボールを使ったゲームであれば，どのようなボールを操作す

表4－5　活動を深く知るための検討ポイント（活動ジャンル別）

	制作活動	集団ゲームや運動遊び	音楽活動	絵本，エプロンシアターなど
ステップ①：実際に活動を体験してみる・活動のプロセスをおさえる	準備から完成までの全工程を体験し，制作のプロセスとその喜びを体感しよう。道具の使用については，どのような道具をどのように使うのかを具体的に整理しよう。	一度，ゲームを体験し，遊びの展開とゲームの面白さを体感しよう。ルールの内容とその中での行動を整理してみよう。	歌ってみる，ピアノを弾いてみるなどを通じて，歌詞内容・メロディをしっかりと理解しよう。	お話を繰り返し読み，味わい，内容をしっかりと理解しよう。
ステップ②：活動の面白さ・楽しさ・喜びをつかむ	創る面白さ・楽しさ・喜びがどのような形で表れるのかを考えてみよう。	そのゲームにはどのようなスリル・ドキドキ感が含まれているのか，どのような課題にチャレンジしていくことの楽しさがあるのかを考えてみよう。	曲の内容やテーマ，リズムやメロディの特徴を理解し，どのような面白さや感動が含まれているのかを考えてみよう。	作品の内容・主題を読み取り，その中にどのような面白さや感動が含まれているのかを考えてみよう。
ステップ③：活動に必要な知識やイメージ，技術を考える	制作テーマについて，どのような知識やイメージが必要かを考えてみよう。道具使用にかかわってどのような技術が要求されているかを具体的に考えてみよう。	楽しく遊ぶために，子どもが理解すべきルールの内容（ルールについてのイメージ）は何かを考えてみよう。道具の操作や身体運動等にかかわる力として何があるのかを考えてみよう。	歌詞に含まれる知識やイメージは何かを考えてみよう。音の跳躍やリズムなどの音楽的技術として何が含まれているのかを考えてみよう。	お話を理解するために必要な知識・イメージは何かを考えてみよう。
ステップ④：活動に含まれる人とのかかわりを知る	教え合いや学び合い，制作中の協力や制作後に遊ぶ際にどのような関係性で遊び得るかなどの視点から，考えてみよう。	ルールに含まれる関係の構造は何か，対立的関係・協力や助け合い，相談などの要素がどのように含まれ得るかなどの視点から考えてみよう。	一緒に歌う，協力する，相談するなどの要素がどのように含まれうるかという可能性を考えてみよう。	友達の感想に気づく，集団でお話を聴く時のルールに気づく，などのかかわりの可能性を考えてみよう。

4) ステップ④：活動に含まれる人とのかかわりを知る

活動の中で，子どもたちはさまざまな形で人との関係をとり結び，人とかかわる力を育んでいく。子どもたちが豊かな関係力を育むためには，その活動の中で子どもたちがどのような人とのかかわりを体験できるのか，しているのかを掴み，適切に指導や援助を行うことが求められる。

活動の中での人とのかかわりは，次の二つの視点からとらえることができる。

- まず，その活動には，どのような人とのかかわりが含まれているのかを考えてみよう（活動が求める関係性）。
- 次に，その活動に，どのような人とのかかわりが含ませ得るのかを考えてみよう。

例えば，助け鬼を例に考えてみれば，逃げ手（コ）は，鬼だけではなく，仲間のコと協力することが必要という関係性がルールに含まれているし，制作などの活動では，友だちとの教え合いや制作上の協力など，さまざまな形で人とのかかわりを作り出すことができるのである。

（3）ねらいと内容を確定する
―子どもたちに感じてほしい面白さ・楽しさ・喜びは？―

活動内容を深く知ることができたら，今回の部分実習で，子どもたちに感じてほしい面白さ・楽しさ・喜びは何かを絞り込み，ねらいと内容を確定していこう。

先にも触れたが，ねらいを確定するためには，クラスの子どもたちの実態を掴み，今，どのような経験が子どもたちに適しているかを考える必要があるが，実習生の場合は，子どもたちと共に過ごしてきた時間が短いために，あらかじめ子ども理解のポイントを明確にした上で，実習開始後に幼児の姿の観察を行っておく必要がある（表4－6は，子どもを理解する視点の例である）。こうした子ども理解は，観察実習の中で，あるいは，参加実習の中で行っておく必要があるし，実習の記録の読み返しなどを通しても行うことができる。

子ども理解のポイントとしては，先の「活動をよく知るためのステップ」の②③④であきらかになった「活動の面白さ・楽しさ・喜び」「活動に必要な知識・イメージ・技術」「活動に

表4－6　部分実習に向けて子どもの姿を理解する視点

項目	子どもを観察し，理解する視点	明らかにすること
活動の面白さ・楽しさ・喜び	・子どもたちの遊びや生活の中の興味・関心は何か。遊びの中で楽しんでいることは何か。	・子どもたちに響きそうな面白さ・楽しさ・喜びは何か。 ・子どもたちに獲得してほしい面白さ・楽しさ・喜びは何か。
活動に必要な知識・イメージ・技術	・活動に必要な知識やイメージを，子どもたちは理解しているか，できそうか。 ・活動に必要な技術は，子どもたちができているか，できそうか。	・活動に必要な知識・イメージの中で，子どもたちが理解していて確認だけでよいものは何か，これから投げかける必要があるものは何か。 ・活動に必要な技術の中で，「子どもたちが自立してできること」「保育者の援助があればできること」「保育者が準備しておくべきこと」は何か。
活動に含まれる人とのかかわり	・生活や遊びの中でどのようなかかわりの姿があるか。特に協力・教え合いなどはどのように行われているか。	・活動に含まれる人とのかかわりの姿の中で子どもたちの関係の現状とあっているものは何か（例えば，協力する姿はあるのかどうかなど）。

含まれる人とのかかわり」の結果をもとに，下記の表4－3（p.86）の視点から子どもの姿を理解し，ワークシート（p.91，図4－2）に記入してみよう。この時，クラス全体の傾向だけではなく，一人ひとりの子どもの姿にも着目していこう。

こうした，目的を明確にした子ども理解の結果から，今回の部分実習での活動では，
・どのような面白さ・楽しさ・喜びを育みたいのか？
・どのような知識・イメージ・技術を体験してほしいのか？
・どのような仲間関係を育みたいのか？

を判断してみよう。さらに，そこから導き出されたポイントを，子どもを主体とした文章形式で「ねらい」として整理してみよう。（この時に，二つ～三つ程度のねらいとして整理してみよう）。

次に，子ども理解の結果とねらいをもとに，子どもたちが経験する内容を決めていこう。制作の場合は，子どもの技術的側面の実態から，全工程のどの部分を子どもが担い，どの部分を実習生が準備しておくのかを考えて，取組み内容を整理しよう。集団ゲームについては，子どもの発達状況から判断して，遊びの中のどの役割を子どもが担い，どの役割を実習生が担うかを考えてみよう。

このような手続きを経て，部分実習の「ねらい」と「内容」が整理されてきたと思われる。第4節では，この「ねらい」と「内容」をもとに，実際に部分案の作成を行おう。

第4節 部分案を作り，実践をシミュレーションする

次に，この「ねらい」と「内容」をもとに，具体的な計画を立てていこう。

まず，「部分案の書き方の原則」を押さえた上で，部分案の作成を，「各欄を記入するために基本的に考えておくべきことは何か」，「保育展開の各段階で取り組むべきことは何か」の二つの側面から説明してみよう。

（1）部分案には何を書くのだろう

部分案に記入する内容や文章表現の方法には，一定の約束事がある。部分案の形式は養成校や実習先の幼稚園によって少しずつ異なるが，ここでは基本的な形式を示しながら，その約束事について学んでみよう。

部分案の記入上の約束事として，「各欄に何を書くのか」「各欄の文章は誰の立場にたって書くのか（実際は記入しないが，誰が主語の文章表現をするのか）」「マークの使用法」などの点に留意する必要がある。

表4－7（p.96）は，部分案の記入上の約束事である。同じ活動を取り上げている表4－3（p.86）の指導案を参照しながら，記入上の約束事が具体的に意味している内容は何であるのかを確認しておこう。実習園によって少しずつとらえ方，考え方が異なる場合があるが（その場合は，実習園の指導に従ってほしい），原則をよく理解しよう。

では，表4－7（p.96）に示された原則に従って，表4－8（p.96）の指導計画を添削してみよう。この指導計画は，本章の冒頭に挙げた表4－1（p.84）の部分案と同様の活動を取り扱っているが，部分案の不適切な記入としてよく見られるもの，起こしやすい間違いを詰め込んである。添削後，どの点が不適切であったかを整理しておこう。

表4-7 部分案の記入上の留意点

ねらい	・子どもが主語になる文章形式で書く。○〜を楽しむ ×〜してもらう ×〜させる ・「〜ができるようになる」といった知識・技能に焦点をあてたねらいではなく，心情や意欲に焦点を当てたねらいを考える。
内容	・ねらいを達成するために，具体的に経験する内容を，子どもが主語になる文章形式で書く。 ・活動名だけではなく，「〜をする」といった形式で記入する。
環境構成	・物的環境だけではなく，人的環境としての保育者，雰囲気や状況も書く。 ・保育者が主語になる文章形式で 〜する，〜を作る，〜を用意しておく などの表現で書く。 ・活動の場や，材料用具の置き場所などは，図示するとわかりやすい。
予想される幼児の活動	・基本的な活動の流れを，子どもが主語になる文章形式で書く。〜する 〜を歌う 話し合う ・「ざわついてくる」「なかなか集まらない」など，活動の展開上予想される行動については，ここには書かない。 ・中心となる活動は◎，その中の細かい活動は○・などでわかりやすく書く。
保育者の援助・留意点	・活動に対する援助や留意点を保育者が主語になる文章形式で書く。 ・この欄には，幼児の活動の多様性や個別の子どもへの働きかけなどを多様にイメージしておき，それについての保育者の援助や留意点を具体的に書く。 ・子どもへの指示だけではなく，子どもの姿を認めるための援助や，活動の面白さを深めるための援助なども，ねらいと関連付けながら考えて書く。

表4-8 不適切な表現の部分案の例（添削用）

2009年6月○日（金）	5歳児 さくら組 30名	実習生氏名 ○○○○
幼児の姿	・さまざまな動くおもちゃが好きでよく遊んでいる。 ・片付けは，自分たちでできるようになって欲しい。 ・クラスではドッジボールが流行っている。	
ねらい	・輪ゴムをつかったおもちゃ作りをする	内容 ・輪ゴムを使った動くおもちゃ作りを楽しむ。 ・はさみを上手に使う。

時間	環境構成	予想される幼児の活動	保育者の援助・留意点
10:10	・保育者のまわりに集まらせる。 ・楽しい雰囲気をつくる。(^O^)	○保育者のまわりに集まらせる。	・全員がそろっているか確認する。 ・楽しい雰囲気を作る。
10:20	<準備物> ・牛乳パック ・輪ゴム ・はさみ	○「ひっくりカエル」の作り方を見る。 ・見えないといってけんかになる。 ・ざわついてくる。¬('〜`;)⌐ ・もう誰も話を聞いていない。 ・カエルを見た経験などを話してくれるかも♡	「これからひっくりカエルをつくります。はじめに，紙を半分におります。そしてはさみで切り込みをいれます。ここにゴムをかけたら完成です。」
10:35		・机を出させる。 ・道具箱からはさみを出し，着席させる。 ・♡カエルをつくる♡ ・完成した作品を見せ合い楽しむ。	・グループで協力する。 ・はさみを取りに行ってもらう。 ・はさみの使い方を一人ひとり確認し，危険な使い方をしていないか配慮する。危険な使い方は注意する。
10:45		・片付ける。	

では，指導計画作成の原則を理解した上で，「環境構成」「幼児の活動」「保育者の援助・留意点」の各欄を記入するための手続きについて，以下で考えてみよう。

（2）「環境構成」を考える基本

1）「環境構成」とは

幼児にとって環境とは「やりたいという気持ちを生み出すきっかけ」となるものであることから考えれば，部分案作成の中でも，どのような環境構成を行うかによって，子どもたちが意欲的に活動に取り組めるかどうかが決まってくるといっても過言ではない。また，活動がスムーズに展開するためにも，環境構成は重要な鍵となる。

これまで，観察実習や参加実習の中で学んできた「環境構成のあり方」を，今度はあなた自身がデザインすることになる。学びを活かしながら，環境構成を考えてみよう。

環境構成を考えるにあたっては，「環境」を物的環境・人的環境・自然事象・社会的事象・状況・時間・空間・雰囲気など，幅広くとらえることが必要になる。以下に，それぞれの環境について考えるポイントを示す。

2）活動に必要な環境を考える

環境構成の欄を記入するために，部分実習で取り上げる活動を実施するために必要な環境を，下記の観点を意識しながら，すべて書き出してみよう。

a．物的環境　「制作活動」では，素材・道具として必要なものをすべて挙げてみよう。制作のための道具については，子どもたちが個人で持っているのか，保育者が準備する必要があるのかが，実習園によって異なるので，確認をしておこう。また，素材については，子どもたちの経験内容に合わせて，準備物が変わるし，実習生が準備をしておくレベルも変わるので，先に挙げた「ねらい」と「内容」をもとに考えてみよう。

「集団ゲーム」の場合は，ゲームに必要な道具や遊具が何であるのかを挙げてみよう。子どもの遊びの発達水準によっては，役割を意識するためのツール（お面やカラー帽など）を用いるなどの工夫も必要である。また，運動用具を用いる場合は，発達に応じた道具を選ぶ必要もある。これも，第3節（p.90）での検討をもとに，判断しよう。

「エプロンシアター」や「絵本」の場合は，エプロンシアターそのもの，絵本そのものの準備はいうまでもないが，子どもたちがお話のイメージを膨らませ，確かなものにするために，実物を用意するなどの必要があるかどうかも考えてみよう。

b．人的環境　人的環境としての保育者の役割は，子どもたちが活動をやってみたいという気持ちをもつ上で重要である。保育者は，活動の方法を言葉や行動を通じて伝えることになるのだが，子どもたちの「やってみたい」気持ちを引き出すためには，実習生自身が，その活動の面白さ・楽しさ・喜びを「体現する者」である必要がある。第3節（p.90）で明らかになった活動の面白さ・楽しさ・喜びを念頭に置きながら，どうすれば，それが子どもたちに伝わるのかを考えてみてほしい。

「制作」や「運動的な遊び」の場合は，道具の使い方などの「モデル」としての役割を担っていることも自覚しておく必要がある。モデルとして適切な道具使用をしているかどうかを見直しておこう。

c．自然事象・社会的事象　活動によっては，自然事象や社会的事象も環境の一つになる。自然事象については，その性質をよく知っておこう。例えば，秋の実習で落ち葉を使った活動をする実習生の中に，本当に落ち葉の強度が理

解できているのか疑問に思うような制作内容を計画する人もいる。実習生自身が，自然事象・社会的事象をよく知る経験をしておこう。

また，社会的事象については，子どもたちの社会的事象にかかわる経験が多様であることを念頭に置く必要がある（例えば，ハロウィンなどの行事は，経験していない子どもや，どのような行事か知らない子どもも結構いるし，家庭の宗教的事情から，「うちにはサンタさんはこない」という子もいる）。

　d．時間・空間など　　空間的環境については，活動にあった空間の広さがあるので，それにあった形で保育室全体の環境構成を考えてみよう。園庭やホールなどの大きな部屋を借りる必要が生じる場合は，必ず担任の先生と早い段階で相談をし，場所を借りることができるようにしておこう。

また，実習生の立ち位置，机や椅子の配置についても考えてみよう。その時に，幼児が集中できるか，活動しやすいか，保育者が援助しやすいか，を考えてみよう。制作活動で，子どもの机の間隔をつめすぎてしまったために実習生が子どもの横に行くことができず，個別の援助ができなかったという，泣くに泣けない話もある。

材料，用具，道具の置き場所については，子どもの動線を考えて配置する必要がある。また，材料の配布方法などは，クラスの当番活動などとの関連を考えておくことも必要である。日常的に，当番活動の中で子どもたちが材料を配っているのであれば，そうした経験を生かすことが大切だし，実習生が配布することが必要な場合もある。

「制作活動」の場合は，作品の置き場所，展示の仕方を考えておこう。すぐ飾って見られるようにするのか，作ったもので遊ぶのかも考えておこう。また，すぐに遊ぶ場合はそのスペースと遊び出すタイミングを考えておこう。

> **園長先生より，ちょっと一言〜その2〜**
> ・使用したい教材や用具，備品，施設については，適切な使い方や安全性など「こういう風にしたいと考えているのですが，どうでしょうか」と担当保育者に相談しましょう。そして，実習園の教材，備品等使わせていただけるものと実習生が必要に応じて準備しなければならないものをあらかじめ確認しておきましょう。

（3）「予想される幼児の活動」を考える基本

「予想される幼児の活動」の欄には，実際に幼児が行う活動の内容を記入していく。この欄を考えるためには，少なくとも「活動の形態」「活動のイニシアティブ」「活動内容と展開」の3点について意思決定することが必要になる。

1）活動の形態

活動の形態とは，部分実習の活動を，子どもたちの個別の活動として実施するのか，少人数のグループ活動として実施するのか，クラス全体での活動として実施するのかを判断することである。活動の形態が異なれば，活動の展開，環境構成の方法（高構成か，低構成か），指導・援助の方法などが変化する。部分実習の場合，クラス全体での活動として実施することが大半だが，園の保育方針によっては，他の形態での部分実習になる可能性もある。これは，実習生の独断で決定できる内容ではないので，担任の先生方と相談して決定してほしい。

2）活動のイニシアティブ

活動のイニシアティブの決定とは，活動をリードするのは誰なのかを考えることである。イニシアティブのありようとしては，次の三つのタイプが考えられる。それぞれの意義を考えて，

適したタイプを選ぶ必要がある。
① **保育者主導型**：保育者が活動をリードするタイプ。新しい活動を伝える時などに適している。
② **子ども主導型**：子どもが活動内容をリードするタイプ。子どもの自由な発想を大切にしたい場面や，子ども集団が活動を運営する力が育っている場合に適している。
③ **共同型**：子どもと保育者がともに思いやアイデアを出し合いながら活動を進めていくタイプ。

　部分実習は，クラス活動で取り組まれることが多いため，保育者主導型のイニシアティブが採用されることが多いが，子どもの姿の理解に基づきながら，それ以外の方法も柔軟に取り入れながら進めていくことも検討してみよう。子どもたちのアイデアから実習生自身が学ぶ部分や，準備や片付けなどの活動を子ども主導で行う部分などを取り入れることも必要である。制作の場合，どこまで保育者が準備し，どこまで幼児の活動とするのか，集団ゲームなどの場合は，どこまで保育者がリードし，どこまで幼児が主導するかを考えてみよう。つまり，幼児の姿をもとに，保育者のイニシアティブのありようを考えておくことで，活動の方向付けが可能になるのある。

3）活動内容と展開

　幼児が実際にどのような活動を行うのかは，「ねらい」と「内容」を決定した段階で大まかな方針は決まっているので，その活動内容を整理しよう。

　展開については，さまざまな指導段階が考えられるが，ここでは，「導入→展開→まとめ」の3段階で考えてみよう。それぞれの段階は，次のことが基本的な目的となっている。
① **導入**：子どもたちが「やってみよう」「面白そうだ」といった興味・関心を高める段階。
② **展開**：導入で引き出された興味・関心をもとに，子どもたちが実際に活動する段階。
③ **まとめ**：子どもたちと活動の面白さ・楽しさ・喜びなどを分かち合ったり，次の活動への期待を高めたりする段階。

　この3段階を基本的な枠としながら，活動の展開を考えてみよう。この時に，中心的な活動（例えば，制作活動の場合，「作る」活動，「遊ぶ」あるいは「飾る」などの活動）と，その活動を成立させるために必要な「準備」「片付け」などの活動の両方を意識し，活動内容をリストアップし，大まかな流れを頭の中に描いてみよう（この時，付箋などを用いて並べ替えながら構成すると，見通しがつきやすく，取りこぼしも少なくて済む。各段階で考えるべき具体的内容については，後述する）。

(4)「保育者の援助・留意点」を考える基本

　「保育者の援助・留意点」の欄では，「ねらい」を確実に達成するためにどのように子どもたちにかかわるべきかを考えよう。

　「保育者の援助・留意点」を考える際に，観察実習で学んできた，実習園の先生方の指導や援助の姿，参加実習で学んできたを子どもとのかかわりのあり方を思い起こし，かかわりを具体的にイメージしてみよう。「学び」は「真似び」だといわれる。具体的な子どもへのかかわりを，先生方の姿をモデルとして真似てみる，自分のかかわりに取り入れてみることで，保育技術が身につく。部分案を作成しながら，どのように援助しようか，言葉をかけようかと迷った時は，観察実習の記録を見直し，先生方のかかわりの姿を思い起こしてほしい。そこにヒントが含まれている。

　また，次の点を意識してみよう。

a．実践をしながらの子ども理解と即時的な保育者の援助　　保育の中では，実践をしなが

ら子どもを理解し，その子どもたちに対して即時的な援助をしていかなければならない。しかし，経験の長い保育者であれば臨機応変な対応は簡単にできるが，初めはそうはいかない。そのためにも，「幼児の動きの多様性」を予測し，それに応じた保育者の援助を考えておく必要がある。

b．知識・技術の指導・援助と楽しさを深めるための指導・援助　活動が進む中での保育者の指導や援助の中身は，活動に必要な知識や技術にかかわるものと，活動の楽しさを膨らませるためのものがある。この両方を多様に考え，ねらいとの関連の中で，どのような指導・援助を行うかを考えてみよう。

c．全体への指導・援助と個々の子どもへの指導・援助　活動の中では，子どもたち全体に対する指導・援助と個々の子どもへの指導・援助を考える必要がある。

全体に対する指導・援助は，活動の展開を進める際や，ある子どもが行っている活動を全体に広げることでねらいを達成することに繋げたい際に行う。その方法と言葉がけの内容を考えてみよう。

個々の子どもへの指導・援助は，活動の中で，うまくいかない姿がある子が活動を楽しめるようにする際や，子どもの活動の成果を認めていく際などに行う。その方法と言葉がけの内容を考えてみよう。この時，そうした援助を保育者が行うのか，仲間関係の中に返していくのかも想定しておこう。

では，次に，活動の「導入→展開→まとめ」の3段階に沿って，より具体的に部分実習をシミュレーションしてみよう。ここでシミュレーションした内容を「細案」(指導案をより詳細にした言葉がけや援助のタイミングなどを記した実習生手持ちの案のこと）として整理しておくとよいだろう。

（5）活動の展開に沿って考える①
―活動の導入を具体的にどうするか―

> **園長先生より，ちょっと一言〜その3〜**
>
> ・シミュレーションやリハーサルは，保育室などの環境構成や子どもの姿をイメージしながら，次のことを意識しながら実施しましょう。
> ① 導入・展開・活動の終わり方まで声を出してする。言葉がけのタイミングや保育の流れを身体で覚える。
> ② ゆっくりとしたスピードで聞き取りやすい声のトーン（高すぎないか，低すぎないか）や大きさを調整する（端に座っている子にも声を届けるような気持ちでするとよい）。
> ③ 身振り，手振り，姿勢はどうか。視野を広く（近くにいる子，遠くにいる子，活動場面全体を見渡しながら）イメージしてする。また，環境構成や教材を出すタイミングもイメージしてやってみる。
>
> 幼稚園は1クラス35人以下での編成です。実情は各園さまざまですが，少なくとも35人程度の小集団を引きつけられるような声の大きさや聞き手が心地よい声のトーンを身につけましょう。
>
> 表情，声，立ち居振る舞いなど保育者の醸し出す教育的な雰囲気はとても大切です。
>
> リハーサルは当日，計画通りにさせようとするためにするのではありません。部分実習中の集団や個としての子ども理解や個性などをよりよく感じ，受容できるようにするためです。

1）活動の導入の意味は何か

「これから何をするのかな？ 先生，何をしてくれるのかな？」子どもたちは興味深々のまなざしで保育者を見つめている。活動の導入で子どもの興味関心をひきつけ，「やってみよう」という気持ちを促して活動へ導く。また，保育者はこれから行う活動のねらいを子どもがわかるように説明するが，この導入の時点で子どもがのってくるかどうかによって，展開がスムーズにいくかどうかが決まってくるといってもよいだろう。

2）子どもの関心をひきつけるために
　　　―活動の導入の方法―

a．言語的に伝える，視覚に訴える　観察実習で学んだ実習園の先生方の導入を思い出してみよう。導入の際，どのような伝え方をされていただろうか。子どもたちが目を輝かせていた導入方法を思い起こし，取り入れてみよう。年少児の始めの頃は，手遊びをして自分の方へ向いてもらうこともあるが，年中長児にもなると保育者が前に立つと何かが始まることを理解できるので，言葉をかけたり具体物を見せたりすると視線を向けることができる。活動のねらいや内容と関連した絵本や紙芝居などの教材の利用や，自分で考えた言葉遊びやクイズなども楽しいだろう。また，制作活動の場合は，見本を見せて動かしてみる，あらかじめ展示しておくなど，子どもが興味をもてるような提示を考える。

b．保育者の立ち位置　活動の内容にもよるが，基本的には，子どもたち全体を見渡せて，どの子どもからもしっかり見えるように距離を保って立つようにする。絵本や紙芝居を読む時は，保育者が腰かける椅子を置いたり，前に立ったりすると，その位置に合わせて子どもが自分たちでうまく集まって座ろうとすることもある。いったん前に立ったら，むやみやたらに動いて子どもが混乱することのないようにしよう。

c．立ち居振る舞い　緊張のあまり動きが硬くならないように，一呼吸ついてリラックスして自然な姿勢で始めよう。子どもは，前に立つ人が落ち着いていると，教材や活動の内容のほうに気持ちを向け，集中できる。一方，話を聞かせようと子どもに注意ばかりしていたり，特定の子へ気をとられて全体に目を配らなかったために，他の子どもの興味がそがれてしまうことのないように気をつけよう。また，説明に必要な教材や材料がすぐに届くように身近に置いておくとむだに動き回ることがなくなる。

d．声の大きさ・小ささ　子どもの視線が自分に集まっていると感じると，緊張して声が小さくなったり喉がつまってしまったりすることもある。大きく深呼吸してから始めよう。

子どもにとっては単調な話し方よりも，口をはっきりと動かし，声に強弱をもたせる，言葉に抑揚やメリハリをつける，スピードに変化のある話し方が聞き取りやすいようである。かといって，必要以上にオーバーにするのではなく，自然な語りかけが，子どもが落ち着いて考えたり取り組んだりすることに役立つ。

また，子どもたちの話す声が大きい時や騒がしい時に，大きな声を出して気を引こうとすることは逆効果である。子どもは余計に大きな声を出してしまい，保育室全体が余計にうるさくなってしまうので気をつけよう。実習前に一度，自分の声を録音してみて，人から自分の声がどのように聞こえるのか確認して，癖を知っておくことも効果がある。

ここでも，実習園の先生方の話し方を思い起こしてみよう。どのように話し方のメリハリをつけていたかということを真似てみることも大切である。

e．表情・目線　穏やかな表情で一人ひとりと目線を合わせながら全体を見渡す。前に立っていると，保育者からは，一対全体で一つの

集団を相手にしているように見えるが、子どもからは、「わたし・ぼくの先生」という一対一のかかわりだと感じている。一斉の活動でも子どもが自分は受けとめられているのだと安心できるようにする。また、落ち着きがなかったり、丁寧にかかわる必要のある子どもの場合は、しっかりと目を見つめてほほえみ返しながらこちらが見ていることを伝える。

うまく話すことに必死の形相、教材に気を取られて子どもの様子を見ることがおろそかになったり、必要以上の笑顔は、活動の内容を理解するよりも実習生の様子や動き自体に子どもたちが気をとられてしまうので気をつけよう。

3）導入時点でシミュレーションすること

活動の始まりである導入の時に子どもたちはどのような様子だろうか、子ども一人ひとりの動きを想像してみよう。個別にかける言葉や子どもたち全体へ話す必要などを思いつくだろう。また、前の活動から次の活動へうまく流れていけそうな日もあれば、なかなか全体がまとまらずに始められない時もある。いずれにも対応できるようにいろいろなパターンを考えておこう。また、当然のようだが、前の活動が終わり、必要に応じて手洗いや排泄をすませて、子どもが揃っているかを確認しよう。すでに集まっている子どもへどのように言葉をかけて待ってもらうか、まだ、保育室の外にいる子、着席しようとしている子、なかなか落ち着いて座れない子など、いろいろな様子の子ども全体へどのように対応するのかを考えておこう。

（6）活動の展開に沿って考える②
―活動の展開をどうするか―

1）「全体への指導・援助」と「個別の指導・援助」を使い分ける

活動にどのように取り組むのか、作り方や道具の使い方の説明などの子どもたち全体への指導・援助と、一人ひとりの子どもに対して行うことが必要な指導・援助があるのでうまく使い分けよう。また、子どもがこの活動を「やってみたい・おもしろそう」「こうすればいいんだ、自分もやってみよう」と楽しさを感じられる展開をしていくような言葉がけについても、全体へ語ることと、個別に語ることがある。その子自身が何につまずいているのかをつかんでフォローしたり、楽しんでいることを認めて言葉にしたりしていくことによって活動が展開していく。

a．子どもたちみんなに伝えること これからしていく活動のやり方、工程、片付け方などの技術的な面やルールを知らせること、また、一人ですること、みんなですること、このような場合は先生に手伝ってもらうなど、子ども自身活動に一定の見通しをもてるような説明をする。長くなると、することを忘れたり、集中が途切れてしまうことに繋がるので、「ここまでできたらこうしようね」というように興味を継続できるように気をつける。

b．個別の援助が必要なこと 技術的な面でやり方を教え、手伝う場合もあれば、楽しさを膨らませていくという活動へ取り組む意欲を援助する面もある。活動自体に興味がない、面白いと感じないので取り組もうとしない場合への援助、やっていることを認めて活動を続けていけるような言葉がけ、さらに、一人の子の取り組みを全体へ返していく場合などさまざまにある。一人ひとりの様子を普段から確認してその子がどのように活動に取り組むだろうか、うまく取り組めない場合、何がその子のつまずきになっているのかを予想しておく。

2）指導・援助の目的

指導・援助はその活動のねらいを達成するための方法となる。なぜこの指導・援助をするのかという目的を意識して考えていこう。その際

に，指導・援助の目的となる以下の2点を意識してみよう。
- 「活動を方向付けるための指示」として何を伝える必要があるのか。
- 活動の「楽しさを膨らませる」ために何をするか。特に，子どもが感じている楽しさや喜びに共感するポイントを明らかにし，共感する方法・言葉は何かを三つ以上考えておこう。

3）活動の「展開」にかかわってシミュレーションしておくこと

a．保育をしながらの子ども理解：子どものどこに着目するのか　活動を展開するにあたって，子どもの様子から何を読み取る必要があるのだろうか。子どもの様子からすぐに対応して指導・援助が必要なことは，技術的な面もあり，活動を楽しいと感じながら続けていくような気持ちの面への指導・援助がある。保育者が即時に手伝ったり対応していくこと，時間をかけて子ども自身が解決して乗り越えていくことなどを，一人ひとりの子どもに合わせてその時々にどのように判断していくのかをイメージしていく。

b．子どもの多様な姿への対処を三つ以上考えておく　実習生の計画通りに子どもが反応してくれるわけがない。さまざまな「予想外」の反応が返ってくる。まず，「わからない」「できない」「飽きた」などの子どもの多様な反応を考えてみよう（自分が想定もしていなかった子どもの反応の可能性がでてくるので，学生同士で予想しあってみるとよいだろう）。

では，次に「わからない」「できない」「先生，これどうするのー？」という言葉にどのような原因があるのかを考えてみよう。活動を深く知る段階で，「ここは子どもたちにとって難しいかも」という箇所はどこか，何が，どのように難しいのか，を考えておこう。

最後に，その問題の解決方法（どのように援助するのか）を具体的に三つ以上考えておこう。例えば，はさみで直線を切り進むことが難しい子どもに，どのように「切り進む」方法を伝えるのか，こおり鬼でタッチされて戸惑っている子どもに，どのようにして「固まる」ことを伝えるのか，その方法を「声かけの仕方」「モデルの示し方」などの点から考えておこう。

（7）活動の展開に沿って考える③
―活動のまとめの段階で意識すること―

実際にしてきた活動をどのようにまとめて終わらせるのかは，その後の活動へのつながりだけでなく，子ども自身の今後の経験に影響する。

1）何を共有したいのか

この活動を友達と一緒にすることによって何を楽しみ，他の子どもから何を感じて学んでほしいのかを明確にする必要がある。また，保育者と子どもとの関係という面から，保育者の働きかけや指導・援助によって子どもとどのようなことを共有したいのかをもう一度，ねらいに沿って確認する。

2）再度，子どもたちの集中を自分に向けるためには

活動が終わるころには，一通り遊んであきてしまった子，完成して満足している子，まだ集中して取り組んでいる子，自由に遊びたい子，できずにうろうろしている子などさまざまだろう。活動をまとめるにあたって，再度，自分に集中してもらうことは難しい場合も多いが，できたことの喜びや子ども一人ひとりの気持ちなどを語ったり，皆で経験したことを話したりしてまとめる。制作の場合などは，できたものを全体へ見せたり，子どもが思いつかなかった遊び方などを見せて，「またやりたいな」という次への期待につなげたりするが，いずれにしてもまとめには長い時間をとる必要はない。

3）活動の終わりと受け継ぎ方法を相談しておく

楽しく遊んだり，よい作品ができたとしても，片付けまでしっかりと援助することを忘れないようにする。また，つぎの活動へつなげるために，具体的にどのような言葉をかけるのか，自分が担当するのか，担任の保育者にお願いするのかなどを確認しておこう。

（8）部分案が出来上がったら

部分案が完成したら，学生同士で交換し，相互添削をしてみよう。自分では思いつかなかった視点や指導・援助の方法などに気づくことに繋がるし，指導計画を添削してくださる実習園の先生方の尽力の重みを感じることにも繋がる。

さあ，いよいよ部分実習本番です。
教材研究もしたし，部分案も書いたし，たくさんシミュレーションもしたし…。
準備は万全ですよね！
自信をもって，いってらっしゃい！

第5節　部分実習終了後

（1）園長先生からのメッセージ
　　　―部分実習の評価会を有意義な場にするために―

> ～部分実習を終えた実習生の振り返りより～
> オリエンテーションの時，部分実習，それに終日実習をやらせてもらえる機会がたくさんあることがわかって，ただがむしゃらに参考書を見たり，3歳児の成長発達についてもう一度詳しく調べたりして部分実習や全日実習で使えそうなものをたくさん考えました。頭の中で何度もシミレーションしたこともありました。しかし実際子どもの前ですると，それだけではいけないと考えさせられることがたくさんありました。失敗反省は多かったけれど，子どもに遊びなどを提供する面白さ，また反省をして改善していきその結果，質の高いものができた時の達成感は忘れられません。
> 　　　　　　　　　S短期大学　2年生

緊張しながら，あっという間に部分実習の時間が終わる…。子どもの表情や反応がよくなかったことや手順が悪くて時間が押し迫って予定通り終われない，保育室に声が通らず子どもがざわついて活動に興味をもって話を聞いてくれなかったことなど，そのような経験はみんな同じである。ベテラン保育者といわれる人もみんなこのプロセスを通っている。

実習協議では，「ねらいや内容は適切だったか」，「言葉がけのタイミングや環境構成はどうだったか」など，改善点をより具体的に担当保育者に助言指導してもらうといいだろう。

「未熟」という言葉には無限の可能性と夢が内包されていると若い先生に感じる。弱い部分を自分で気づくだけでなく客観的な指導・助言は自分の身につくことが多く貴重な体験として将来教職についた時に役立つのである。指摘されたことで悲しみ，落ち込む必要はない。なぜなら，自分自身の課題が見つかっただけだから，そこからスタートできるきっかけを与えられた

と素直な気持ちで受けとめよう。

　実習では子どもたちから与えられた笑顔や言葉に喜び勇気づけられ，時には無力で戸惑う自分に情けなく思うこともあるだろう。そういう経験を重ね保育者として育っていくのである。愛情や感性，思いを行動に表して粘り強い姿勢をもつことも保育者の資質として大切である。

（2）部分実習を振り返るポイント

　部分実習の経験を次に生かすために，次の点から，部分実習を振り返ってみよう。

1）子どもの姿を振り返る

　まず，活動中の子どもたちの姿を思い起こしてみよう。その中で，心に残った場面を，「よかった」と思える場面，「残念だった」「うまくいかなかった」と思える場面のどちらも書き出しておこう（図4－3）。これは，「ねらいは達成されたか」を問い直すことに繋がる。

　このような子どもたちのさまざまな姿には必ず原因がある。その原因の大半は，ねらいの設定・活動内容・実習生のかかわり・環境構成などの諸点にある。子どもたちと活動を楽しめた場面，うまくいかなかった場面ともに，その原因を明らかにしていこう。そうした振り返りの積み重ねが，自分の保育力を高めることに繋がる。以下で，もう少し具体的に振り返ってみよう。

2）活動内容が子どもたちにどう受け入れられたかを振り返ろう

　まず，部分実習で取り上げた活動が，十分に楽しめる内容であったか，子どもたちにとって妥当な内容であったかを振り返ってみよう。こうした評価は，「カリキュラム評価」といわれる。

　子どもたちが楽しんでいた場面，子どもたちから「わからない」と声が上がった場面，困った様子が見られた場面などを挙げてみよう。その様子から，取り上げた活動が，クラスの子どもたちの発達や興味・関心に応じた活動内容であったかを整理してみよう。

　また，教材研究や保育の計画は十分に練られたものであったかどうかを振り返ってみよう。活動の展開の中で，楽しさが共有できた場面について，自分はどのような楽しさを見通せていたか，予想外の行動が起こり，対応できなかった場面では，何の見通しが不足していたのかを考えてみよう（図4－4）。

「よかった」と思えた子どもの姿	「残念だった」「うまくいかなかった」と感じた子どもの姿

図4－3　部分実習で心に残った子どもの姿を書き出してみよう

ねらいが達成されたといえる子どもの姿	→ 発達 興味・関心 教材研究 見通し →	活動内容・ねらいは妥当だったか？何がよかったか，不十分だったか
ねらいが達成されなかったといえる子どもの姿		

図4－4　活動内容・ねらいは妥当だったかを考える道筋

3）実習生のかかわりを振り返ろう

　実習生のかかわりは，クラスの子ども全体への指導の側面と，個別の子どもへの援助の側面から振り返ってみよう。

　クラスの子ども全体への指導の側面の振り返りは，導入の方法・言葉遣い・言葉がけの内容やタイミング・説明の方法・まとめの方法について振り返り，評価してみよう。例えば，図4－5に掲げた点について評価してみよう。その上で，なぜ，そのような結果がもたらされたのかを考えてみよう。この点については，自分だけでは気づかないことがたくさんある。担任の先生の意見をしっかりと聞きとめていこう。

　個別の子どもへの援助のあり方については，個別の援助が必要だと感じた子どもの姿を挙げ，そこに対する自分のかかわりを整理しておこう。その上で，そうした個別の援助が，子どもにとって意味あるかかわりであったか，不十分だった場合は，どのようにかかわればよかったかを考えてみよう（図4－6）。

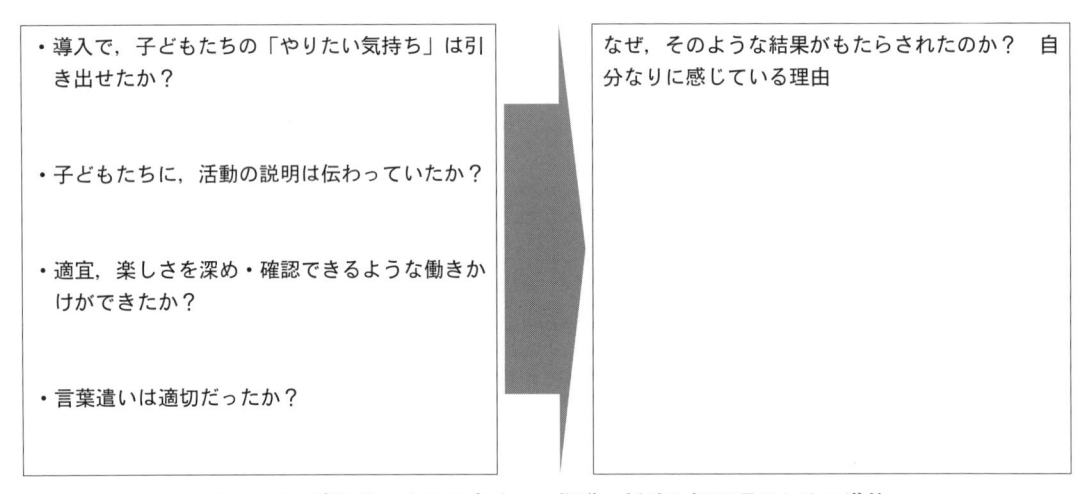

| ・導入で，子どもたちの「やりたい気持ち」は引き出せたか？

・子どもたちに，活動の説明は伝わっていたか？

・適宜，楽しさを深め・確認できるような働きかけができたか？

・言葉遣いは適切だったか？ | ⇒ | なぜ，そのような結果がもたらされたのか？　自分なりに感じている理由 |

図4－5　実習生のクラス全体への指導・援助を振り返るための道筋

| かかわりが必要だと思った子どもの姿 | → | 自分は具体的にどうかかわったか | → | かかわりの結果。かかわりは子どもにとって意味あるものだったか？ | → | 「こうかかわればよかった」という今の考え |

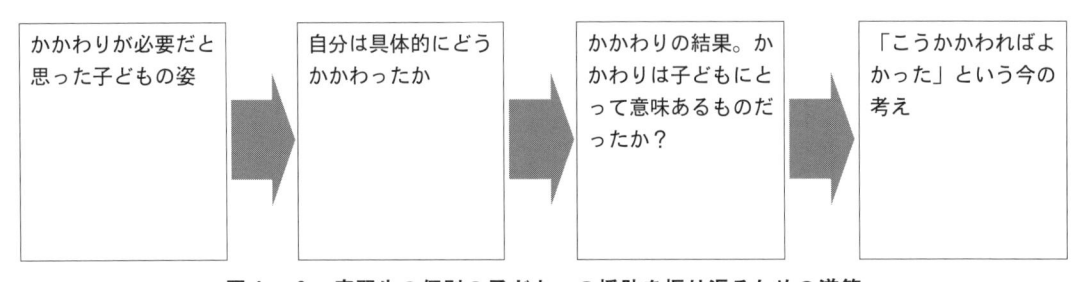

図4－6　実習生の個別の子どもへの援助を振り返るための道筋

4）環境構成を考える

　環境構成への振り返りも行っておこう。部分案の「環境構成」の欄に記入されている環境にどのように子どもたちがかかわっていたかを整理しておこう。特に，物的環境では，準備不足や不十分さがなかったかどうか，空間的環境では，子どもたちの動線が混乱したなどの姿がなかったどうかを考えてみよう（図4－7）。

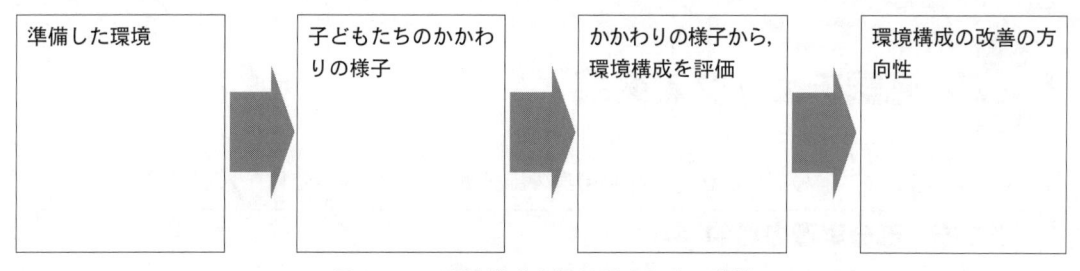

| 準備した環境 | → | 子どもたちのかかわりの様子 | → | かかわりの様子から，環境構成を評価 | → | 環境構成の改善の方向性 |

図4－7　環境構成を振り返るための道筋

（3）部分実習の反省会に臨む

　上記のような手続きを経て部分実習の評価を整理した上で，部分実習の反省会に臨もう。部分実習の反省会の中では，あなたが気づいていなかった「よかったところ」「不十分なところ」を指摘してもらえることもあるだろう。指導いただいた内容をもとに，保育を振り返る目を耕してほしい。

　この時，心に留めておいてほしいのは，実習園の先生方から指摘された内容は，どのような厳しい御指導であっても，「あなたに，保育者として成長してほしい」との思いからの言葉であり，同時に「今回の部分実習」についての指導であるということである。部分実習の反省会で厳しく指摘されたことが原因で「私は，保育者になる資質がないのだ」と思い込んでしまう実習生がいるが，それは大いなる誤解である。部分実習の反省会での指導は，あなたの保育者としての資質全般についての否定，ましてや人間性の否定として言われているわけではない。本節「（1）園長先生からのメッセージ」（p. 104）に込められた思いを再度確認した上で，部分実習の反省会に臨んでほしい。

（4）部分実習の経験を次のステップに

　部分実習の経験を次に生かすために，次のことを大切にしてほしい。

　まず，今回感じた喜びや達成できたことを確認する中で，保育者として育ちつつある自分に，まずは自信をもってほしい。そのためにも，「自分なりによくやった」と思える部分はどこなのかを，気持ちの中に落としこんでほしい。

　しかし同時に，今回の部分実習で不十分だと感じた点，これから改善していきたい自己課題を整理してほしい。これは，「子ども理解」「計画立案」「保育技術」の各側面について整理をしておき，「全日実習」のための課題としておこう。

■参考文献
- 岡本拡子 編著：つくってさわって楽しい！ 実習に役立つ表現遊び 2，北大路書房，2007.
- 玉置哲淳：指導計画の考え方とその編成方法（シリーズ 子ども発の指導計画 1），北大路書房，2008.
- 大場牧夫 他著：幼稚園・保育所実習の活動の考え方と計画・展開の仕方，萌文書林，1990
- 岡本富郎 他著：幼稚園・保育所実習の指導計画案はこうして立てよう，萌文書林，1991

第4章 確認チェックと発展

「部分実習」について学んだことを，あなた自身の部分実習の計画をもとに記入し整理していこう。

第1節　部分実習の目的　より
私が今回の部分実習で見につけたい力は＿＿＿＿＿＿＿＿＿＿＿＿＿＿＿＿＿＿＿＿
＿＿＿＿＿＿＿＿＿＿＿＿＿＿＿＿＿＿＿＿＿＿＿＿＿＿＿＿＿＿＿＿＿＿＿＿＿＿
＿＿＿＿＿＿＿＿＿＿＿＿＿＿＿＿＿＿＿＿＿＿＿＿＿＿＿＿＿＿＿＿＿＿＿である。
（学んだことをもとに，部分実習での学びの目標を書いてみよう）

第2節　活動を選ぶ　より
今回の部分実習で取り上げる活動は＿＿＿＿＿＿＿＿＿＿＿＿＿＿＿である。
この活動の面白さ・楽しさ・子どもにとっての意味は＿＿＿＿＿＿＿＿＿＿＿＿
＿＿＿＿＿＿＿＿＿＿＿＿＿＿＿＿＿＿＿＿＿＿＿＿＿＿＿＿＿＿＿＿＿である。
この活動には＿＿＿＿＿＿＿＿＿＿＿＿＿＿＿＿＿＿＿＿＿＿＿＿＿＿＿＿
＿＿＿＿＿＿＿＿＿＿＿＿＿＿＿＿といった知識・イメージ・技術が含まれている。
この活動には＿＿＿＿＿＿＿＿＿＿＿＿＿＿＿＿＿＿＿＿＿＿＿＿＿＿＿＿
＿＿＿＿＿＿＿＿＿＿＿＿＿＿＿＿＿＿といった人とのかかわりが含まれている。

第3節　活動を深く理解し，ねらいと内容を考える　より
今回の部分実習のねらいは＿＿＿＿＿＿＿＿＿＿＿＿＿＿＿＿＿＿＿＿＿＿
＿＿＿＿＿＿＿＿＿＿＿＿＿＿＿＿＿＿＿＿＿＿＿＿＿＿＿＿＿＿＿＿＿＿＿＿
＿＿＿＿＿＿＿＿＿＿＿＿＿＿＿＿＿＿＿＿＿＿＿＿＿＿＿＿＿＿＿である。
ねらいの設定の理由は＿＿＿＿＿＿＿＿＿＿＿＿＿＿＿＿＿＿＿＿＿＿＿＿
＿＿＿＿＿＿＿＿＿＿＿＿＿＿＿＿＿＿＿＿＿＿＿＿＿＿＿＿＿＿＿＿＿＿
＿＿＿＿＿＿＿＿＿＿＿＿＿＿＿＿＿＿＿＿＿＿＿＿＿＿＿＿＿＿である。

第4節　部分案を作り，実践をシミュレーションする　より
今回の部分案作成時に，特に意識した点は＿＿＿＿＿＿＿＿＿＿＿＿＿＿＿＿
＿＿＿＿＿＿＿＿＿＿＿＿＿＿＿＿＿＿＿＿＿＿＿＿＿＿＿＿＿＿＿＿＿＿
＿＿＿＿＿＿＿＿＿＿＿＿＿＿＿＿＿＿＿＿＿＿＿＿＿＿＿＿＿である。

第5節　部分実習終了後　より
今回の部分実習を通して，
自分として「よかった」と思えることは＿＿＿＿＿＿＿＿＿＿＿＿＿＿＿＿である。
発見できた自己課題は＿＿＿＿＿＿＿＿＿＿＿＿＿＿＿＿＿＿＿＿＿＿＿＿である。
全日実習では＿＿＿＿＿＿＿＿＿＿＿＿＿＿＿＿＿＿＿＿＿を目標にしたいと思う。

第5章 全日実習

「全日実習」で何を学ぶのだろうか。
☞ **第1節 全日実習の目的**

日案作成の前に知っておくべき大切なことについて考えよう。
☞ **第2節 日案作成の前提として知るべきこと**

幼児の姿，ねらい，内容，環境構成を考えよう。
☞ **第3節 「幼児の姿」「ねらい」「内容」「環境構成」「予想される幼児の活動」を考える**

保育者の援助・留意点を考えよう。
☞ **第4節 「保育者の援助・留意点」を考える**

「全日実習」を振り返ってみよう。
☞ **第5節 全日実習の反省・評価**

第 1 節 全日実習の目的

（1）全日実習とは

　全日実習は，幼稚園教育実習の最終段階の実習として，「子どもが登園してから降園するまでの園生活の一日を，先生として担う責任実習」のことである。幼稚園の先生が日々行っている仕事，つまり「子どもたちの成長を願って指導計画を立て，保育実践し，反省・評価する」といった一連の流れを経験する。一日の保育の流れに沿って組み立てられた諸活動は，単なる活動の羅列ではない。あくまでも，「生活する子どもの姿から心情・意欲・態度の育ちの実態を把握し，どのような経験が必要か，その中でどのような援助をすることが育ちにつながるのかを探り，実践につなぎ，反省・評価する教育活動」である。

　この実習は，保育者を目指すあなたが，将来の自分の保育者像を描きながら，今までの観察実習，参加実習，部分実習の経験を十分に活かして，全力で取り組むことのできる貴重な一日となるのである。実習に対する真摯な受け止め方や努力によって，保育の楽しさ・奥深さに気づき，保育者を目指すあなたを一段と大きく成長させてくれるだろう。

（2）全日実習で学ぶこと

1）週案から「子どもの育ち」をとらえる

　全日実習は，長期の子どもの育ちの見通しをもって立案する長期指導計画（年間計画案，期案，月案）に基づくが，実習生が「日案」を作成する場合は，子どもの実態に即して立案する週案の中で「子どもの育ち」を読み取りながら「日案」を作成し，実践につないでいく。
子どもの育ちをとらえる観点を以下に記す。
① 子どもの生活習慣の実態を把握する。（身辺整理，片付けの仕方，おやつや食事，マナーの様子　など）
② どのような遊びに興味をもっているのか。
③ 仲間関係（けんか・トラブルを含む）を通してどのように育ち合っているのか。
④ 人の話を聞いたり，自分の思いを言葉に出して話すことができているか。
⑤ さまざまな活動に対する取り組み，表現を楽しんでいるか。

　以上のような週案の「子どもの育ち」の実態が，次の週の月曜日につながり火曜日，水曜日と変化しながら日案が作成されていくことになる。実習中，日々の子どもの生活の様子から「育ち」をとらえ，子ども理解に努めよう。

2）一日の保育の計画を立てる

　日案作成の第一段階として園の育てたい子ども像を確認しておく，そして，先週，前日の子どもの姿をとらえることができれば，子どもたちが育ち合える生活を予想して具体的な一日の保育を考える。その手順は次のように行う。
（詳細は，p. 113，第 2 節「（3）園の方針や細かな決め事を理解する」で述べる。）
① 一日の保育の「ねらい」を設定する。
② 「ねらい」を達成するための「活動の内容」を選択する。
③ 子どもの心身への配慮から，基本的に「動の活動」と「静の活動」を交互にする。
④ 「ねらい」を達成するために必要な「環境

構成」を行う。
⑤ 「予想される幼児の活動」に対して「どのような援助」が必要かを記述する。
⑥ 「日案」の作成を行う。
⑦ 作成した「日案」は，しっかりイメージトレーニングしておく。

3）責任をもって一日の保育を実践して，反省・評価をする

自分で立てた日案を，実際に責任をもって実践することにより，何よりも先生として「子どもとかかわる喜び，楽しさ」を味わうことだろう。そして，同時に子どもを直接的に指導援助する「責任の重さ」を実感するのではないだろうか。予想外の出来事を経験することも多くあり，保育の多様性にも気づかされるだろう。保育の一日は，①今を生きている子どもたちと共に創り出す園生活であること，②先生同士の連携・協働活動であること，といえるだろう。さらに，保育終了後には，担任の先生や園長先生から指導・助言を受け，反省・評価をする貴重な時が与えられると同時に保育の奥深さを実感することだろう。

以上のように，全日実習は，子どもたちの成長を願って新たな保育の一日を創造するために，子ども理解から始まり，一日の保育の計画，先生として責任をもって一日の保育を担う実習の集大成ともいえるものである。

子どもと担任の先生に支えられて，とにかく長い一日を無事終えることができたことの喜び，充実感，あるいは，思うようにできなかったという失敗の経験もあなたを大きく成長させてくれるだろう。全日実習を経験して「保育者になりたい」という気持ちを膨らませてほしいものである。

第2節　日案作成の前提として知るべきこと

（1）日案作成の手順および視点・留意点

各園の教育方針に基づいた教育課程は，長期に発達を見通した長期指導計画（年間，期間，月間）から，子どもの生活実態に即した短期指導計画（週案，日案）によって具体化されていく。

全日実習における保育の計画は，子どもの生活の連続性から「月案」のねらい・内容が反映されつつ，この時期の子どもの実態から評価改善された「週案」に基づいて行われる。

「週案」からの「日案」作成の具体的手順については，第3節（p.114），第4節（p.121）で紹介するが，まず，作成上の手順および視点・留意点を明確にしておこう（p.112，表5−1）。

（2）園の一日の保育の流れを知る

日案の活動のパターンには，各園の教育方針が反映されている。一般的によくみられる午前保育の活動のパターンを表5−2（p.112）で紹介する。弁当（給食）日の場合，どの園も午後は，ゆったりとした「自由な遊び」と「設定保育」などが組み込まれている。登園，降園時間は園によって異なることから，活動の区切りの時間も幅をもってみてほしい。実習園は，どの流れに類似しているだろうか。

責任をもって行う全日実習の日が定まれば，園の一日の保育の流れに沿うことが基本だから，

活動の構成は自ずと決まる。例として第3節に記載した「表5－9　A園の日案の具体例」(p.119)は，表5－2の午前保育の活動パターンの「C」に類するものである。

表5－1　日案作成の視点・留意点

先週の子どもの育ちをとらえ「幼児の姿」を記入する	・子どもの育ちは，生活の連続性，日々の経験のつながりの中でとらえられる。先週の「幼児の姿」から，個々の子どもの育ちやクラス全体の子どもたちの様子をとらえる。 ・今，子どもたちは何に興味をもち，どのような遊びを楽しんでいるのか考える。 ・仲間関係を把握して遊びの展開を予想する。 ・生活面での身辺整理，片付け，食事，マナーなどの育ちをとらえる。
一日の保育の「ねらい」「内容」を設定する	・日案の場合の「ねらい」は部分の「ねらい」ではなく，一日の園生活の「ねらい」であるため，日常の生活習慣，遊び，当日組み入れた活動などすべての活動に関係してくるように「ねらい」を設定する。 ・「ねらい」が多すぎると子どもへの要求が多くなったり，保育者の負担となるため，「ねらい」は2～3項目，「内容」は2～4項目にする。
「環境構成」を考える	・一日の活動内容が設定できると，それぞれの活動内容に必要なものは何か，準備する教材，環境設定について考える。 ・必要に応じて活動の「環境構成」を図式で示すとわかりやすくてよい。また，図式化することにより，保育者の行動をイメージすることができる。 ・活動が発展し，環境が変化する場合，環境の再構成を予想して「細案」を添付するとよい。
予想される幼児の活動	・一日の生活の中で子どもが行っている活動，例えば，挨拶，身辺整理，自主的な遊び，片付け，排泄，クラスのまとまった活動，昼食，などの場面で，環境に働きかけて主体的に行動する子どもの姿を予想して具体的に記入する。 ・子どもの行動を具体的に簡潔に書く。例えば，「登園する」「うたを歌う」「お話を聞く」など
保育者の援助・留意点	・設定した「ねらい」に沿って，「意図」をもって行う援助の視点を明確に書く。（保育者の行動を書くのではない） 　（例）「一人ひとりの顔を見て，笑顔で挨拶をする」は，子どもの心を受けとめながら，健康状態を把握する保育者の意図的援助の行為である。 ・援助は，主として「クラス全体の子ども」に対して考えるが，個人的に配慮が必要な場合には，記入しておくとよい。 ・援助の内容は「～に声をかける」「～を励ます」「～をうながす」「～に気づかせる」など具体的に書く。「～させる」「～してあげる」などの表現は避ける。

表5－2　午前保育の活動パターンの例

A	B	C
8：45　登園 　　　　身辺整理 　　　　自由な遊び（室内外）	8：45　登園 　　　　身辺整理 　　　　自由な遊び（室内外） 9：30　クラスの活動 10：00　自由な遊び	8：45　登園 　　　　身辺整理 　　　　自由な遊び（室内） 9：30　クラスの活動 10：00　おやつ休息
10：45　クラスの活動 11：15　降園準備 11：30　降園	10：45　クラスの活動（主活動） 11：15　降園準備 11：30　降園	10：20　自由な遊び（外遊び） 11：15　降園準備 11：30　降園

（3）園の方針や細やかな決め事を理解する

オリエンテーションで園の教育理念・方針は，「ねらい」「内容」につながり，担任の先生の保育に実践化されているので，担任の先生の保育をよく見て，具体的な保育内容，方法を明確に把握し，日案に表し実践できるように努めよう。園から「全日実習で取り組んでほしい課題の提示」があった場合には，課題の意図を十分に理解して計画に織り込む。

園の方針に基づいた具体的な保育実践については，特に実習クラスの具体的な方法をよく理解しておくことが求められる。

① 登園時，降園時の挨拶，視診はどのように行われているのか。

② 登園後，子どもはどのように行動するのか。身辺整理の仕方，出席帳の取り扱い方。

③ 休息，水分補給などは保育の流れのどの時間帯に，どのくらいの時間をとっているか。

④ 排泄は，一日の保育のどの時間に組み込まれているのか。一斉にうながす時，個人的判断で行く時の先生のかかわり方はどのようにしているのか。年齢によっても対応が異なること，タイミングがずれることで，間に合わない子どもが増えることが予想されるので，クラスの実際の様子をよく見ておこう。

⑤ 昼食（弁当，給食）は，何時から何時までとっているか。年齢によっても異なるが，室内環境の整え方，マナー，食べ物の好き嫌い，食べ残しなどの先生の対応の仕方について学んでおこう。

⑥ 「遊び」に対する考え方。遊びの時間は，必ず時間で区切っているか。遊びの発展などを見て柔軟に片付けの時間を判断し，後のプログラムで調整しているか。

⑦ 汚れた衣服の取り扱い方，どの程度の洗浄をするのか，などについて理解しておこう。

⑧ けんかの対応については，基本的には単なる裁き手にならないように両者の気持ちの理解に努め，育ちへの願いをもって「このことを通して何を学ぶのか」の観点から援助をするが，個々の子どもの理解，状況に応じた対応が求められるため困難な課題である。日常の先生の対応をよく見て，学びたい。

⑨ 各園では，危険なことへの対応についての共通理解，申し合わせ事項がある。例えば，大型積み木は，子どもの背丈より高く積み上げない。遊具倉庫の中の高い棚のものは，先生が出し入れをする。廊下は走らない，階段は，右側通行でぶつかり合いを避ける…など。園によって考えは異なるので，確実に理解しておこう。

⑩ けがに対する対応は，園の方針に沿って対応するが，基本的には，けがが起こったときは，迅速に状況を担任の先生に報告し，治療の援助を行う。

⑪ 保護者との連携は，どのようになされているか。個々の子どものことにかかわる保護者対応は，全日実習の日にも担任の先生が行うと思われるが，実習生としての保護者とのかかわり方について，確認しておこう。

⑫ 「与薬（投薬）」（昼食後にかぜ薬を飲ませてくださいと依頼されるなどの場合）については，医療行為になるため，「医師からの与薬指示書」がなければ行うことができないなどの規則があるので，どの園も慎重に扱っている。子どもから「この薬を飲ませて」と頼まれても，実習生の判断で対応しないようにしよう。

⑬ その他，わからないことがあれば必ず先生に聞くようにしよう。

以上のような園の方針，基本的な留意点を踏まえて，日案作成の具体的手順を考えていこう。

（4）一日の保育の流れを見通す

どの園も曜日によって登園から降園までの保育の流れは、ほぼ決まっているが、先週や前日の保育の展開によっては多少の時間の変更が必要かもしれない。担任の先生に相談しながら、時間配分を決める。また、雨天の場合の時間配分も考えておく必要がある。

一日のプログラムを考えるときに、「動の活動」と「静の活動」を交互に入れるようにしよう。例えば、リズム活動の後に外遊びといった「動」の活動を組む場合には、活動の間に水分補給（お茶）などをしたり、工夫して「静」の時間をとるようにしよう。

「活動」から次の「活動」へ移行するときは、子どもの動き、保育者の行動を予想するが、個人差への対応、ハプニングなども想定しておかなければならないので、かなりの時間のゆとりを考えておこう。

保護者との連携のため「降園時間」は厳守しなければならない。降園までの活動の時間を臨機応変に変更していく心構えが必要である。

先輩からのアドバイス

全日実習では、時間配分が本当に難しいです。自分がやりたいことについては、さらに注意することなどを細かくまとめておくこと、一つの活動に必要な時間をよく考え、何回もシミュレーションしておくとよいでしょう。そして、一日のタイムスケジュールを一人ひとりの顔を思い浮かべながら、しっかり組んで、言葉がけなどもイメージトレーニングしておくとよいでしょう。

第3節　「幼児の姿」「ねらい」「内容」「環境構成」「予想される幼児の活動」を考える

（1）「幼児の姿」から「ねらい」「内容」を考える手順

幼稚園の一日の生活は、教師の立てた日案を基に営まれているが、実際の子どもたちが環境に働きかけて生み出す遊び、クラスの活動の展開、生活の姿などから反省・評価して、日々新たに創り出されていく。日案の「ねらい」「内容」の作成は、まず、先週の子どもたちの生活の実態をとらえ、ここから「これからの育ちへの願い＝ねらい」を導き出し、「ねらいを達成するための具体的な活動内容」を考え、設定する。

1）週案と日案の関連から「ねらい」「内容」を考える

ここで参照する日案は、表5-2（p.112）の活動パターンの「C」に類するものである。まず、表5-8（p.118）のA園の週案から「先週の幼児の姿」をとらえてみよう（表5-3）。

そこには、「遊び仲間関係で葛藤している子どものこと」「虫に興味をもって、探したり、食べ物について調べたりいている子どもたちのこと」「アゲハチョウの羽化を発見して、喜びや不思議さを共感し合った子どもたちの様子」「衣服の着脱、片付けなどの生活習慣の個人差」について記入されている。そこで、この幼児の実態を踏まえ、今週の子どもたちの「育ちへの願い」を「ねらい」として設定し、ねらいを実現するための具体的な「内容」を考え、週の始まりの月曜日は、表5-4のように設定した。

月曜日は、観察コーナーのカタツムリが3匹になり、関心をもつ子どもが増え、動きや食べ

ものに関心が向いてきている様子がみられた。外遊びの内容では，先週はみられなかった「ボールあて」の遊びが自主的に始まった。その後，担任の先生は，この遊びをクラスの活動として取り上げ，皆で楽しむ時間をもった。

火曜日は表5－5のように計画したが，月曜日の夜間に雨が降り，火曜日には地面が濡れていたため，「ボールあて」の遊びは，誰も行わなかった。担任の先生は，翌日の天気予報から水曜日には行える状態であると予想している。また，週案の「ねらい」に設定した生活面の「片付け，手洗い，うがい」は毎日の継続的課題として，水曜日の日案にも取り上げている（p.119，表5－9）。このように，日々の保育の計画は，子どもの実態に即して育ちへの願いを明確にしながら変化し，創られていくことを覚えて，計画―実践―幼児の姿からの反省・評価をしっかり行いたいものである。

2）「部分実習」とは異なる全日実習の「ねらい」「内容」の設定について

部分実習を経験してから全日実習の指導案を作成する際，まず，実習生が戸惑うのが「ねらい」の設定である。部分実習は，計画した活動のみの「ねらい」でよいのだが，全日実習は，登園から降園までの園生活全体を見据えた「ねらい」の設定が必要である。このことに気づいた実習生Eさんの例から，考えてみよう。

実習生Eさんは，担任の先生に相談する前に，表5－6（p.116）のように「ねらい」を設定した。実習生Eさんの記述に対して，担任の先生は次のように助言した。

留意点①：全日実習の指導案ではなく，部分実習の指導案になってしまっている。全日実習は一日の子どもたちの生活全体から"育ち"の面をとらえて「幼児の姿」から「ねらい」を導き，具体的な「内容」を考えなければならない。

留意点②：「内容」の記述が「ねらい」になっている。「内容」は，幼児の活動だから具体的な活動の状態を表す「～する」「～して遊ぶ」などの記述にしよう。

実習生Eさんは，「全日実習」における生活全体に目を向けて，子どもたちの"季節との変わり目の自然とのかかわり"を加えて，「幼児

表5－3　A園の週案（表5－8）6月9日～13日の「ねらい」「内容」

ねらい	・友達と好きな遊びを楽しむ。 ・遊んだ後の片付けを協力してすることの大切さに気づく。 ・梅雨期の動植物の過ごし方，食べ物に関心をもつ。	内容	・おうちごっこ，電車ごっこ，ムシ探し等興味のある遊びをする。 ・自分の遊んだ遊具を大切に元の場所に片付け，友達の手伝いもする。 ・梅雨期の動植物の晴れの時，雨の時の過ごし方，食べ物等について考えたり，調べたりする。 ・見たり，触れたりした生き物の動きを真似て身体表現をする。

表5－4　月曜日（6月9日）の「ねらい」「内容」

ねらい	・友達と好きな遊びを楽しむ。 ・遊んだ後の片付けに努める。 ・梅雨期の小動物に関心をもつ。	内容	・友達といろいろなごっこ遊びをする。 ・見つけた小動物に触れたり，観察したりする。 ・遊んだ後の片付けを最後までする。

表5－5　火曜日（6月10日）の「ねらい」「内容」

ねらい	・友達とルールを守って遊びを楽しむ。 ・うがい，手洗いの大切さに気づき進んでしようとする。 ・梅雨期の小動物の生態に関心をもつ。	内容	・友達を誘ってルールのある遊びをする。 ・外遊びの後には，必ず，うがい，手洗いをする。 ・カタツムリの過ごし方を観察して，動き，食べ物などを調べたりする。

の姿」→「ねらい」→「内容」を考えた（表5-7）。

実際に修正した日案については，第4節の表5-10（p.126）を参照してほしい。

表5-6　修正前の全日実習の「幼児の姿」「ねらい」「内容」の設定

幼児の姿	・作品展を経験して，いろいろな物を作る楽しさを知り，制作に興味をもっている。 ・制作を通していろいろな物をイメージして形にしようとしている。 ・友達と動くおもちゃでよく遊んでいる。		
ねらい	・制作をより楽しいことだと感じることができる。 ・自分のイメージしたものを形に表すことができる。	内容	・動きのあるおもちゃを作ることで制作を楽しむ。 ・自分の作りたい物にして作り上げ，達成感を得る。

表5-7　修正後の全日実習の「幼児の姿」「ねらい」「内容」

幼児の姿	・作品展を経験していろいろな物を作る楽しさを知り，制作に興味をもち，友達と作った動くおもちゃで楽しく遊んでいる。 ・園庭の落ち葉を使って遊んだり，風の冷たさに気づいたり，秋から冬への季節の変わり目を感じながら過ごしている。		
ねらい	・自分のアイデアで素材を変化させ動くおもちゃを制作することを楽しむ。 ・秋から冬への季節の移り変わりを感じる。	内容	・自分で素材を選びデザインして動くおもちゃを作る。 ・外遊びのときに，落ち葉を拾ったり季節を感じる歌を歌ったりする。

（2）一日の保育の流れの中で「環境構成」「予想される幼児の活動」を考える

週案（p.118，表5-8）をもとに作成された日案（p.119，表5-9）の具体例を参照しながら，「環境構成」「幼児の活動」の観点から一日の保育の流れを考えるが，前日や，当日の天候，子どもたちの興味・関心の変化などを考慮して変更する場合があることを想定して計画しよう。

1）「登園・身辺整理」時の予想される幼児の活動に伴う環境構成

雨が降った場合の「傘立て」「レインコート」「足拭きマット」「タオル」などの置き場を考えて，着替えが必要な場合もあることを想定しておく。家庭通信の回収用紙，返却物がある場合には，「回収箱」を設置する。登園時に持ってきた虫や草花や石，貝，冬季には「氷」などを入れる箱などを準備する。

2）登園後，身辺整理の後に「自由な遊び」を行う場合の環境構成

子どもの自主性を尊重した遊びの環境構成は，「具体的な数々の遊びの内容」「遊びの仲間関係」などを把握して，予想される種々の遊びの内容，展開の「環境図」を作成し，当日の朝は確認する程度にする。予想していた遊びが行われなかったり，予想してなかった遊びが始まることなどを想定して環境構成を変化できるようにしておく。「発達的に援助の必要な子ども」，当日の子どもの心理状態で「意欲的になれない子ども」のことを心に留め，臨機応変な環境構成，具体的な対応を考えておく。

3）「片付け」「排泄」「手を洗う」などの生活習慣の活動

この時間は，活動と活動の間のつなぎ的な意味ではなく，集中して遊んだ後の身体的，情緒的な安定感が得られる時間帯として大切にし，

第3節 「幼児の姿」「ねらい」「内容」「環境構成」「予想される幼児の活動」を考える

時間的にゆとりをもって組み込む。

この間の子どもたちの子どもの行動，教師の行動を予想して具体的に計画する。

4）「クラスの活動」

「話し合い」「リズム活動」「うた」「ゲーム」「絵本の読み聞かせ」「エプロンシアター」「パネルシアター」「制作活動」などが選択されるが，各々の幼児の活動および環境構成については，第4章の「部分実習」を参照してほしい。ただし，全日実習の場合，部分実習と異なるところは，前後の活動との関連性を考慮して計画しなければならないことである。

「自由な遊び」「排泄」「設定保育」の流れの場合，排泄を済ませた子どもは，次にどのように行動すればよいのか，保育者の行動はどうするのか，などの計画案が必要である。

「設定保育」と共に，次の活動を行うために「子どもの行動を予想して援助の内容を検討しておく」必要がある。

「リズム表現活動」（p.119，表5－9の日案）は，楽しい活動であると同時に心身のエネルギーも使っているため，活動後は，水分補給，おやつなどの休憩を考える。

5）「外遊び」

「外遊び」は，特に安全面を考慮しながら環境構成を十分に行い，存分に遊び込めるように計画する。概して，登園からクラスの活動までに時間を要し，外遊びの時間帯にしわ寄せが来ることも考えられる。「外遊び」への子どもたちの欲求を十分に満たすことができるように，保育の流れ，時間配分をよく練って構成する。

6）「外遊び」の後の片付け

日頃，どのくらいの時間がかかっているのかを把握して，ゆとりをもって時間配分を考えておく。片付け後の手洗い，排泄，うがいなどは，子どもの心身の健康への配慮として重要なので，一人ひとりを思い浮かべながら，環境の設定，所要時間を考えておく。

7）「お弁当」（給食）

食べる場所と共に食べ終えた子どもが遊んで過ごす場所の設定が必要となる。食後の片付け，歯磨きを済ませた子どもの遊びのコーナーは，静かに遊べる内容の遊具を考え，食べている子どもと遊んでいる子どもを把握できるように保育者の動きを予想して設置する。

8）降園前の「集まり」

「集まり」の環境設定を子どもと共に素早く整え，「話し合い」「絵本の読み聞かせ」「簡単なゲーム」などを計画し，落ち着いて過ごせるように配慮する。「制作したもの」を持ち帰る場合，どこに置くのか。確認をどのようにするのかなどについて考えておく。

明日を楽しみに登園できるように，話だけでなく，遊びなどを紹介する（例：期待がもてるような「遊び」や「クラスの活動」などの内容提示。「こんな遊び，ゲームをしてみよう」と具体物を準備して見せる）。

9）降園前の「排泄」と降園時間は厳守

降園時間前には必ず「排泄」をうながす。

子どもたちが心を落ち着かせて「明日も元気に来て楽しく過ごしたい」と思えるような言葉をかけて，一人ひとりが笑顔で降園できるようにする。

以上，日案作成上の「ねらい」「内容」「環境構成」「予想される幼児の活動」の具体的な留意点を参考に，さらに，次の第4節（p.121）では，「保育者の援助・留意点」について考えてみよう。

表5-8　A園の週案の例

週案　　6月9日（月）～13日（金）　　4歳児　ゆり組　28名（男15　女13）

先週の幼児の姿

　遊び仲間が，好きなことを媒介にして固定してきているようである。今まで仲良く遊んでいたU子とH子，Y子の関係が，変化してきている。Y子が一人でいることが増えてきて，母親からも相談があった。

　A男，N男，H男，D男が，雨上がりの園庭の植木鉢の下の土の中から，ダンゴムシを見つけて，何匹になるかを競争していた。部屋に入って昼食後，C児が「動いてない」と言い出したことから飼えるのか，何を食べてるのかなどを考え始めた。その日は，帰りに，元の土に戻して帰った。

　園庭に出るたびに，ムシ探しをする男児が増えてきた。帰宅してから見つけたカタツムリ，カエルなどを持ってくる子どもも増えてきた。どのようにして世話をすればいいのか，食べ物はなんだろうと話題になってきた。K子が，カタツムリを持ってきて葉っぱを食べるからと容器に葉っぱをたくさん入れて動きなどを観察している。

　先々週，アゲハチョウの幼虫の一匹が，壁に移動してさなぎになっていたが，金曜日の朝，数人の子どもたちが登園してきた頃，T子が羽化の様子に気づいた。登園時から大騒ぎになり，しばらく見入っていたが，T子「狭いところでしんどそう」のつぶやきに皆も「そうだ」と共感，このアゲハチョウをどうするのか話し合った。そして「おいしい蜜のあるお花のところに行ったほうが嬉しいよ」ということで話がまとまり，外遊びの時に園庭で容器から出した。「げんきでねー」「またきてね」「おいしい蜜いっぱい吸ってねー」などの子どもたちの声に見送られてアゲハチョウは，勢いよく飛び出していった。この日，子どもたちは，身体で「じっとしていたさなぎやチョウの飛ぶ様子」を楽しそうに表現した。いつも，発言の少ないT子が，他児とおしゃべりをしながら生き生きと表現していた。

　衣服の着脱は，全体的にスムーズになってきたがS児とJ男は裏返し，ボタンとめに戸惑っている。家庭とも連携しながら丁寧に指導していく必要がある。片付けに意欲的ではないM男，Y男。S子も他児に任せている。よく話し合い，その都度，励まし，声をかけていきたい。

ねらい	・友達と好きな遊びを楽しむ。 ・遊んだ後の片付けを協力してすることの大切さに気づく。 ・梅雨期の動植物の過ごし方，食べ物等に関心をもつ。	内容	・おうちごっこ，電車ごっこ，ムシ探し等興味のある遊びをする。 ・自分の遊んだ遊具を大切に元の場所に片付け，友達の手伝いもする。 ・梅雨期の動植物の晴れの時，雨の時の過ごし方，食べ物等について考えたり，調べたりする。 ・見たり，触れたりした生き物の動きを真似て身体表現をする。

活動の環境構成	・子どもたちが持ってくる小動物の観察できる場所，しばらく飼育できる容器，図鑑等を準備する。 ・遊びの種類が多様化しているので，それぞれの遊びが発展できるように予想して，材料，素材を準備する。 　（砂場遊びの木片，樋，電車遊びの信号や踏み切りを作るダンボール，おうちごっこの食べ物つくりの紙粘土等） ・土，水なども使って遊び，片付け後には衣服の着脱も行うのでタオルや足拭きマット，たらいなどを備えておく。 ・いろいろな歌を楽しみ，手拍子や身体を動かして楽しんでいるので，楽器なども準備しておく。 ・雨天の日が多くなってきているので，室内で身体を動かして活動ができるように功技台，マット，平均台などもすぐ用意できるように他クラスとの話し合いもしておく。

保育者の援助・留意点	・いろいろな遊びを楽しむようになり，好きな遊びを楽しむうちに仲間関係にも変化が出てきている。4～5月頃まで仲良くしていた友達と以前のようにかかわれていないY子の気持ちを支えながら，関係をみていきたい。 ・小さな生き物と触れて遊ぶ楽しさを満喫している子どもが多いが，興味はあるが，遠巻きに見ている子どももいる。機会をとらえて触れるように慣れるように援助したい。 ・自分たちの遊びに夢中になって，年少の子どもたちへの思いやりがかけている場合がある。「だめ！」の一言で，無視している場面が見られた。この機会に話し合っていきたい。 ・梅雨期の健康管理，手洗い，うがいなどを丁寧にできるように話し合い，個々の子どもの様子をとらえていく。

行事		9日（月）	10日（火）	11日（水）	12日（木）	13日（金）
	園児		年長組　身体測定	年少組　身体測定	内科検診 年中組　身体測定	サツマイモ畑の草抜き
	保護者会	保護者会「子育てを考える会」				子育て支援活動（近隣2歳児親子）

表5−9　A園の日案の具体例

6月11日（水）　4歳児　ゆり組　28名（男15　女13）	
幼児の姿	・園生活に慣れ、好きな遊びを見つけ、園庭でも砂や土に触れて友達と遊ぶ姿が見られるが、思いが伝わらなかったり、気持ちを表現できず、葛藤している姿も見られる。 ・遊んだ後の片付けや手洗い、うがいなども自分からすすんで行おうとする子どもも増えてきたが、誘わないと片付けようとしない子どももいる。 ・梅雨期の小動物、カタツムリ、カエル、ダンゴ虫、アゲハチョウの幼虫などに興味をもって、触れて遊ぶ姿がみられる。また、これらの動きを真似て身体表現を楽しんでいる。
ねらい	・梅雨期の小動物に触れ、生態、食べ物や過ごし方などに興味関心をもつ。 ・好きな遊びを見つけて友達と楽しむ。 ・遊んだ後の片付け、手洗い、うがいの大切さに気づく。
内容	・カタツムリの生態や食べ物、過ごし方について考えたり、調べたりする。 ・カタツムリをいろいろな素材を使って工夫して作る。 ・遊んだ後は片付けをして、うがい、手洗いを進んでする。 ・身近な小動物の身体表現をする。

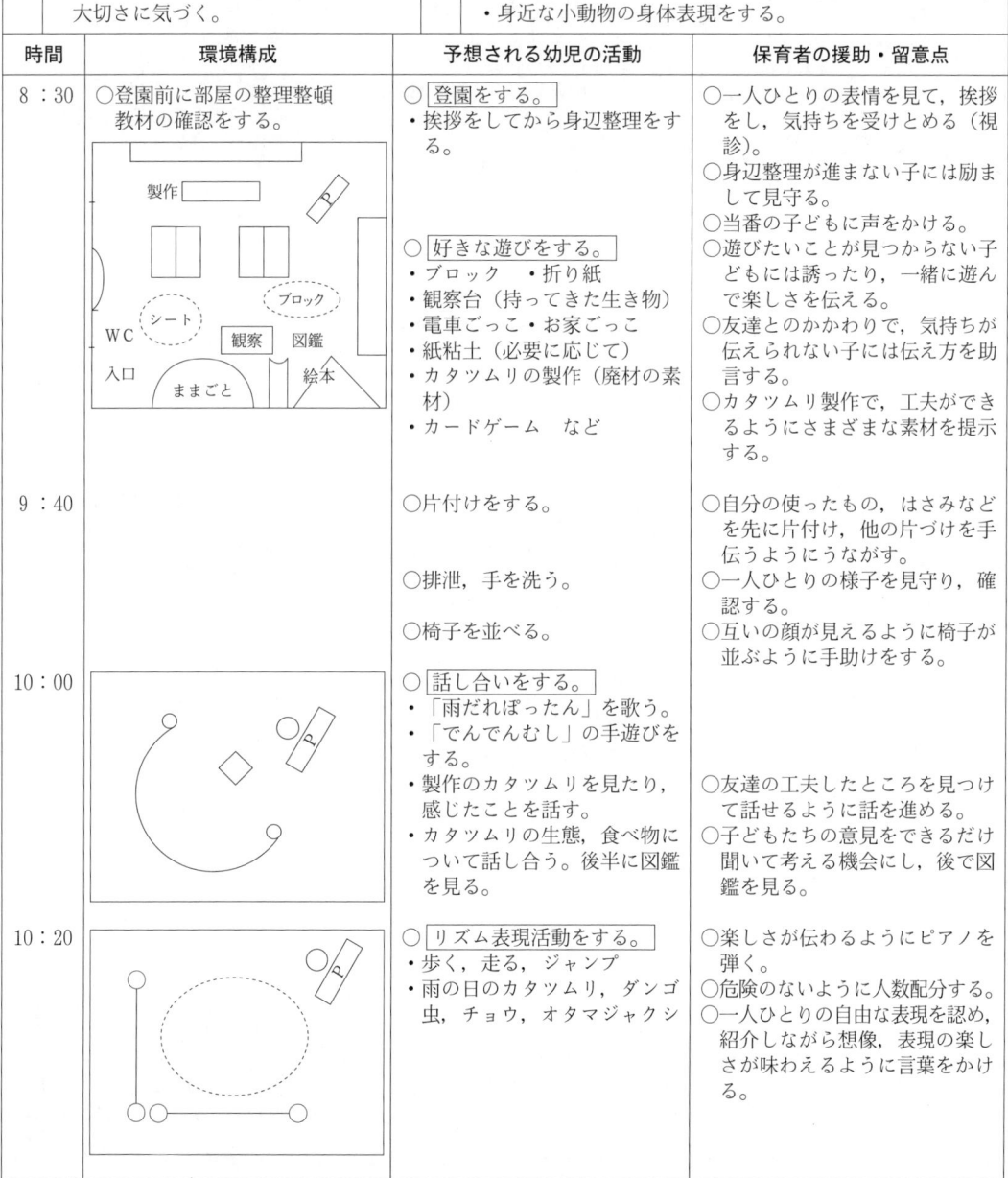

時間	環境構成	予想される幼児の活動	保育者の援助・留意点
8：30	○登園前に部屋の整理整頓教材の確認をする。 （保育室配置図：製作、ブロック、シート、WC、観察、図鑑、入口、ままごと、絵本）	○登園をする。 ・挨拶をしてから身辺整理をする。 ○好きな遊びをする。 ・ブロック　・折り紙 ・観察台（持ってきた生き物） ・電車ごっこ・お家ごっこ ・紙粘土（必要に応じて） ・カタツムリの製作（廃材の素材） ・カードゲーム　など	○一人ひとりの表情を見て、挨拶をし、気持ちを受けとめる（視診）。 ○身辺整理が進まない子には励まして見守る。 ○当番の子どもに声をかける。 ○遊びたいことが見つからない子どもには誘ったり、一緒に遊んで楽しさを伝える。 ○友達とのかかわりで、気持ちが伝えられない子には伝え方を助言する。 ○カタツムリ製作で、工夫ができるようにさまざまな素材を提示する。
9：40		○片付けをする。 ○排泄、手を洗う。 ○椅子を並べる。	○自分の使ったもの、はさみなどを先に片付け、他の片づけを手伝うようにうながす。 ○一人ひとりの様子を見守り、確認する。 ○互いの顔が見えるように椅子が並ぶように手助けをする。
10：00	（椅子が円形に並んだ配置図）	○話し合いをする。 ・「雨だれぽったん」を歌う。 ・「でんでんむし」の手遊びをする。 ・製作のカタツムリを見たり、感じたことを話す。 ・カタツムリの生態、食べ物について話し合う。後半に図鑑を見る。	○友達の工夫したところを見つけて話せるように話を進める。 ○子どもたちの意見をできるだけ聞いて考える機会にし、後で図鑑を見る。
10：20	（リズム表現のための配置図）	○リズム表現活動をする。 ・歩く、走る、ジャンプ ・雨の日のカタツムリ、ダンゴ虫、チョウ、オタマジャクシ	○楽しさが伝わるようにピアノを弾く。 ○危険のないように人数配分する。 ○一人ひとりの自由な表現を認め、紹介しながら想像、表現の楽しさが味わえるように言葉をかける。

時間	環境構成	予想される幼児の活動	保育者の援助・留意点
10:45		○ お茶を飲む。(各自，排泄)	○各自の排泄，手を洗う様子を把握する。
10:55		○ 園庭で遊ぶ。 ・砂場で山，川，トンネルなどを作る。 ・ままごと　・雲梯　・鉄棒 ・電車ごっこ（フラフープを使って） ・ボールあて（月曜日から始まった） ・ダンゴムシ，ミミズ，カエル，カタツムリなどを探す。	○危険のないように，遊具の使い方をよく見て助言する。 ○してみたい遊びが見つけられない子どもには，一緒に遊んで楽しさが伝わるように援助する（Y子の遊び，仲間関係をよく見る）。 ○使った遊具を洗って所定の位置に片付けるのを，励まし認める。 ○汚れた手や足を洗えるようにたらいを用意して，できないところを手助けする。
11:40	砂場遊びの展開で必要な道具，桶や木片等を準備しておく。	○片付けをする。 ・自分の使った遊具を片付ける。 ・他の遊びの片付けも手伝う。 ○排泄，うがい，手を洗う。	○片付けようとしない子どもには，励ましたり，一緒に片付けながら，できた時はほめ，意欲につながるようにする。 ○一人ひとりが自主的にできているかを見守り，遅くなっている子どもには声をかける。
12:15		○ 昼食の準備をする。 ○「いただきます」の挨拶をして，弁当を食べる。食べ終わったら「ごちそうさま」の挨拶をして，片付け，歯磨きをする。 ○絵本，折り紙，絵画，ブロックなどで遊ぶ。 ○遊びの片付けをする。 ○排泄，手を洗う。	○机や椅子運びが安全にできるように伝え，机のグループごとに見守り，声をかける。 ○楽しい雰囲気で食事ができるように配慮する。 ○食事のすすまない子どもや好き嫌いのある子どもには声をかけ励ますが，急がせないように配慮する。 ○弁当を残した場合，励まして全部食べられるように様子を見るが，体調の具合などもあるので，無理をさせないようにする。 ○歯磨きを忘れないように伝え，できているかをよく見る。 ○机の片付けを，子どもたちの動きとぶつからないように気をつけて行う。
13:30		○椅子を並べる。 ○ 降園前の集まり ・絵本「ぼくのだ　わたしのよ」 ・「カエルのうた」を歌う。 ○降園準備をする。 ○当番の子どもたちは挨拶をする。明日の当番の人の名前を伝える。 ○帰りの「さようなら」の挨拶。 ○靴を履き替え，園庭に並ぶ。 ○ 降園	○混乱はないか，子どもたちをよく見る。 ○落ち着いて絵本が見られるように，皆の位置を確認する。 ○一人ひとりの身支度の様子を見ながら，動きの遅くなっている子どもには声をかけ，自分を意識してできるように援助する。忘れ物はないかを確認する。 ○がんばったことを認める言葉をかける。 ○明日につながる遊び，出来事を話し，園生活を楽しみにするような言葉をかける。 ○保護者全員に挨拶をして，個人的に必要な保護者には話をする。
14:00			

第4節 「保育者の援助・留意点」を考える

（1）活動の流れに沿って援助・留意点を考える

1）「登園」「視診」〜「身辺整理」の援助・留意点

登園時の挨拶は，子どもの一日の園生活への期待を受けとめる心と心の会話である。子どもたちの顔を思い浮かべて実際に声を出してみよう。

園によって，徒歩通園，バス通園などの違いがあるが，一人ひとりの子どもの表情を見て挨拶をして，子どもの健康状態，心理状態を把握（視診）する。子どもの登園時間が重なると見落とす子どもがあるから，注意しよう。

身辺整理は，年齢，時期によって異なり，年少組，年中組の4月当初，雨天日などはレインコート，傘などの扱いに戸惑う子どもがいる。個人対応ができるように考えておこう。

2）「自由な遊び」〜「片付け」の援助・留意点

身辺整理を終えた子どもから自主的に遊び始めるため，保育者は「全体を把握」し，ともに「個々の対応」の援助に努める。さまざまな場面を創造しながら自分の動き，配慮の必要な子どもへの対応を考えておこう。

予想される「それぞれの遊び」の展開をイメージしながら，共感し，子どもたちの主体性を尊重し，遊びの楽しさが継続，充実できるような「言葉がけ」「援助の方法」を検討しておこう（けんか，もめごとの対応については，p.113，第2節「（3）園の方針や細やかな決め事を理解する」の⑧を参照）。

「片付け」をうながす言葉かけのタイミングは，遊びが広がり，片付けに時間がかかりそうな場合には，「明日への期待がもてるような言葉をかけて」早めに片付け始められるように計画しておくとよいだろう。

3）「排泄」「手洗い」の援助・留意点

実習生にとっては，次の「クラスの活動」のことが気がかりな時だが，「排泄」「手洗い」は重要なことだから十分に把握しよう。

着替えが必要な状況になる場合があるので，対応を考えておこう。

4）「設定保育・クラスの活動」の援助・留意点

「排泄」「手洗い」を済ませた子どもたちが，どのようにして待つのか（互いに話をしながら待つのか，各自が選んだ絵本を見ているのか）を計画しておこう。

活動の導入の方法については，第4章第4節の「（5）活動の展開に沿って考える①−活動の導入を具体的にどうするか−」（p.100），展開の方法については「（6）活動の展開に沿って考える②−活動の展開をどうするか−」（p.102），活動のまとめは，「（7）活動の展開に沿って考える③−活動のまとめの段階で意識すること−」（p.103）を参考にして，しっかりシュミレーションしよう。

子どもによって異なる理解，反応の違いを予想して，どの子にとっても"楽しい経験"になるように，プロセスのさまざまな場面での「言葉がけ」「援助」について考えておこう。

5）「休息・お茶を飲む」の援助・留意点

休息をとり，「外遊び」への期待が膨らむような言葉がけをしたり，必要によっては，子どもたちの自覚をうながすために約束事を確認する話などをして園庭に出るようにしよう。

6）「外遊び」～「片付け」～「昼食準備」の援助・留意点

子どもたちの遊びの内容，遊び仲間を予想して，遊具，遊び場の安全をチェックし，遊びの展開に応じて，どのような援助が必要かを考え，必要な用具などを準備しておこう。

一人ひとりの遊びを把握しながら，体調の悪そうな子どもがいれば，すぐに担任の先生に相談し，けんか，けがの対応については，第2節「(3)園の方針や細やかな決め事を理解する」(p.113) を参照してほしい。

遊びの展開を見て，片付けのタイミングを適切に判断し，片付けの取り組みを把握しよう。泥水で遊んだ後などは，体の洗浄に必要な用具，場所などを準備し，援助する。入室後のうがい，手洗いが丁寧にできるように声をかけ，うがい，手洗いを済ませた子どもたちの行動は，日常的に習慣になっている昼食準備の方法で行う。準備にかかる時間には個人差があるので，配慮しよう。

7）「昼食時」～「昼食後」の援助・留意点

食べ終わった子どもたちが遊ぶコーナーのセッティングが必要である。まだ，食べている子どもがいるため，机を移動させながら静かに遊べる遊具を選び，安全に遊べるような構成の工夫（ブロック，折り紙，絵本，絵画など）をしている。降園前の集まりの時にも環境構成を考えておく必要がある（p.119，表5-9参照）。

昼食前の挨拶の仕方，マナーの指導，食べ残す子どもへの対応などは，日常の担任の先生が大切にしている観点に沿って行おう。

保育者の座る席は，自然に皆が見渡せる場所を選ぼう。そして，食べ終わった後，子どもたちの様子を見て回り，片付けまで見届けよう。

食べ終わって遊び始めた子ども，食事中の子どもを把握しながら，必要な援助をする。降園準備の時間を見計らって昼食時間を終了するが，食べ残しのある子どもの気持ちへの配慮をして，このことを担任の先生に伝えよう。

8）「降園前の集まり」～「降園準備・排泄」「降園」の援助・留意点

降園前には，排泄を済ませ，絵本を見たり，歌を歌ったり，「今日の園生活で楽しかったこと，困ったこと」などを話し合う時をもとう。子どもたちの降園準備の時，忘れ物がないかを子どもに確認させよう。

当番の子どもの働きに感謝の言葉をかけ，一人ひとりの顔を見て，明日の園生活に期待がもてるような言葉をかけて降園の挨拶をしよう。

(2) 実習生が作成した日案から援助・留意点を考える

実習生Eさんが作成した全日実習（p.126，表5-10）の日案が実践され，実習日誌に書かれた，反省・評価から保育者の援助・留意点について再考してみよう。

1）「ねらい・内容」に関係する「保育者の援助・留意点」を日案に明記して，しっかり意識しておくべきであったと気づいた例

この日の実習日誌には，以下のように書かれている。

> 制作は，とても楽しんでもらえたようでしたが，二つ目のねらいであった季節のことについても触れたかったです。外遊びの時にIくんとWくんは，アズサの落ち葉でお面を作ったり，Oくんと"つむじ風"を見て北風の話をしていました。

- ○ 話をしている時に、私が、もっとかかわって、話題を出せばよかったと思います。
- ○ 言葉で褒められるよう語彙を豊富にしたいと感じました。

<考察>

① 「幼児の姿」に、園庭のさまざまな子どもたちのかかわりの姿、子どもの落ち葉で遊んでいる具体的な様子が書かれていると保育者の意識の中に、子どもと落ち葉、季節のことなどが鮮明になっていたのではないかと思われる。さらに、「ねらい」「内容」に"落ち葉を拾ったり"の文面があるが、「好きな遊び」の環境構成は、保育室内のみとなっている。子どもが落ち葉に触れて遊ぶことへの保育者の願いは、「環境構成」、「保育者の援助・留意点」に記述されていない。日案に、明確な願いをもって意図的に記述していれば、保育者の実際の援助は異なってきたのではないだろうか。

② この日の実習生の保育の力点が「紙コップパペット」の制作に置かれていたことだろう。楽しい活動になるように熱心に準備したことは、保育効果として現れている。しかし、子どもの日々の生活の中でさまざまな経験をし、興味・関心も多面的であると考えられる。一日の保育の中で、日常的に経験していることの中に多くの発見、気づきがあることを覚えて、子どもの視点に立って、一日の保育の計画に臨みたいものである。

2)「クラスの活動」の実践過程で気づいた、適切な援助・留意点

実習生の意図として、このパペットを子どもたち皆が完成させた後で、今歌っている歌に合わせて動かしたり、人形劇を展開できればと考えていた。そのため、いろいろな個性的な人形ができればいいと願いながら、三つの見本を作って見せた。三つ見せると「もっといろいろなパペットをつくってみよう」と子どもたちが思うと考えたのだが、実習生は、導入の「環境構成」の不十分さに気づき、実習日誌に以下のように書いている。

- ○ 見本を見せたことで、子どもたちのパペットが、ほとんど見本通りのデザインになってしまいました。環境構成に、「いろいろな動物やさまざまな表情の人の絵本や写真など」を準備して、ゆっくり進めればよかったです。

<考察>

「パペット作り」では、「いろいろな種類のパペットが出来上がってほしい」との実習生の願い通りにはならなかった。このことを、一つの失敗と思って反省したのだが、この思いは、担任の先生のアドバイスで次のように展開していくことになった。

翌日の「自由な遊び」の時間の一つのコーナーに、「パペット作り」ができるように設定しておいた。子どもたちの多くから「あっ、昨日作ったのや！ 作ってみたい」「私も」「僕も」と意欲がみられた。この日は、環境構成として、いろいろな動物やコスチュームの人の描かれている絵本を置いておいた。昨日と同じように作る子どももいたが、新しいアイデアのパペットも出来上がって、それぞれを動かして遊んでいるうちに、人形劇に発展していったのである。

そこで、人形劇ができるように、大きな段ボールを椅子を背もたれにして立てて、舞台にした。子どもたち主体の「人形劇」が始まった。演じる子ども、見る子どもが交代して、何度も楽しんだ。

個人の制作活動 → 他児とイメージを共有して遊びを楽しむ活動につながった。

失敗から新たな方向性を見出したこの実例は、実習生自身が、何より子どもたちの育ちに対して「創造性を育てたい」願いをもって日案を作成したことから導かれている。

そして，活動の流れの中で他者とのコミュニケーションの場が生まれ，イメージを共有して楽しむ想像的活動へと発展していった。

3）実際の援助から「子どもの育ちを支える援助」を考える

実習生が実際に計画して行った援助「子どもが排泄を済ませている間に，椅子を並べておく。」について考えてみたいと思う。

＜考察＞

この援助は，次の活動に早く移るための意図的行動とも思われるが，5歳児のこの時期の場合，保育者の少しの援助（端の子どもの椅子だけ置いておくなど）で，子どもたちが自主的に行える行動だろう。事情によっては，早くスムーズに進行しなければならない時もあるが，日常的であるからこそ，子どもが一日の生活の中で見通しをもって行動することが，自主性となっていくことだろう。子どもの育ちへの願いを援助に現していきたいと思う。

4）育ちを支える「保育者の援助・留意点」の視点を再考する

「制作パペットを紹介する」の援助について，「出来上がったパペットを紹介してもらう。」となっているが，この表現は，保育者の行動を表現しているだけになっている。

保育者が，この紹介の時に，どのような援助をすればよかったのだろうか。以下のように，援助の視点を明確にすることで実際の子どもたちの「言葉がけ」が変わってくることだろう。

＜修正案＞

保育者の援助・留意点
それぞれの子どもの「工夫したところ」「難しいと思ったところ」などを聞いて，子どもたちの思いが表現できるようにする。

おやつの準備の時の援助について，「お茶，コップの準備は当番の子どもたちにお願いする。」となっている。

この場合も，当番の子どもが役割を果たせた時には，認め，感謝の気持ちを表し，他の子どもたちも保育者の「ありがとう」の言葉を聞くことで，それぞれに気持ちを伝えることができればよいのではないだろうか。

＜修正案＞

保育者の援助・留意点
お茶，コップの準備は，当番の子どもにお願いして，準備ができた時，「ありがとう，しっかりできたね」の言葉をかける。

5）「子どもの気持ちを支える降園時の配慮」について考える

降園の時の援助について，「しっかり全員で帰りの挨拶をする。」と記述している。この表現でも，子どもと保育者との信頼関係は十分に感じられるが，基本的に，降園時の基本的な「ねらい」は，明日への期待をもつことのできる援助である。降園時の保育者の援助は，今日一日の園生活を振り返って楽しかったこと，困ったことなどを受けとめつつ，「明日は，○○な楽しいことをしようね。元気で来てね。先生が皆を待っていること」を伝えて，明日に期待が持てるようにして「さようなら」の挨拶をするところに，育ちを支える援助の視点がある。以下のように記入したいと思う。

＜修正案＞

保育者の援助・留意点
子どもたちの今日の楽しかったこと，困ったことなどを聞き，明日への期待がもてるような話をして，一人ひとりに挨拶をして見送る。

6）保育者の援助・留意点としての「安全面への配慮」の記述について

保育者の安全面への援助の観点を明記している箇所を挙げてみよう。

- パペット作りの時に、「道具は、1グループごとに取りに行く」「走らないようにうながす」。
- 作ったパペットは、降園準備の時には椅子の下においておく。
- 6名ずつ分けて降園準備をする（保育室のスペースの関係で）。

ところが、実際には行っているのに、記述していなかった点がある。日案に記入しておこう。

＜修正案＞

保育者の援助・留意点
安全のため、キリで穴を開けるところは、保育者がする。ただし、どのように行っているかはしっかりと見せて、扱い方を学ぶようにする。

けがをした場合には、どうするのか。園の方針に従い、日案に記入しておくとよいだろう。

＜記入例＞

保育者の援助・留意点 （園の対応の方針に従った方法で）
けがをした場合には、応急処置ができる場合には行い、すぐに担任の先生に状況を説明して、自分の役割を行う。

（3）「全日実習」を体験した先輩からのアドバイス

では、いよいよ全日実習本番である。全日実習を体験した先輩からのアドバイスを下記に示すので、参考にして、実習に取り組んでほしい。

- 園の保育の特徴を知って、宗教的な方針のある園など、方法や理解に戸惑った場合、どのようなことでもわからなければ、あいまいにしないで積極的に聞くことが大切ですよ。
- 実習の毎日、先生の保育をしっかり見ておくことが大切です。全日実習を行う前には、担任の先生とよく話し合う、協議する時間をもってもらうこと。
- 当日までは、クラスの中で補助的な立場だったけれど、当日は担任の役目になるので、特に「子どもたちへの言葉がけ」は、十分にシミュレーションしておきましょう。
- 保育中、緊張状態で指導案の通りにはいきませんでした。でも、子どもの様子を見ながら対応していったことを、先生は「保育では、こういう判断も大切だから」とほめてくださいました。反省しながら、保育の奥深さを感じました。
- 私が「子どもたちへの援助が十分にできなかった、失敗した。子どもたちに申し訳ない」と思って落ち込んでいると、Aくんがそばに来て「先生、おもしろかった。またしよう！」と言いました。「嬉しかった」と共に、子どもの感じ方や見方をもっと理解しなければと思いました。
- うまく保育をしようとするのではなく、子どもと一緒に楽しむ気持ちが一番大切なことだと、実習を体験して学んだので、その気持ちを一番大切にしてください。熱意をもって取り組めば子どもに伝わると思います。

表5-10 実習生Eさんが作成した日案

2008年11月19日（水） 5歳児 さくら組 25名〔男12名・女13名〕		
幼児の姿	・作品展を経験して，いろいろな物を作る楽しさを知り，製作に興味をもち，友達と作った動くおもちゃで楽しく遊んでいる。 ・園庭の落ち葉を使って遊び，風の冷たさに気づいたり，秋から冬への季節の変わり目を感じながら過ごしている。	
ねらい	・自分のアイデアで素材を変化させ，動くおもちゃを製作することを楽しむ。 ・秋から冬への季節の移り変わりを感じる。	内容	・自分で素材を選びデザインして動くおもちゃを作る。 ・外遊びの時に落ち葉を拾ったり，季節を感じる歌をうたう。

時間	環境構成	予想される幼児の活動	保育者の援助・留意点
8：30	〈保育室〉 シートをひいておく 〇パペット〇　か　〇お絵描き〇 はさみ　ボンド　　　B5用紙 見本　　毛糸　　　　ペン のり　　マジック　　のりしき紙 コップ　画用紙 ボタン　折紙 〈園庭〉 ＊帽子を忘れずに	〇登園する。 ・保育者と挨拶をする。 ・身辺整理をする。 ・連絡帳にシールを貼る。 ・友達と挨拶をする。 〇好きな遊びをする（室内・園庭）。 ・ままごと　・ブロック ・絵画　　　・カードゲーム ・積み木　　・製作，折り紙 ・砂場　　　・雲梯　・鉄棒 ・鬼ごっこ　・落ち葉で遊ぶ	〇子どもたち一人ひとりとかかわり同時に視診をする。 〇スムーズに身辺整理が行えるように何をするべきか気づくように声をかける。 〇連絡帳のシールを貼り忘れている子には，当番にお願いして伝えてもらう。 〇各自で遊んでいる場合には，少し離れて見守り，保育者を必要としている場合，困っている時にはかかわる。
9：20	〈保育室〉	〇片付けをする。 ・自分の使ったものだけでなく他の物も片付ける。 ・手洗い，うがい，排泄をする。 ・お茶を飲む。	〇片付けを済ませ保育室に入る時は，全員揃っているか確認する。 〇子どもが排泄を済ませている間に，椅子を並べておく。
9：30		〇お話を聞く。 ・歌を歌う「こぎつね」 　　　　　「世界中の子どもたちが」 ・製作の説明（見本を見せる）	〇歌の歌詞を子どもたちと確認してから一緒に歌う。
9：50	〈保育室〉 作り終わった子どもが遊ぶ場所 構成遊び 材料 各自はさみ 毛糸　折り紙 ボタン　画用紙 棒　　など	〇クラス全体の活動。	〇スモックを着ている間に机を4台並べる。 〇道具は，1グループごとに取りに行き，混雑を避ける。また，走らないようにうながす。 〇パペットを見せて，製作の仕方の説明をする。

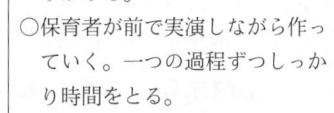

第4節 「保育者の援助・留意点」を考える

時間	環境構成	予想される幼児の活動	保育者の援助・留意点
10:40 11:00	〈制作机〉机の上の準備 キレイな水ふき／のりをつける棒／全員のはさみ／マッキーペン／がみりしき／のり（あらかじめ水でうすくのばしておく）／レジャーシートをしく。 オバケ・ウサギ・チアガール 人形劇（大人のイス・ダンボール） 見本のパペット3つ	○（紙コップパペット作り） ・椅子に座る。 ・各自はさみを持ってくる。 ・紙コップを切る。 ・穴を開ける。 ・紐を通す。 ・割り箸を付ける。 ・デザインする。 ・完成した子どもからパペットで遊ぶ。 ○片付けをする。 ・排泄を済ませる。 ○おやつを食べる。	○「お友達がいなくて寂しがっているから，皆で作ってあげようと思うんだけど，どう？」と投げかける。 ○保育者が前で実演しながら作っていく。一つの過程ずつしっかり時間をとる。 ○困っている子どもの所に行ってきちんと伝える。 ○いろいろとデザインできるようにいくつかの見本を置く。 ○お茶，コップの準備は当番の子どもたちにお願いする。
11:15	〈保育室〉 材料／パペット	○集まり。 ・製作パペットを紹介する。	○出来上がったパペットを紹介してもらう。 ○歌「こぎつね」に合わせてパペット人形を動かす。 ○パペットは，降園まで自分の椅子の下においておく。
11:20 11:30	〈保育室〉お菓子とコップ 作った作品を置いておく	○降園準備。 ・身支度をする。 ○降園。 ・挨拶をする。	○6名ずつ分けて降園準備をする。 ○しっかり全員で帰りの挨拶をする。

＜日案に添付した資料＞
紙コップパペットの作り方

○材料
- 紙コップ（白がベスト）
- タコ糸
- ストロー
- 割りばし

○道具
- はさみ
- キリ
- セロハンテープ
- ボンド

○デザイン
- ペン
- 毛糸
- つまようじ
- ボタン

① 紙コップを縦に半分に切り込みを入れる。
② 紙コップをひらく。
③ 本体の完成！
④ デザインをする。
⑤ 紙コップの底の部分に穴をあける。
⑥ ストローを付けたタコ糸を通し，反対側にもストローを付ける。
⑦ 割りばしを付ける。
⑧ 完成

第5節 全日実習の反省・評価

(1) 全日実習の反省・評価の視点

1) 実際の「幼児の姿」を振り返る

全日実習の実践を次に生かすために，部分実習で行ったように，次の観点から振り返ってみよう。

全日保育のさまざまな活動時の「幼児の姿」を思い起こして，率直に「よかった」と思えること，「残念だった」「計画通りにいかなかった」と思えることを，保育の流れに沿って書き出してみよう（表5-11）。

そして，このことが「ねらい」の観点と「どのようにつながっているのか」を考えてみよう。

2) 保育内容は，子どもたちにとってどのように受けとめられたか

計画した諸活動の内容が子どもたちの興味・関心，生活，育ちにとって適切なものであったかを「ねらい」との観点で振り返ってみよう。

図5-1の記入を通して，全日実習の計画の段階で，子どもの姿から「ねらい」を設定した

表5-11 全日実習で感じた幼児の姿の「よかったこと」「残念だったこと」などの記述

	よかったこと	残念だった・計画通りにいかなかったこと
○登園・視診 ○身辺整理		
○遊び		
○片付け		
○排泄する ○手を洗う		
○クラスの活動		
○おやつ ○お弁当		
○集まり ○降園		

が,「ねらい」と「活動内容」「環境構成」は,子どもの発達,興味関心,生活,育ちの観点から妥当なものであったかを探ることができる。

どの観点の見通しが不十分だったのかを考察してみよう。

ねらいが達成されたと思える幼児の姿	→	活動の内容・環境構成などの,どこによかった点があったか
ねらいが達成されなかったと思える幼児の姿	→	活動の内容・環境構成などの,どこに不十分な点があるのか

図5－1　計画した「ねらい」と「活動の内容」「環境構成」の関係を探る

3）幼児の姿から保育の流れ,活動の時間配分を振り返る

●主な活動において子どもの集中度持続性などの観点から活動時間は適当だったか

- ○自由な遊び
- ○クラスの活動
- ○外遊び
- ○お弁当

●活動から活動への移行において適切な言葉がけ,指導ができたか

- ○登園
- ○自由な遊び
- ○片付け
- ○排泄
- ○クラスの活動
- ○水分補給など
- ○外遊び
- ○片付け
- ○排泄
- ○うがい・手洗い
- ○お弁当
- ○自由な遊び
- ○集まり
- ○降園

4）子どもとのかかわり，援助を振り返る

クラスの子ども全体への指導の側面（図5－2）と，個別の子どもとのかかわり，援助の側面（図5－3）から振り返ってみよう。

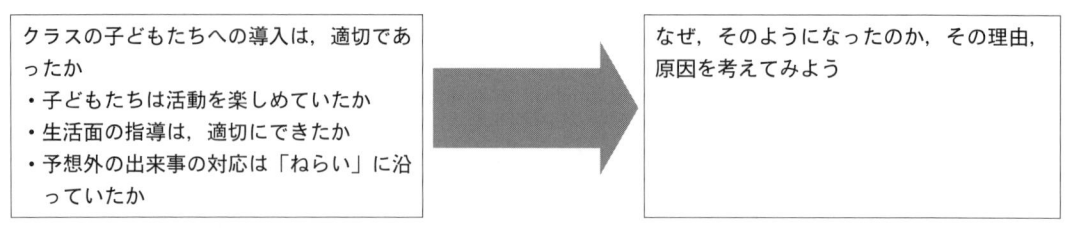

| クラスの子どもたちへの導入は，適切であったか
・子どもたちは活動を楽しめていたか
・生活面の指導は，適切にできたか
・予想外の出来事の対応は「ねらい」に沿っていたか | → | なぜ，そのようになったのか，その理由，原因を考えてみよう |

図5－2　クラス全体への指導を振り返る道筋

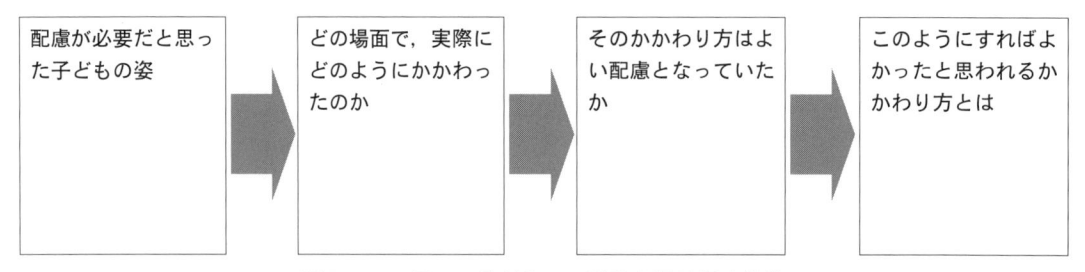

| 配慮が必要だと思った子どもの姿 | → | どの場面で，実際にどのようにかかわったのか | → | そのかかわり方はよい配慮となっていたか | → | このようにすればよかったと思われるかかわり方とは |

図5－3　個々の子どもへの援助を振り返る筋道

5）「主な活動」の環境構成を振り返る

保育に組み込まれた主な活動の環境構成についての振り返りをしよう。それぞれの環境構成に，子どもたちがどのようにかかわったのかを（図5－4）の道筋で整理しておこう。

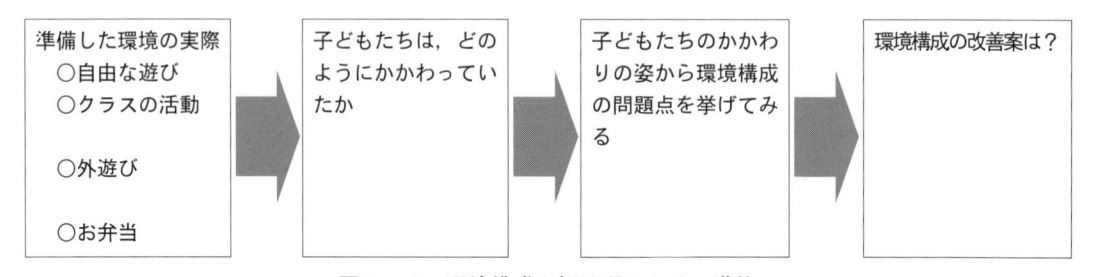

| 準備した環境の実際
○自由な遊び
○クラスの活動
○外遊び
○お弁当 | → | 子どもたちは，どのようにかかわっていたか | → | 子どもたちのかかわりの姿から環境構成の問題点を挙げてみる | → | 環境構成の改善案は？ |

図5－4　環境構成を振り返るための道筋

（2）全日実習の反省会に臨む

実習のしめくくりである全日実習を終えると，すぐその日に担任の先生，主任の先生，園長先生を交えての反省会が行われるが，その時までに上記の観点で振り返りを行って整理して臨もう。

先生方からの指導助言を聞く姿勢として，「ねらい」「内容」「援助」「環境構成」「一日の保育の流れ」の計画から実践への過程，そして，具体的な振り返り事項を念頭におきながら，指導・助言の意味を適確に汲み取る主体性が求められる。この主体的な姿勢があれば，たとえ厳しい指摘でも「自分自身の成長へのステップ」として感謝して受けとめることができるだろう。

（3）実習日誌の記録を通して気づく自己課題

全日実習を終えて，反省会に臨み，安堵感とともに心身の疲労感を覚えている時に実習日誌を書くことは大変だが，今の自分の子どもの見方，保育の考え方が整理され，子ども理解が深まり，保育の展開を予測すること，反省・評価の視点を明確にとらえることにおける能力が培われていくだろう。

1）実習日誌の項目と記録の視点

実習日誌は，自分の立てた日案に従って一日の保育を展開し，その内容を記録したものになるが，「考察」の項目を加えた記録にすることで，より援助の反省点が明確にすることができる。

表5－12　実習日誌の項目の例

時間	環境構成	幼児の活動	保育者の援助・留意点	考　　察
	環境構成 図式または文章 ○計画していた環境構成に子どもがかかわり，創り出していった環境など，その時々の場面を図式化，または文章で記録する。	○子どもの具体的な動き，生活習慣になっている活動，設定した活動の中での動きなど，主体的に動いた姿などを記録する。	○子どもの活動に対して，どのような援助をしたのか，意図して動いたことについて客観的に記録する。	○子どもの動きに対して感じたこと，保育者の援助に対して気づいたこと学んだことを記述する。
反省・評価				
・自分自身の感想，反省と共に指導助言の内容から見出した自己課題を明確にして記入する。 ・指導者の先生に，素直な感謝の気持ちを述べる（「～です」「～ます」で書く）。				
指導者の助言				
・実習後の反省会で助言指導をしていただいているので，ここに記入されない場合もあるが，保育者の先輩として今後の実習生の成長を願って書いてくださったことを謙虚に受けとめ，今後に生かしていこう。				

2）反省・感想に対する指導者の助言

　前日まで「失敗したらどうしよう」と不安しかなかったのですが，登園後，子どもたちから「先生ずっと一緒にいてよ」の声を聞いて，緊張がほぐれました。自分を自然に出せていたと思いますが，一日の中心の活動（飛行機の制作）がスムーズに進められず，予定より時間をオーバーしてしまい，予定していた外遊びができなくなってしまいました。導入の仕方，子どもの活動へのかかわり方を予測して，しっかりシミュレーションをしておくべきでした。

＜指導者の助言＞
　部分実習で学んだことは，しっかり生かされていて安心して見ていました。時間通りに進められませんでしたが，一人ひとりを温かく見守っていたのはよかったですよ。もうすぐ実習生の先生とお別れすることから，一人の子どもが甘えるといったハプニングもありましたが，その子どもをしっかり受けとめて子どもの気持ちを大切に，待つことができましたね。今後，この反省から，子どもの理解力や取り組む力などの理解を深めて，活動を援助できるように努力していってください。

　排泄を済ませて，子どもたちが椅子に座って皆が揃うのを待っている時の言葉がけや配慮が足りず次の活動への間が長くなりすぎ，子どもたちの集中力，意欲をなくしてしまいました。また，一人ひとりの意見をゆっくり聞いているうちに，迷いが生じてしまい，子どもたちとの気もちもそれぞれ違う方向に向いてしまいました。各々の活動が時間内に終わらず，一日の保育の流れがしっかりとつかめていなかったと思います。

＜指導者の助言＞
　個々の子どもの気持ちを受けとめ，よくかかわっていたと思いますが，子ども一人ひとりとかかわりつつ，全体をまとめていくためには，もう少し全体に向けての言葉がけや進め方などを考える必要があると思います。また，時間の流れをしっかり把握しておくためには，事前に保育の流れを組み立てて，イメージトレーニングをしておくことが大切です。今日学んだことを，これからの保育に生かしていってください。

　4歳児クラスで「山の音楽家」の歌を初めて導入するときに，歌の歌詞が理解しやすいようにと歌詞に沿って描いた数枚の絵をめくって見せながら歌いだすと，子どもたち数人が絵を見ようと保育者のそばに集まってきて，収拾がつかなくなりました。子どもたちのおしゃべりが止まらず，騒ぎ始めると，どのような言葉をかけていいのかわからず大声ばかり出している自分に気づきました。

＜指導者の助言＞
　部分実習とは違って，全日実習は，組み込まれた活動の先のことばかりが気になりますね。あせりから，子どもの気持ちに添えず，内容が薄くなってしまうことがあります。収拾がつかなくなった時には，もう一度，一つひとつの活動のねらいを思い出して，立て直しながら穏やかにこどもとかかわっていこうと努めるようにしています。子どもの興味のあることを把握しておいて，例えば，手遊びなどを取り入れると集中するので立て直すきっかけができますね。

> 外遊びで，子ども5人で鬼ごっこをしていた時，途中で急に「やめた」と言って他にいってしまう子どもが次々に出て，遊びが中断してしまいました。どのように対応すればいいのかわからなくなってしまいました。
>
> ＜指導者の助言＞
> 　教師が，ヒントやアイデアを出すこともありますが，中断したり，停滞したり，おもしろくないという気持ちを経験することも必要かと思います。どうして，おもしろくないのだろう。どうすれば楽しくなるのだろう，と子どもたちと考える。そして，「こうすれば，もっといいのではないか」と考え合う，このことが大きな力になると思います。

> 　子どもたちは，保育者を見ています。言葉がけ一つひとつを聞いています。まだまだ，すぐに子どもの興味に添った言葉が出てきません。計画の内容，子どもを援助する実際の動きなどたくさんの課題が見つかりました。
>
> ＜指導者の助言＞
> 　全日実習を経験して，「もっとこうすればよかった」…と思うことがたくさんあったかもしれしれませんが，「もっとこうすればよかった」が「次はこうしてみよう」になり，もっと子どもの心に寄り添ったよい活動につながっていくのだと思います。私自身も，毎日，反省，反省を繰り返しています。

（4）「保育者の専門性」を学んだ全日実習の経験

　実習が始まり，観察実習，参加実習，部分実習，そして，実習の集大成ともいえる全日実習を経験したあなたは，「保育者の専門性」を経験したということができるだろう。

　保育現場の保育者は，園の教育方針を基盤に，指導案を作成し，実践，反省・評価を通して，子ども理解を深め，保育者としての専門性の資質，能力の向上を願って努力の日々を過ごしている。

　実習生のあなたは，これから，この「保育者の専門性」を磨くべく大学で学ぶ理論と実践の関係を探りながら，自己課題を明確にして，自らの成長を楽しみに努力していってほしい。

■参考文献

- 玉置哲淳：指導計画の考え方とその編成方法（シリーズ 子ども発の指導計画 1），北大路書房，2008．
- 森上史郎，大豆生田啓友 編：幼稚園実習　保育所実習・施設実習（新・保育講座 12），ミネルヴァ書房，2004．
- 民秋　言，米谷光弘，上月素子，安藤和彦：幼稚園実習，北大路書房，2008．
- 浅見　均，田中正浩 編著：保育方法の探究，学事出版，2005．
- 森上史郎，大豆生田啓友 編：よくわかる保育原理，ミネルヴァ書房，2008．
- 阿部明子，飯田良治，大場牧夫 他：幼稚園・保育所実習の指導計画はこうして立てよう，萌文書林，2006．

第5章 確認チェックと発展

「全日実習」について学んだことを、あなた自身の全日実習の計画をもとに整理して記入していこう。

第1節　全日実習の目的　より
私が今回の全日実習で身につけたいことは ＿＿＿＿＿＿＿＿＿＿＿＿＿
＿＿＿＿＿＿＿＿＿＿＿＿＿＿＿＿＿＿＿＿＿＿＿＿＿＿＿＿＿＿＿＿
＿＿＿＿＿＿＿＿＿＿＿＿＿＿＿＿＿＿＿＿＿＿＿＿＿＿＿＿＿である。
（学んだことをもとに、全日実習での学びの目標を書いてみよう）

第2節　日案作成の前提として知るべきこと　より
日案作成の前に把握しておくことは ＿＿＿＿＿＿＿＿＿＿＿＿＿＿＿
＿＿＿＿＿＿＿＿＿＿＿＿＿＿＿＿＿＿＿＿＿＿＿＿＿＿＿＿＿である。
日案作成の手順における留意点は ＿＿＿＿＿＿＿＿＿＿＿＿＿＿＿＿
＿＿＿＿＿＿＿＿＿＿＿＿＿＿＿＿＿＿＿＿＿＿＿＿＿＿＿＿＿である。

第3節　「幼児の姿」「ねらい」「内容」「環境構成」「予想される幼児の活動」を考える　より
「ねらい」を達成するために考えた子どもの活動内容は ＿＿＿＿＿＿
＿＿＿＿＿＿＿＿＿＿＿＿＿＿＿＿＿＿＿＿＿＿＿＿＿＿＿＿＿である。
「環境構成」で、特に工夫した点は ＿＿＿＿＿＿＿＿＿＿＿＿＿＿＿
＿＿＿＿＿＿＿＿＿＿＿＿＿＿＿＿＿＿＿＿＿＿＿＿＿＿＿＿＿である。

第4節　「保育者の援助・留意点」を考える　より
クラス全体の子どもたちの援助として、特に配慮した点は ＿＿＿＿＿
＿＿＿＿＿＿＿＿＿＿＿＿＿＿＿＿＿＿＿＿＿＿＿＿＿＿＿＿＿である。
個々の子どもの援助で、特に配慮した点は ＿＿＿＿＿＿＿＿＿＿＿＿
＿＿＿＿＿＿＿＿＿＿＿＿＿＿＿＿＿＿＿＿＿＿＿＿＿＿＿＿＿である。

第5節　全日実習の反省・評価　より
今回の実習を経験してよかったと思えることは ＿＿＿＿＿＿＿＿＿＿
＿＿＿＿＿＿＿＿＿＿＿＿＿＿＿＿＿＿＿＿＿＿＿＿＿＿＿＿＿である。
発見できた自己課題は ＿＿＿＿＿＿＿＿＿＿＿＿＿＿＿＿＿である。
保育者を目指す者としての今後の自己課題は ＿＿＿＿＿＿＿＿＿＿＿
＿＿＿＿＿＿＿＿＿＿＿＿＿＿＿＿＿＿＿＿＿＿＿＿＿＿＿＿＿である。

第6章 実習のしめくくり・反省と評価

実習最終日・実習終了後の心構えについて考えよう。
☞ **第1節　実習のしめくくり**

実習できたことの喜びを感じながら, 実習園について理解しておこう。
☞ **第2節　実習生を受け入れる園側の思い**

今回の実習を振り返って自己評価をしてみよう。
☞ **第3節　実習の自己評価**

大学での事後指導・実習報告会とはどのようなものだろうか。
☞ **第4節　大学での事後指導**

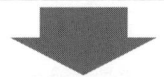

夢に近づくために, 実習での学びを生かして, さらに深く学んでいこう。
☞ **第5節　よりよき先生になるために**
　　　－夢に向かって－

第1節 実習のしめくくり

　実習もいよいよ終わりの日を迎えることになった。一人ひとりの子どもの顔と名前が浮かんでくるだろうか。子どもたちの活動の様子やエピソードを思い出しながら，また，自分が実践してきた内容や子どもたちとのかかわり，活動のへの参加の仕方や先生方から指導を受けたことなどをじっくり振り返りながら最終日を迎える前に自己チェックをしてみよう（表6-1）。

表6-1　振り返りチェックリスト

- ☐ 子どもたちの名前は全員覚えることができた。
- ☐ 一日の保育の流れをつかむことができた。
- ☐ 一日の先生の動きがわかった。
- ☐ 一日の幼稚園の仕事を覚えることができた。
- ☐ 実習日誌は要点を押さえて記述することができた。
- ☐ 保育指導案が書けるようになった。
- ☐ 積極的に子どもとかかわることができた。
- ☐ 適切な指導や援助の方法がわかった。
- ☐ 先生としての役割を体験することができた。
- ☐ 幼稚園教諭という仕事の楽しさがわかった。
- ☐ 幼稚園教諭という仕事の厳しさ・大変さがわかった。

＜今回の実習でうれしかったこと＞
-
-
-

＜今回の実習で難しいと感じたこと＞
-
-
-

＜今回の実習で非常に勉強になったと感じたこと＞
-
-
-

＜これからの自分の課題＞
-
-
-

（1）実習最終日はしめくくりの日

　実習最終日は，子どもたちとのお別れの日でもある。行事予定が詰まっていない時期であれば，お別れ実習という形で実践の時間が与えられることがある。ドキドキしながら子どもたちの前で自己紹介をした時を思い出し，短い時間で築き上げてきた子どもたちとの関係を大事にして最後に何か子どもたちと，思い出に残る楽しい時間を過ごす予定を立てておこう。できれば自分の得意な分野で子どもたちに披露できたらよいだろう。手作りの絵本や紙芝居を読んだり，ペープサートを作って演じたり，エプロンシアター（図6-1）や人形劇なども喜ばれる。

　また，最終日に間に合うように，子どもたちにお別れのプレゼントを用意しておくことも大切である。一人ひとりに手紙を書くこともよいが，毎日子どもたちと過ごしていて，そのクラスの子どもたちの興味や関心を把握し，活動内容にあったプレゼントができればとても喜んでもらえる。例えば，忍者ごっこが活動のメインであったとすれば，折り紙で一人ひとりに手裏剣を折ってプレゼントしたり，オリンピックごっこがはやっているときなら，メダルを作って渡すのもよいだろう。実習中の子どもたちの様子を見て，その時に一番印象に残るものを用意することが大切である。もちろん何もかも前日に用意するのでは大変なので，実習に入って少しずつ準備しておくとよいだろう。

　お別れ会ではなく，園の行事として実習初日に就任式，終わりに離任式をする幼稚園では，子どもたちだけでなく，お世話になった教職員の方たちに向けての感謝の言葉なども考えておこう。

図6-1　エプロンシアター

（2）実習全体の反省会

　実習の最終日には，全日実習の反省を含めた実習全般にわたっての反省会がもたれる。

　園によってさまざまだが，丁寧な指導をしてくださる園では，園長先生，主任の先生，担任の先生からの指導がある。実習生の成長を願っての指導であるから，褒めていただくことばかりではない。できていなかった点や注意しなければならない点など厳しい指導を受けることもたびたびある。それは，実習生がさらに力をつ

けて，現場に出るときまでに，もっと成長してほしいと願っての厳しい指導である。実習生はうまくいかないことがたくさんあって当たり前である。どのような注意もしっかり受けとめて自分を変えていく謙虚さと素直さをもとう。また，自分がどの部分でうまくいかなかったのか，計画・準備・指導・技術など細かく自己反省をして，現場の先生の指導方法や指導技術を学んでいこう。「こうしたらよかった」と反省して，次につなげていく繰り返しが保育者としての成長につながっていくので，子どもの笑顔を思い出しながら次につなげていこう。

　実習の振り返りでもう一つ大切なことが，自分の得意な分野や長所を見つけ出すことである。子どもの前に立つと，いつもと違った積極的な自分の姿や，心配りのできる自分を発見することがある。このことは，実践を通して育ってきた保育者としての大切な部分である。子どもとのかかわりの中で楽しかったことや学べて嬉しかったことも，反省会では先生方に伝えておこう。学生の皆さんが現場でよい学びができたことは，実習を受け入れてくださった幼稚園の喜びでもある。

＜実習日誌の反省・感想の記録から＞

> ○　全日実習では，計画にとらわれてしまい，緊張から焦って，結果的に子どもたちを急がせてしまったことを反省しています。新聞プール遊びでは，予想していなかった動きになり，もっと安全面に気を配る必要があったと反省しました。その他にも振り返って反省しなければならないことがたくさんありました。
> ○　指導案はあくまでも計画であるので，その場の状況や子どもたちの様子から臨機応変に動くことが大切であると教えていただきました。現場に出たときはそのような保育者になれるようにがんばりたいと思います。

> ○　今回の実習で，Rくんとかかわる中で，子どもが自分自身に自信をもって活動していけるように指導していくことの大切さを学びました。担任の先生が「今はできなくても，練習すればできるようになるよ」と声をかけている様子から，子どもがプラス思考で物事へ取り組んでいけるようにすることは，今だけでなく，今後の成長，発達の上でも重要なことであると思いました。子どもの今を見つめた上で，先を見通した指導を行っていくこと，また子どもが楽しみながら考え，活動に取り組んでいける環境を整えていくことが大切であるということを感じました。

> ○　選んでする遊びの時間に，「ジャンプマン」の制作を自由参加で設定しました。制作に少し時間がかかり，片付けの時間が延長してしまいました。その中で時間に気づき片付けを呼びかける子どもの姿と，制作に夢中になり片付けには一切気を向けない子どもの姿が見られました。
> ○　私は両者の姿を見てどのように援助すればよいのかわからず，戸惑ってしまいました。さらに時間はどんどん過ぎて行く中で，だんだんと焦り始め，強制的に片付けをうながしてしまいました。
> ○　活動後，自分が子どもの姿や活動の内容についてしっかり見ていたかということに気づき，片付けをうながす前にもっと子どもの制作しているものに興味を示し，共感するべきだったと反省しました。

（3）実習日誌の仕上げ

　実習が終わったら，最後に実習日誌を丁寧に仕上げよう。実習日誌には最後に実習全体を振り返り，反省と感想を記入する箇所がある。そこは，あわてて書いてしまうのではなく，自分の体験したことや学んだこと，反省点や達成で

きなかった自己課題などを事例を入れながら，具体的に書くといいだろう。そのためには，まず，丁寧に実習日誌を読み返すことが望ましい。

1）実習日誌の読み返し

実習日誌には，その日その日の自分の気付きや反省とともに，担当の先生からのアドバイスが書かれている。実習を終えて，もう一度初日から読み返していくと，初めの頃の戸惑いや自分の目標が思い出される。少し園生活に慣れてきて自分がどのように変わっていったのか，子どものことや保育について少しずつわかってきたことや気付いてきたことなどが確認できる。そして，まだ自分の中に残っているたくさんの課題やこれからまだまだ学んでいかなければならないこと，技術的に訓練していかなければならないこと，健康管理を含めた生活面での見直しなど多くの課題が見えてくると思われる。

自分の実習の振り返りと同じくらい大切なことは，実習期間を通してお世話になった担任の先生の保育内容や指導の振り返りである。同じような活動場面で担任の先生はどのように対応されていたのか，どのようにかかわっていたのか，どのような視点で一人ひとりの子どもを指導し，環境を準備していたのか，自分の動きや気付きと，どのように違うのかなど，この振り返りは次に保育者として現場に立つときにとても大切な部分である。

2）降園後の先生の仕事

実習日誌に記されている子どもたちが降園した後の先生方の仕事内容についても，細かく振り返っておこう。例えば掃除の仕方なら，先生方はただきれいに衛生面だけを考えて掃除をしているわけではない。子どもの帰った後のゴミ箱の中から出てくるゴミの中身で，活動の内容や充実していたかどうか判断していくことが多くある。「どのようなもので遊んだのかな？」「どような材料を使ったのかな？」「使い方に工夫があったのかな？」「無駄に触るだけで終わってしまっていないか？」など，その日の活動内容がゴミ箱の中からわかってくることがある。

掃除だけではなく，活動の流れにそった遊具や材料の準備，安全の確認，一人ひとりの持ち物の確認，作品の確認など，子どもの帰った後の仕事は明日の保育につながる大切な部分である。保育というと，子どもたちとのかかわりの場面ばかりが浮かんでくるが，このように環境の面からもじっくりと振り返っておくことが大切である。

3）実習日誌と守秘義務

実習日誌は，学生の皆さんにとっては体験したことや学んだことの記録だが，園にとっては保育の記録でもあるので，その中には守秘義務として守られるべき多くの情報が入っている。園の情報，子どもたちの個人情報，そして学生の皆さんの個人情報も記入されている。この頃は，子どもの名前や個人がわかる記入方法が避けられているが，内容から個人が推測されることが多くある。皆さんの観察力が優れていて，詳しく記録されていれば重要な個人情報になりうる。園であったことが外部の人に漏れないように会話や言葉に気をつけるとともに，実習日誌の取り扱いと保管には十分気をつけよう。もちろん，この記録が後の自分の保育を見直すために大変重要な資料になることも忘れてはならない。

4）実習日誌は宝物

就職してからは，実習期間中のようにじっくりと他の保育者の保育を観察することや保育内容だけに集中して勉強していくことはできない。当然，毎日細かく記載していた実習日誌のような記録の仕方を日々の保育の記録として残していくことも難しくなる。したがって，実習日誌

を記録するという経験は，保育を細かく観察するとても大切な学びなのである。後からみてもよく理解できるような記録であれば，貴重な資料になるはずである。

遊びの場面，環境構成の仕方，子どもとのかかわり，子ども同士のかかわり，保育者の指導や援助。これらは，自分が見て感じ，体験した中で作られた指導書のようなものである。なぜ自分がこの時かかわれなかったのか，理解できなかったのか，先生方がなぜこのような対応をされたのか，先生方の保育のねらいと保育の方法など，自分が保育をするようになって読み返してみるとまた新しい発見がたくさんできるだろう。実習日誌を見ながら，自分が保育者を目指していた原点に帰ることもできる。そのためにも，実習日誌は自分の大切な宝物として大切にしておこう。

（4）実習終了後の心構え

1）帰り支度

実習が終了した後は，自分の荷物が園に残っていないかしっかり点検しよう。傘や上靴，コップなどを忘れて帰る学生がいる。忘れ物が残っていると園に迷惑がかかる。絵本や紙芝居など園の教材を借りていたものは必ず元の場所に返しておこう。その際には，お礼を言って返却したことを報告する。また，給食代や遠足費，画用紙やコピー代など最終日に精算をしなければならないものがあるので，オリエンテーションで実習費以外にかかる費用の説明があった場合は，あらかじめ計算して渡せるようにしておこう。

最後には，園長先生をはじめ，お世話になった先生方や職員の方たちに心を込めて挨拶をして帰ろう。最後のしめくくりはとても大切である。

2）実習後の実習園との関係を大切にしよう

実習後，園に実習日誌を持って行った時にその後の行事の日程などを聞いておき，できるだけ参加しよう。実習をしたのは，一年間のほんの少しの時期である。行事に参加することによって，さまざまな行事の様子や内容がわかったり，その後のクラスの子どもの成長を感じることができると思う。機会があれば，ボランティアとして時々園の保育に参加させてもらうのもよいだろう。

3）実習のお礼状（p.156，付録参照）

お礼の手紙は最後の実習日誌を提出したらできるだけ早く出そう。

手紙の書き方の本などを参考にしながら，季節の言葉を入れて形式を踏みながら書くと書きやすくなる。ここで気をつけなければならないことは，参考例の文章のまま宛名だけを変えて出すと，同じ文章のお礼状が何通も同じ園に届くことがある。そのような形式だけのお礼状はかえって相手の園に不愉快な思いをさせてしまうことになる。あくまでもお礼状なので，先生方に対する感謝の気持ちが学生らしい内容で書かれていることが望まれる。子どもが，「内緒だよと言いながら，小さな花をプレゼントしてくれた」とか「大好きと言って手をつないでくれた」など実習中の子どもたちとのかかわりの中でうれしかったことや感じたこと，気づいたことなどをできるだけ具体的に挙げ，自分にとって有意義で充実した時間であったことに感謝する気持ちを伝えられるようにしよう。

第2節　実習生を受け入れる園側の思い

　実習は，長く感じられたのだろうか。それともあっという間に終わってしまったのだろうか。そして，幼稚園での実習生活の中でどのようなことを感じ，どのようなことを学び，そして，幼稚園教諭になる夢は膨らんだのだろうか。夢に向かっての，新たな第一歩となるように，実習を振り返ってほしい。

（1）積極的，意欲的に取り組むことができたか

　実習では，自分の力を十分発揮することができただろうか。

　子どもとのかかわりや保育，園の先生方との関係など，予想した通りに進むことはほとんどないといってもよいくらいである。時には，実習を指導して頂いた先生から注意を受けたかもしれない。しかし，そのような時も落ち込むことなくしっかり受けとめて，次の日の保育に生かすことが大切である。実習生は，今まで学んできたことを初めて実践してみるのである。うまくいかなくて当たり前。やってみること，そして，反省を次の機会に生かしていくことが大切なのである。注意を受けたからとか自分が考えたことが受け入れなかったからといって落ち込んだり，聞き入れることができないというのでは指導する側も困ってしまう。「このような場面で，このような言葉がけをしたら，思ったように子どもたちは行動してくれなかった」とか「このような保育準備をして，このような配慮をしたつもりなのに予想したようにうまくいかなかった」など自分の保育活動を具体的に伝えて，指導を仰いだり，「自分はこのような風に思うがどうすればよかったのか」「いま，何をすべきだったのか」などと環境整備の仕方や，教材準備の手伝いの指示を自ら仰ぐなど，意欲をもって取り組めたか振り返ってみよう。

　また，実習というのは，今まで自分が学んできたことや準備してきたことを実際に子どもたちの前でやってみることができるチャンスなのだから，臆することなく積極的に取り組もう。一緒に絵をかいて話を聞いてあげたり，折り紙を教えてあげたり，ひざにのせてゆっくり絵本を読んであげるなどして，一人ひとりの子どもとゆっくりかかわってみて初めて，その子どもの性格や思い，発達などを感じとることができたり，数人が集まって遊んでいる集団遊びに一緒に入って，どのような会話をしているのか，遊びのルールはどうなのか，集団の中の力関係はどうなっているのかなどを感じとることができたと思われる。また，練習してきた手遊びをしたり，得意な楽器を聞かせたり，縄跳びや側転などを見せて，子どもたちを楽しませたり感動させることをできた人もいるだろう。できる限りいろいろなことにチャレンジして，積極的に取り組めたか，いろいろなことが理解できたか，自信をもってできることがたくさん見つかったか振り返ってみよう。

（2）園児との生活の中でどのようなことを学んだか

　子どもたちは実習生が大好きである。「ねぇねぇ。どこから来たの？」「一緒に遊ぼう」「名前なんていうの？」など子どもたちから声をかけてきたり，手をつなぎに来てくれることもあっただろう。「子どもって本当にかわいいな」と思う瞬間である。しかしなかには，ちょっと

遠くからじっとみている子どももいるかもしれない。うまく自分の思いを表現できない子どもたちの気持ちを感じ、受けとめることはできただろうか。言葉で伝えることが苦手な子どもが心の中で「先生、こっち向いて」「先生、わたしもしてみたい」と思っていることに先生が気づき、自分に手をさしのべてくれたと感じた時の子どものうれしそうな表情は、とびきりである。先生との信頼関係の第一歩になると思われる。そして、子どもたちの思いが理解できると自分がどのような風にかかわったらいいのか、どのような言葉をかけたらいいのかがわかったり、自分が展開した保育が子どもたちにとって楽しかったのかつまらなかったのか、理解できたのか発達に合っていたのかなどがわかってくるだろう。また、担任の先生はなぜその場面でその援助をしたのか、そのような準備をしたのかが理解できるかもしれない。子どもたちの様子を見て、メッセージを感じることで、今後もたくさんのことを学んでほしい。

また、言葉で伝えるということも含め、一人ひとりの子どもの発達には特徴や個人差がある。その理解ができただろうか。絵画や制作の場面、運動遊びの場面、楽器遊びや歌を歌う場面などで援助が必要な子どももいれば、生活習慣が身に付いていなかったり、話を聞いたり絵本を見る時に援助が必要な子どももいる。一人ひとりの子どもの発達の課題を感じることは、新たな学びにつながる。そして、子どもたちへのよりよい援助につながるだろう。特別な配慮を要する子どもも他の子どもも、一人ひとり、それぞれの活動の場面に合った丁寧なかかわりをしていきたい。個々の子どもに担任の先生がしている（こころがけている）支援を教えてもらうことができれば、それを実行してみよう。そして、振り返りの中で理解を深め、自分が先生になったときに生かしてほしい。

子どもたちと一緒に活動し、保育するということは、本当に体力と気力が必要である。保育者自身が、元気で生き生きしていると子どもたちも自然と生き生きと活動できる。保育者は大きな保育環境である。子どもたちと一緒にたくさん動き、子どもたちとたくさんおしゃべりし、子どもたちとたくさん笑って過ごすことは非常に大切なことである。しかし、子どもたちの要求に応じるがまま、おしゃべりを続けてしまい保育の邪魔になってしまったり、ルール性なく追いかけっこや触れ合い遊びをすることで落ち着いて遊んでいる他の子どもたちの活動に支障が出てしまったことがあれば、それは反省しなければならない点である。子どもと一緒に活動し楽しむということは、周りの他の子どもや保育の流れに配慮がなくてもいいということではないことに気づいてほしい。

生活面では、子どもと過ごすことで、自分が、基本的な習慣を正しく子どもにわかるように指導できるか気づけたのではないだろうか。箸の持ち方、雑巾の絞り方や掃除の仕方、手洗いやうがい、歯磨きの仕方など…、自分自身が身に付いていないと子どもたちに伝えることはできないだろう。「汗をいっぱいかいたからハンカチで拭こうね」と言いながら見本を示してあげたり、ボタンのかけ方をわかりやすいように教えてあげることなど、一緒に活動して子どものがんばりを認めることは大切である。また、正しい言葉遣いや話し方、動作も同じである。言語表現が豊かになっていくこの時期、日々の生活の中で正しい言葉で話し会話を楽しむことはとても大切なのである。保育者は子どもたちの良きモデルでありたい。

（3）保育環境の中から何を学んだか

保育環境と一言でいっても、いろいろある。また、実習をした時期や実習園がどのような保育内容を大切にしているかによっても大きく違

うだろう。

まずは保育室の環境構成である。どのような遊びが設定され，材料や用具などはどのように準備されていたのか，どのような遊びの場（コーナー）づくりがされていたのか，そして，担任の先生は，どのようなねらいをもって環境構成をしていたのだろうか。また，虫や小動物などを飼育している場合もある。世話に必要なものや興味・関心がもてるような工夫をどのような風にしてあったのか思い返してみよう。保育室の掲示物なども工夫されていると思うので，注意して見ておきたい。

さらに，保育室以外の環境にも目を向けよう。花壇に植えてあった花や園庭に生えていた草花，畑で野菜を育てていることもあると思われる。また，絵本の部屋や遊戯室などみんなで使う場所の環境構成など，すべて意図があるので，しっかり振り返っておこう。

（4）実習生を迎えるにあたって
－園側の配慮に気づいたか－

実習生が実習までにたくさんの準備をしてきたように，園でも実習生を受け入れるにあたって，行事や保育内容を検討したり，資料を作ったり，日々の反省会の時間をつくったり，保護者への対応をするなど，できるだけ，スムーズに，また充実した実習ができるように配慮している。「やっぱり，子どもってかわいいな」「子どもと一緒に過ごしたいな」「保育者ってステキな仕事だな」と実習生が思えるように…。そのような園側の気持ちを受けとめて自分は取り組んできたか，感謝の気持ちをもって日々を過ごすことができたか振り返ってみよう。また，幼稚園には，いろいろな職種の人が働いている。担任の先生や特別支援の担当者など直接子どもにかかわる人だけでなく，事務員の方や清掃員の方，作業員の方やバスを運転する方などである。それぞれの方の仕事を理解し協力できることも大切なことである。

もし，あなたが幼稚園の先生になったとすれば，一人だけで保育を進めていくのではないし，もちろん一人でできるわけもない。周りの人たちと相談をし，協力をしてもらい，助け合いながら子どもたちと生活していくわけである。いつも，周りの人たちに感謝ができる人であってほしい。

（5）実習生を受け入れる担任の先生の思い

1）クラスの保育の流れと実習との関係

クラスの子どもの実態を踏まえ，クラス経営をしている担任としては，クラスで大切にしている保育の内容や保育の流れがある。そこに実習が入るので，いつもの活動時間が確保できなくなったり，保育の流れがとぎれてしまうことがあるので，少々不安に思うこともある。また，時には，実習生が入ることによって子どもたちが落ち着かなくなってしまうこともあるから，いつも以上に配慮をしながら活動を進めているのである。クラスの子どもたちの様子について実習生としても心を配ることができただろうか。

しかし，もちろん，実習生が充実した日々を送り保育者を目指してほしいとも願っている。それは，自分も同じように実習を経験し，保育者にあこがれ就職し，日々充実感をもって仕事をしているからである。だからその思いを感じ，実習が実りあるものであってほしいと願っている。実習中，子どもの様子について報告をしたり，言葉がけやかかわり方，援助の仕方などを相談したり，また，責任実習の内容などについて指導を受けることが十分にできただろうか。一番身近に実習生の行動を見ていた担任の先生の指導をもう一度思い返してみてほしい。

2）実習生と園児・保護者との関係

子どもたちは実習生が大好きである。それは，

実習生がもっている生き生きとした元気いっぱいの姿や思い切り遊んでくれる楽しさを感じているからである。また一方で，一人ひとりの子どもの課題を考えて援助している担任の先生とは違い，あまり注意されなかったり，何でも手伝ってもらえたり，甘えさせてもらえることがあるので，実習生は特別な存在なのである。子どもたちと楽しく活動できたかという観点だけでなく，もし自分が担任としてクラスの子どもたちと生活するのであれば，子どもたちとのかかわり方はよかったのか，あるいは，よくなかったのか，どうすればよかったのかという観点で，もう一度実習を振り返ってみよう。

　保護者とのかかわりは，本来実習生には必要ないと思われるが，時には，保護者から何かを尋ねられたり，子どもの様子を聞かれたことがあったかもしれない。そのような時は丁寧に対応しうまく担任の先生につなぐことができただろうか。報告・連絡・相談はとても大切である。

　また，担任の先生と保護者とのかかわりの様子から学んだこともたくさんあったと思われる。担任の先生が保護者に子どもたちの生活の様子やトラブルについて伝えている場面やけがや体調不良など健康状態の変化について報告している場面，また，何気ない会話を交わしている場面など思い出してみよう。きっと参考になるところがたくさん見つかるはずである。保護者との信頼関係を築き，一緒に子どもの育ちを確かなものにしていくことはとても大切なことなので，ぜひ，担任の先生の様子からたくさんのことを学んでほしい。

　また，自分の出身の幼稚園での実習をさせてもらう場合，知っている保護者がいるかもしれないが，個人的に子どものことについて話をするのはトラブルのもとである。実習中に知り得た子どもの個人情報や園の実情などを外部に漏らすことがないように気をつけよう。それは，もちろん実習後も同じである。

＜印象に残った実習生＞

自分の生活を変えられなかったAさん

　Aさんは，よく気が付き子どもが困っていると手を貸してくれましたし，明るく活発で，実習対象が5歳児であったこともあり，戸外で鬼ごっこなど集団遊びをして子どもたちと一緒に遊んでくれていたので，Aさんの周りにはたくさんの子どもがいました。

　しかし，言葉遣いが乱暴だったり，上靴のかかとを踏んでいたりすることがあり，注意してもなかなか改めることができず，実習が終わってしまいました。ぜひ，日頃の生活を見直してステキな保育者になってほしいなと思いました。

子どもの気持ちにより添えたFさん

　Fさんはどちらかというとおとなしそうな印象。自分の幼児期の様子を「人見知りが強かった」と話していて，派手なところはないけれども何事にも一生懸命取り組む姿勢が見られました。友達とトラブルになった子どもがすねてしまった時，膝に抱きじっと子どもから話すのを待ち，子どもが落ち着いてくると，なぜすねているのか聞くのではなく「嫌やってんなあ」と最初に言葉をかけていました。後で自分に似ていると話していましたが，気持ちを受けとめてもらった子どもはしっかりFさんに抱きついていました。

第3節 実習の自己評価

（1）自己評価チェックリスト

実習を終えた皆さんは，学内で実習生仲間と共に実習を振り返ったり，教員からアドバイスを受けたりする。また，実習園からの評価の開示を受けることになる。これらを実習の「事後指導」と呼ぶ。

この事後指導の最初にするのが，実習生自身による自己評価である。実習の自己評価は，実習の前に（事前指導）確認した，①養成校としてのねらい，②実習生一人ひとりが見出した本実習に向けての自己課題，の二つの基準に従って振り返るものである。自己評価をより意味のあるものにするために，これら二つの基準を書くことで改めて確認しておこう。
・養成校としての本実習のねらい
・実習の前に設定した自己課題

実習の自己評価とは，上に記載した二つの基準が達成できたかどうか，達成できたのはどうしてか，達成できなかったのはなぜか，そして次の実習に向けての次の自己課題を見出すために行うものである。

しかし，上に記載した基準に従って自分の実習を評価しようとしても，なかなか判断が難しいものである。そこで，その判断の助けとするために「実習の自己評価チェックリスト」を使う（p.146，表6－2）。

次の3点に注意して達成できたと思うチェックリスト項目の□に「レ」の印を入れていこう。
① 他の学生と相談したり，他の学生のものを見たりしない。
② 興奮したり落ち込んだりしているときではなく，平静な心の状態の時にチェックを行う。
③ 謙遜しすぎたり，自分を装いすぎるとありのままの自分を見つけることはできない。正直にチェックをすることを心がけよう。

（2）実習の自己評価とは

実習は，学内で学んだ幼児教育の知識・技術をもとに，幼稚園で実際に保育に参加するものである。幼児，環境，保育者との実際のかかわりを通して，幼児への理解や援助技術を習得するとともに，幼稚園の機能とそこでの幼稚園教諭の役割について認識を深める。

そのため，実習先で保育を体験するだけで終わらせずに，それらの体験を振り返り，そこから何を学ぶのかが大きな意味をもつ。実習終了後に，大学の指導教員と共に実習を振り返って，実習前に設定していたねらいや自己課題に即して自己評価を行い，新たな自己課題を明確にする。このように学内での知識・技術の学習と，教育現場での実習とを交互に行き来して，自分自身の中に実践力として取り込むことが求められている。

また，実習は幼稚園教諭になるための学習の過程であって，到達点ではない。そのため，実習の自己評価の目的は，実習中にできたこと，できなかったこと，つまり到達度を計って終わるのではなく，自分にとっての次の課題を明確にするために行うものである。この自己評価という作業を通して，子どもから学ぶ姿勢，実践から学ぶ意欲などを習得していくことが大切である。

しかし，この自己評価は簡単ではない。他者

表6−2　実習の自己評価チェックリスト

【実習態度・意欲】
☐ 実習生としてふさわしい服装，態度であった。
☐ 提出物は決められた通りに提出できた。
☐ 欠席・遅刻・早退がなかった。

【幼児の理解】
☐ 幼児から好かれ，慕われた。
☐ 遊びを通して，幼児と積極的にかかわることができた。
☐ 幼児とのかかわりから一人ひとりの幼児について理解しようとした。

【実習園の理解】
☐ 実習園への理解を深めることができた。
☐ 幼児園教諭の職務や役割について理解を深めることができた。

【環境構成】
☐ 幼児の興味・関心を引く環境を整えることができた。
☐ 教材を使いやすく配置することができた。
☐ 健康・安全面の配慮ができた。

【指導の展開】
☐ 幼児の活動内容が適切であった。
☐ 保育展開を工夫していた。
☐ 指導方法を工夫していた。
☐ 保育技術への理解が深まった。

【幼児とのかかわり】
☐ 幼児に公平にかかわることができた。
☐ 幼児に積極的にかかわることができた。
☐ 幼児の個性にあったかかわりができた。

【話し方】
☐ 強弱・抑揚をつけて話すことができた。
☐ 人数・場所に応じた話し方ですることができた。
☐ 適切な身振り・表情を付けることができた。

【実習日誌】
☐ 保育時の幼児の様子と援助との関連をわかりやすくまとめることができた。
☐ 発見や事実に対して，単なる感想ではない考察を記述することができた。
☐ 誤字・脱字・記入漏れはなかった。

【指導案】
☐ 指導案のねらいと内容を吟味し，保育展開に創意工夫ができた。
☐ 遊びや教材の選択が的確であり，教材研究を深めることができた。
☐ ねらいに合った適切な環境構成を行うことができた。

を評価するのではなく，評価対象は自分自身であるため，一見簡単なようであるがそうではない。鏡に映る自分の顔は知っていても，本当の顔を自分では見られないように，自分のことは自分が一番よく知っているようで，実は知らないものである。自分で自分を診断することになるので，当然ながら主観に左右されやすくなる。

自己評価は，自分で自分を振り返ることである。現場の保育者は毎日これを繰り返している。あまり甘くても，逆に厳しくても保育者としての成長につながらない。自己評価を客観的に繰り返すことで，自分自身の行動の特徴や，言葉がけの癖，子どもに対する援助のあり方の片寄りなどの傾向がわかって，自分の保育改善に非常に役立つ。

他者の客観的な目によっても自分を理解できるが，それだけでは表面的になる危険性がある。学内指導教員の評価を参考にしながら，実習生同士の評価とともに，自己評価をより客観的にできるように努めよう。これを心がけると，幼児の立場に立って幼児の内面を理解し得るよき保育者として成長する可能性が大いにあるだろう。

（3）園側の評価と学生の自己評価

「人からどのように見られようと構わない。自分自身が一生懸命であればそれでいい。必ずそれは伝わるはず」という学生がいる。相手が理解のある友人であればそれも通用するが，未熟な幼児相手にはそれは通じない。幼児には甚だ迷惑な話である。このような学生は，自己評価が固定化しているため，なかなか人のアドバイスを聞き入れようとしないことも多いものである。

逆に，他人の目ばかりを気にしすぎる学生もいる。人の言動に左右されて揺れ動きやすく，行動や考え方に安定感がない。このようなタイプの学生は，自己評価が自虐的で，依存的にな

りやすい傾向がある。

次に，一人の学生に対する幼稚園側の評価とその学生の自己評価とを比べてみると，学生は三つのグループに大別することができる。

① **幼稚園側の評価に比べて，学生の自己評価が高すぎる**：このグループの学生には，「一生懸命にやったから」と自分自身に非常に自信をもっていることが多く，客観的で冷静に評価する力が求められるグループである。

② **幼稚園側の評価と学生の自己評価が概ね一致する**：このグループの学生は，総合評価が園側と学生の自己評価が一致するだけでなく，さまざまな項目でも両者の評価が一致することが多い。このグループの学生の自己評価は，自分の感情などを差し挟まず的確といえる。

③ **幼稚園側の評価に比べて，学生の自己評価が低すぎる**：さほど悲観的に自分を評価することはないのに，自分自身を厳しく評価するグループである。このグループの学生には，自分の理想とする保育像，保育者像がある程度形づくられていて，それと実習での自分の保育を比較すると，自分はまったく駄目だった，と思い込んでしまう傾向にある。また，初めて実習に行って大学に戻ってきたような実習初期の実習生に，このような自己評価が多くみられる。実習生として「謙遜」の態度は大切だが，これも度を超すと「自虐的」となって自己評価する力を鈍らせることになるので十分に注意しよう。

このように実習の自己評価では，第三者の目を通して見た自分と，自分自身の認識のズレが比較的クローズアップされやすいものである。自己をより客観的に見る機会の拡大は，自己認識を深め，自己の拡大につながるものである。さらには他者を見る目をも研ぎ澄ましていくことにつながるので，意識して自己評価する力の向上に努めよう。

（4）今後の自己評価に向けて

今後さまざまな実習を終えて、自己評価を行う際には、次の点に留意しよう。

1）次の自己課題を探るために行う

実習は幼稚園教諭としての到達度評価を行うものではなく、自己評価を通して将来への成長の糧を得ることが大切である。そのため、できたことを確認して自己肯定感や意欲を高めるとともに、できなかったことを謙虚に振り返り、自身で次の自己課題を探ることが大切である。

2）自分を再発見する

実習は自分を見つめ直すよい機会である。自分のよさや特徴を知って、これを十分に発揮できるようにする。幼い幼児を援助するには、自分自身を見つめることのできる客観的な力や、自分自身をコントロールする力が求められる。

3）幼児から学ぶ

保育者にはさまざまな「見る」が必要とされる。客観的に見る、測定的に見る、批判的に見る、解釈的に見る、共感的に見るなどである。どの見方も保育者には必要な見方だが、今、最も必要とされているのが共感的な見方である。保育者は共感することによって、幼児一人ひとりの心の動きに寄り添い、幼児のよさを理解することが可能になる。幼児の側からすれば、自分が受け入れられたと実感した時、心を開いて本当の姿を見せる。保育者の自己評価として大切なことは、「幼児を見る」ことではなく「幼児が見える」ことであることに留意しよう。

第4節 大学での事後指導

（1）事後指導とは

実習終了後には、学内で実習の振り返りを行う。その内容と目的は次の通りである。

① 養成校指導教員が、学生一人ひとりの実習内容を具体的に把握する。
② 学生自身が、実習体験を通して学んだことや判断に迷ったこと、悩み等を整理し、多様な角度から検討して、体験した内容の客観化、定着化をはかる。
③ 他の学生との意見交換を通して、自分とは異なる視点があることを知り学びを深める。
④ 実習園からの教育実習評価票などによる評価を知ることを通して、自分に対する客観的な理解を深め、次の自己課題の設定へつなげる。
⑤ 発表することやレポートを作成するということを通して、自分の実習内容の成果と課題を明確にして今後の学習課題と自己改善意欲へつなげる。

このような内容と目的を達成するための具体的な方法としては、個別指導、グループ指導、授業、実習レポート作成、実習体験報告会などがある。

（2）個別指導

養成校の指導教員と個別に面接などを行い、教員側が学生の実習内容を具体的、詳細に把握するとともに、学生と一緒に実習の振り返りを行う。

学生は実習の中で疑問に思ったことや嬉しかったこと、困ったことなどが学内教員に的確に伝わるように、事前に自分の気持ちを十分に整理してから臨むことが大切である。

また、指導教員と一緒に、体験したことをもう一度振り返ることを通して、実習中にはわからなかった側面があることに気づいたり、これらの気づきを整理することができる。これらによって、多面的に物事を理解する力がついて、次の実習や将来の課題を明確にすることができるようになる。

また、実習園からの評価や意見を、指導教員から聞くことによって体験したことや自己を客観的にとらえ直すことができる。

（3）実習体験報告会

実習体験報告会では、自分の実習体験について整理して発表したり、他の学生の発表を聞いたりする。学生間の意見交換を通して、共感したり、気づかなかった側面について学ぶなど、視野を広げ、実習体験を客観的に整理・評価することができる。

その目的は次のような点にある。
① 実習体験を客観化する。
② 実習体験を共有化する。
③ 実習体験を多面的に検討する。
④ 今後の課題を探る。

このような実習体験報告会を意義あるものにするには、自分以外の学生の発表を自分に置き換え、自分のこととして真剣に理解しようとする姿勢が大切である。そうすると「子どもが生き生きしていた」「一生懸命に子どもとかかわった」というような子どもや保育の全体的な印象に留まらず、「自分なら〜するだろう」といった具体的で建設的な意見が必ず出てくるはずである。

実習中の幼児とのかかわりから受けた感動や、協議の中で教職員から学んだことを語り合うことは、個別指導とは異なった効果をもたらす。他の学生の前で、自分の体験や気づきを話すことによって、客観化・明確化することができるからである。また、他の学生の話を聞くことによって、共感を通して学びを深めたり、新たな側面を発見するなど視野を広げることができる。これまで消化できなかった気持ちや事実を受け入れたり整理したりする上でも力となる。

そして、発表を行った学生も、このような参加者の意見を謙虚に受けとめることが大切である。そのため、発表する学生からは「今日は、私のつたない保育の報告を聞いていただきまして、ありがとうございました」という挨拶、また、聞かせてもらった学生からは「今日は発表を聞かせていただき、ありがとうございました」という挨拶が自然と出てくるようにしよう。

次に、このような実習体験報告会でどのように話せばよいのかをより具体的に考えてみる。報告会では、まず一人ひとりの実習生より自分の実習についての報告があって、その後に全員で協議するのが普通である。

実習生の多くは、報告の中でねらい達成について語ることが非常に稀である。ほとんどの学生が実習全体の印象や感想に費やされて、実習事前指導で確認していた「実習のねらい」や実習の自己課題の達成がどうであったのかが曖昧になっていることが多いようである。

この時に大切なのは、「ねらい達成がどうであったか」「課題の達成はどうであったのか」である。そして、達成されたと判断した場合は達成されたのはなぜなのかを分析すること、達成されなかったと判断した場合は達成できなかったのはなぜなのかを詳しく分析することが非常に大切である。

このような「ねらい達成はどうであったか」という観点は、実習の最終段階である全日実習や研究保育について語るときもまったく同様で

ある。

二人の学生の報告を挙げてみた。いずれも全日実習の中で自分が行った一斉保育について語った箇所を抜き出しているので、比べてみてほしい。

> 実習生Kさん
>
> 　一斉保育の楽器遊びは散々でした。片付けが終わって、全員の前でカスタネットなどのいろいろな楽器を順番に見せようと思っていたのに、もう頭の中が真っ白になってしまって自分でも何を言っているのか全然わかりませんでした。一人の男の子が隣の子とタンバリンの取り合いを始めてしまって、本当にどうしたらいいのかわかりませんでした。やっぱり自分はまだまだ未熟で、担任の先生のようにうまく子どもたちを動かすことができませんでした。私は幼稚園の先生は向いていないのではないかと・・・・・。

> 実習生Hさん
>
> 　私のクラスでは、手洗いの時に石けんで泡だった手でシャボン玉を作って楽しそうに遊ぶ子どもたちの姿が多く見られていました。また、このクラスは昨年、年中児の時にストローでシャボン玉遊びの経験があるということでした。そこで、私はストロー以外の物でもシャボン玉ができることに気づいて、この遊びのおもしろさをさらに深めてほしいと思い、指導案に掲げている「ねらい」と「内容」を設定しました。教材研究の結果、針金に洗剤を付きやすくするために毛糸を巻いておくようにしました。また、この針金の輪は自分で作りましたが、突き出ていると刺さって非常に危険なのでテープでしっかりと隠すようにしました。また、液を入れたタライが少ないと子どもたちが混雑することが予想されるので、・・・・・。

実習生Kさんは、子どもの前に立って「頭の中が真っ白」になり自分の保育は「散々」であった、と言う。報告会や反省会でこのような言葉を使うのが悪いのではない。問題なのはこのような大雑把な印象だけで終わってしまっていることである。

一方、実習生Hさんは、自分の保育について報告するときに、幼児の実態把握－ねらい・内容の設定－教材研究－保育展開の工夫…、と順を追って説明しようと心がけている。

皆さんはできるだけ実習生Hさんに近づけるように努めよう。報告会、反省会で皆さんが語らなければならないのは以下の点である。

・幼児の実態を自分はどのようにとらえたのか。
・どのような実態から「ねらい」「内容」を設定したのか。
・教材研究はどのように行ったのか。
・保育展開をどのように工夫したのか。
・ねらいの達成はどうであったのか。
・どうしてそのようなねらい達成になったのか。
・ねらいの設定は、適切なものであったのか。
・指導案通りに展開できなかったのはなぜだったのか。

非常に大切なことなので、繰り返す。

> 報告会ではいろいろなことを語ってもよい。しかし、最後はすべてねらい達成に集約させていくこと。

（4）実習レポートの作成

学内指導教員から配布されるレポート様式に沿ってまとめる。レポート作成にあたって気をつけなければならないポイントは、以下の通りである。

① ねらいの達成

・実習レポートの様式は学校によってさまざまである。どのような様式であっても、レポートを作成する目的は同じである。そのため、

前項の趣旨をもう一度確認してからレポート作成に取りかかろう。

② 個人情報の扱い
- 幼児の氏名，住所，保護者名，保護者の勤務先，兄弟氏名など，幼児が特定される情報は記さない。
- 幼児の家族構成，虐待，障害については記さない。
- 幼児の家庭の事情については記さない。
- 保護者の養育態度などについての批判は記さない。

③ 表現上の注意
- 誤解されたり，園や教職員の批判と受け取られることのないよう表現には注意する。
- 園や教職員が主語となる場合は，敬語を用いる。

（5）実習園からの評価表の開示

養成校によっては実習の事後指導の中で，実習園からの評価表を学生に開示することもある。実習園の評価表は学生の自己評価チェックリストのように細かいものではない。

チェックリストで振り返った自己評価と実習園の評価とをじっくりと比べてみることが大切である。自分で自分を評価する「自己評価力」がどのようなものであったかがわかる。また，第三者は自分をこのように見ているということもわかる。学内指導教員と共に詳細に分析をして，次の実習や将来に必ず活きるものにすることが大切である。

第5節 よりよき先生になるために ―夢に向かって―

（1）幼稚園教諭を目指して

実習が楽しくて仕方なかったという学生もいれば，辛いことのほうが多かったという学生もいるだろう。実習中はどのような学生も緊張していて，毎日与えられた課題をこなしていくので精一杯だったと思われる。しかし，大学に戻って落ち着いてくると，子どもたちと過ごした園での生活が懐かしくなるようである。このようなときに，自分が先生になったときの具体的な姿をイメージしてみてほしい。子どもとのかかわり，保護者とのかかわり，園で働く自分の姿など，自分がなりたい先生像をもつことはとても大切なことである。

先生になったときの姿をイメージすることができれば，自分の保育観や子ども観ができてくる。そして，これが「よりよき先生」への道につながっていく。

次に大切なことは，なりたい自分に向かって努力していくことである。実習を通して自分の苦手なことが具体的に見えてきたはずである。ピアノ，絵本の読み聞かせ，手遊び，教材研究，環境構成，記録，語る力，表現力，人間関係など現場に出る前に学習することはたくさんある。できた部分は自信につなげて，苦手だった部分は少しでも努力しながら克服していこう。そのことが夢への一歩につながっていく。

（2）実習体験を生かして学ぶこと

1）理論と実践

実際に現場で体験してきた後には，教科書に示されている事例の子どもの様子や環境構成の

場面がよく理解できる。幼稚園教育要領（p.158）の内容や指導方法論をもう一度自分の体験と照らし合わせて読んでいくと具体的な内容が理解できるだろう。

例えば，5領域の人間関係などでは実際に保育者と子どもの関係や子ども同士の関係を観察する中で，信頼関係や仲間関係についてより深く理解することができるのではないだろうか。実習体験がすべての理論の理解につながるというわけではないが，一つでも多く理論と実践が結びついていくことは大切な学びとなる。

2）保育技術の習得：手遊び

実習の準備で，もっとしておけばよかったという項目の中で多いのが手遊びである。手遊びは，活動のつなぎ目や，導入部分，帰りの会など保育の中では非常に大切な活動である。種類や内容も豊富で，集中させるための静かな手遊びや，体操のような動的な手遊び，クイズ形式のものなどがある。子どもとのコミュニケーションをとることだけではなく，活動内容としても保育の重要な部分になる。

遊び方では，演技力や場を盛り上げる力といった保育者の表現力が試される。現場の先生が役になりきって，とても楽しく実践する手遊びを子どもと一緒に体験できたことは，学生にとってはよい学びの一つになる。現場の先生の実践を思い出しながら，イメージをもって，子どもと楽しく遊べる手遊びの表現方法を研究しよう。

3）保育技術の習得：ピアノ

準備不足で困った経験の中では，ピアノがあげられるのではないだろうか。練習はしていたけど，子どもの前であがってしまって，リズムも音も乱れてしまったことや，楽譜を見るのが精一杯で，子どもがどのように歌っていたのか，どのようにリズム活動をしていたのか，といった子どもの姿までは見ることができなかったという感想がよくある。実習後も保育活動をイメージしながら現場で弾くためのピアノの練習をしていこう。

4）絵本に興味をもつ

幼児教育の現場では，多くの絵本が使われる。絵本は読み聞かせをしたり，子どもが一人で読んだり，好きな絵をながめたり，しかけを触って楽しんだりと，子どもの遊びや想像の世界を広げる大きな役割をはたす。園によっては，絵本の部屋として子どもや親が借りて帰れるシステムを作っているところがある。その他，広い廊下を利用して，多くの絵本をおいているところも見かける。展示スペースには季節や行事に合わせたものが子どもの目に触れやすいように工夫して置かれていることが多く，子どもが興味・関心をもてるような工夫がみられる。実習中にいろいろな絵本にであったことだろう。また，どのような絵本が子どもたちの興味を引いていたのか，教材として使われていたのかなど，体験して気づいたことも多かったのではないだろうか。

実習が終わっても，時々は図書館や本屋さんをのぞいて子どもの本に触れる機会を多くもとう。何よりも実習生自身が，絵本や子どもの本に興味をもち，楽しんで読むことが大切だと思われる。

5）保育技術の習得：自然への興味

子どもは虫や小さな動物，草や木，花や実などに触れて遊ぶことを好む。また，水や土，泥や砂など，自然物を使って大胆な遊びを展開していく。授業の中では，虫は嫌い，動物の世話は苦手，土や泥を触って汚れるのが嫌だと言っていた学生が，実習後にその活動の必要性を感じて帰ってくることが多くある。保育者を目指すなら，多少の苦手なことも克服していかなけ

ればならない。また，子どもたちは大人以上に自然現象や四季の変化に関心をもつ。感性の豊かな子どもたちを育てていくためには，身近な自然の変化や四季の移り変わりに敏感になり，普段から自分の感性を磨いていくことが大切である。また，幼稚園の現場で飼育栽培されているような動植物の名前や特徴，飼育栽培方法なども調べておこう。

6）生活習慣の見直し

　整理整頓は，保育の技術とはいえないかもしれないが，日頃から自分の身の回りのことがきちんとできなければ，その場で急に臨んでもできないものである。保育室や園庭の環境整備は，毎日の保育で行う作業の一つだが，安全面の確認と常に清潔な状態が保たれるように清掃できていなければならない。用具，玩具，教材，子どもの持ち物はいつも清潔で使いやすいように管理していなければならない。また，子どもの作品や展示物などは，見栄えよくわかりやすく整えておくことが大切である。このようなことを意識して，日頃から，自分の身の回りを整えることを心がけよう。

（3）先輩実習生からのアドバイス

　ここでは，実習を終えた学生の後輩へのアドバイスを紹介する。自分が経験して感じた素直な思いを学生の言葉で載せてみた。

- 何よりも自分から積極的に子どもたちにかかわることが大切だと思います。子どもたちも初めて出会う実習生を前に緊張していると思うので，実習生から子どもたちに声をかけたり，名前を覚えて名前で呼ぶなど，積極的にかかわっていってください。
- 自分から仕事を見つけてどんどん積極的に動いてください。わからないことはすぐに聞くとよいと思います。
- 全日実習に備えてピアノの練習はしっかりしておいたほうがよいです。準備は早めにして指導案を何度も確かめて，流れを把握して臨むと子どもの様子を見ながら行動することができます。まずは参加実習で子どもの動き，保育者のかかわりや仕事をしっかり観察することが大切だと思います。
- 子どもたちが「今日の手遊び何するの？」と嬉しそうに聞いてくるので，多くの手遊びを覚えておくほうがよいですよ。
- オリエンテーションの電話をかけた時から実習が始まります。オリエンテーションで準備をしなければならないことを聞いてきたら，早めに準備をしたほうがよいですよ。実習が始まると忙しくて準備する時間がなくなります。
- とにかく元気に挨拶をすること。言葉遣い，身だしなみは清潔に。「何かすることはありますか？」と自分から聞いて積極的に動いていくことが大切です。
- 実習日誌のためにメモをとることも大切ですが，子どもの活動に積極的に参加することも大切です。
- 全日実習で何かやりたいことがあれば，ある程度の指導案を何枚か書いて，担任の先生と何度も相談しながら子どもの様子を見ながら決めていったほうがよいです。早めの準備が大切です。
- クラスに特別支援の必要な子どもがいれば，その子どもへの対応の仕方など，しっかり聞いておくとよいと思います。
- 子どもたちが帰った後も先生方の仕事はたくさんあるので，体力は本当に必要です。体調管理はしっかりしてください。
- 憧れだけではできない仕事ですが，あきらめず，失敗を恐れず，やりきることで，自分に返ってくるものがたくさんありました。しっ

かり自分と向き合いながら頑張ってください。
- 先生のよいところをたくさんみつけて，自分のものにしてください。
- 自分に厳しく。子どもに優しく。
- 笑顔・挨拶・体力・元気！　頑張ってください！

（4）現場の先生からのアドバイス

　実習を終えて，どのような感想をもっただろうか。

　うまくいかなかったなと落ち込んでいないか。うまくいったと思う人もそうでないと思っている人も，何より大切なことは，「やっぱり幼稚園の先生になりたい」と思えたかどうかだろう。思い返してみよう。実習のはじめと終わりでは，子どもとのかかわり方も言葉がけも変わってきて，予想したように子どもが動いてくれたり，とってもうれしそうな表情を見せてくれたこともあったと思われる。また，子どもたちとの心の交流も確かになってきたのではないだろうか。

　保育は日々，子どもと過ごす中でいろいろなことがわかるようになっていく。したがって，まず経験することが大切だと思われる。何かができる，できないということではなく，この仕事がやりたいのかやりたくないかということが一番大切だと思われる。今できないことがたくさんあっても，子どもたちにいろいろなことを伝え，経験させていくために，自分を磨いていこうとする意欲があれば，きっと目標とする技術は身についていく。そして，豊かな感性をもった子どもを相手にする仕事だから，自分自身の感性を磨く努力も惜しまないでほしい。自然に触れ，その美しさや生命の不思議さに気付き感動する心を大事にしてほしい。たくさんの本を読み，知的好奇心も豊かにしてほしい。そして，日々生活する中で生きることの楽しさや素晴らしさを感じられるなら，先生として，きっと子どもたちとも豊かな日々が過ごせることだろう。生きるために必要な心情・意欲・態度を育てるためには，先生自身がそのようでなければならないと思われる。理想の先生になるために，夢に向かって進んでいってほしい。

コラム 「素敵な先生とは」

　皆さんは，幼児期にどのような先生と出会っただろうか。職場体験や教育実習でどのような先生と出会っただろうか。皆さんが幼稚園教諭への道を歩み始めたのは，「子どもが好き」ということと素敵な先生に出会えたことがきっかけだったのではないだろうか。「素敵な先生像」を求めてこれからますます学びを深めていくことだろう。ここでは現場の先生，実習生，養成校の先生方が思い描いた「素敵な先生」について思いつくまま挙げてみた。

☆子どもを受容できる先生　☆子どもを叱る・ほめるができる先生　☆子どもや保護者の話を聞ける先生　☆自分なりに努力することを惜しまない先生　☆たくさんの知識をもっている先生　☆先輩や園長先生に相談したり，素直に注意を聞き入れることができる先生　☆生き生きと自信をもって保育している先生　☆笑顔が素敵な先生　☆子どもに優しい先生　☆遊びの得意な先生　☆ピアノの上手な先生　☆ギターが弾ける先生　☆絵本を読むのが上手な先生　☆コミュニケーション能力の高い先生　☆子どもの能力を信じて保育している先生　☆子どもとどうやって楽しい時間が過ごせるか一生懸命考え，実行する先生　☆細かいところまでたくさんほめてくれる先生　☆環境の使い方がうまい先生　☆常識がある先生　☆何に対しても一生懸命な先生　☆やさしくて，安心できる先生　☆子ども・親・地域のことを考えられる先生　☆子どもたちの気持ちに寄り添うことができる先生　☆気長でゆったりとした先生　☆こどもがのびのびと活動できるように考える先生　☆すぐに怒らないで話を聞くことができる先生　☆観察力があり「気づく」力をもった先生

　　　　　　　　　　　　　　　以上，共感できるものはいくつあっただろうか。

■参考文献

- 民秋　言，米谷光弘，上月素子，安藤和彦：幼稚園実習，北大路書房，2004．
- 小川清美：幼稚園実習．樹村房，2004．
- 植原邦子：やさしく学べる保育実践ポートフォリオ，ミネルヴァ書房，2005．
- 阿部　恵，鈴木みゆき：教育・保育実習安心ガイド―あそび・記録・指導案が充実―実習生の悩みを解決!!，ひかりのくに，2002．

付録：実習礼状の書き方

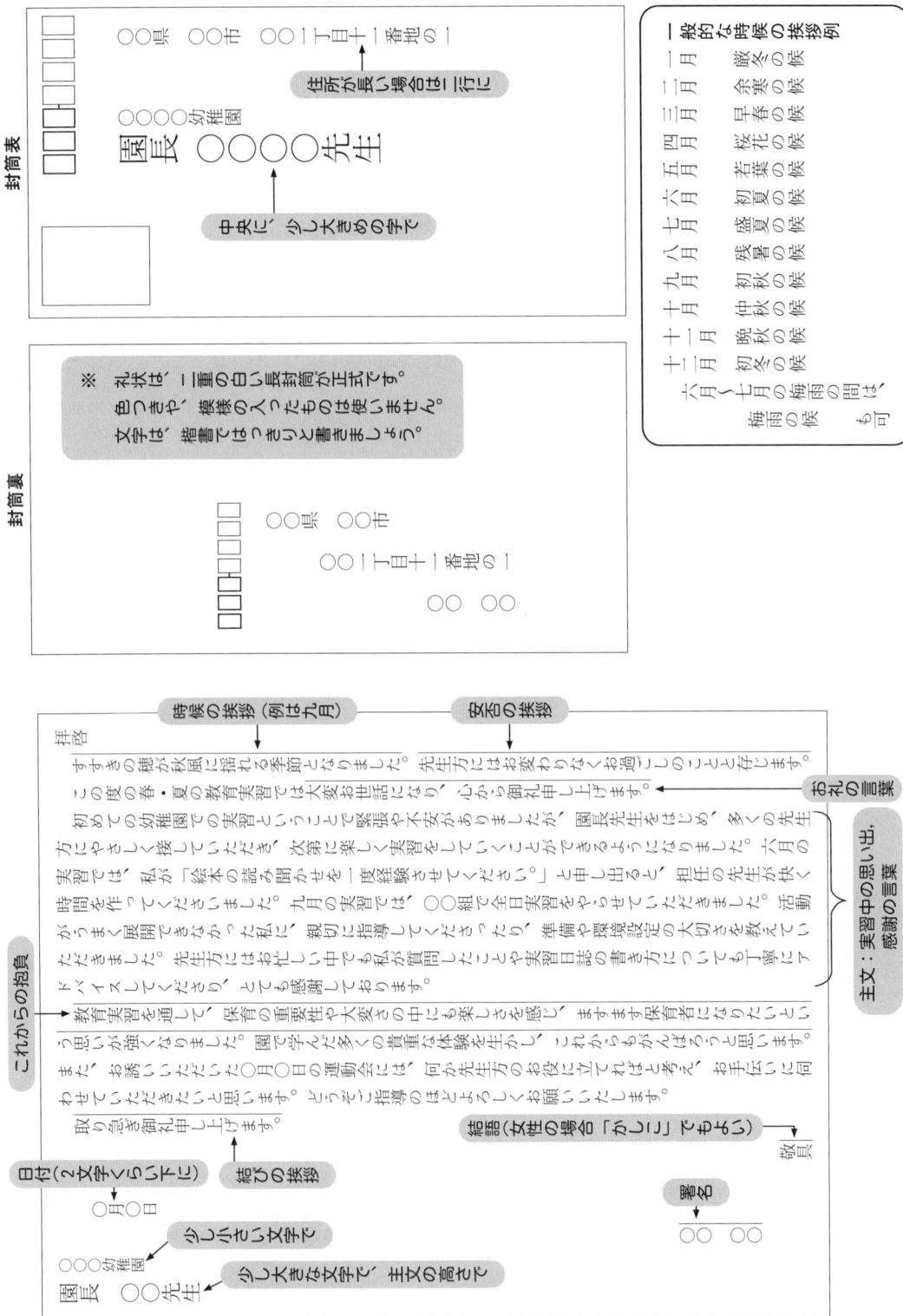

封筒表
○○県 ○○市 ○○一丁目十一番地の一
　（住所が長い場合は二行に）
○○○○幼稚園
園長　○○○○先生
　（中央に、少し大きめの字で）

一般的な時候の挨拶例
- 一月　厳冬の候
- 二月　余寒の候
- 三月　早春の候
- 四月　桜花の候
- 五月　若葉の候
- 六月　初夏の候
- 七月　盛夏の候
- 八月　残暑の候
- 九月　初秋の候
- 十月　仲秋の候
- 十一月　晩秋の候
- 十二月　初冬の候

六月〜七月の梅雨の間は、梅雨の候　も可

※　礼状は、二重の白い長封筒が正式です。
　　色つきや、模様の入ったものは使いません。
　　文字は、楷書ではっきりと書きましょう。

封筒裏
○○県 ○○市
○○一丁目十一番地の一
　　○○ ○○

拝啓　すすきや秋風が稲穂に揺れる季節となりました。先生方にはお変わりなくお過ごしのことと存じます。
　この度の春・夏の教育実習では大変お世話になり、心から御礼申し上げます。初めての幼稚園での実習ということで緊張や不安がありましたが、園長先生をはじめ、多くの先生方にやさしく接していただき、次第に楽しく実習をしていくことができるようになりました。六月の実習では、私が「絵本の読み聞かせを一度経験させてください。」と申し出ると、担任の先生が快く時間を作ってくださいました。九月の実習では、○○組で全日実習をやらせていただきました。活動がうまく展開できなかった私に、親切に指導してくださったり、準備や環境設定の大切さを教えていただきました。先生方はお忙しい中でも私が質問したことや実習日誌の書き方についても丁寧にアドバイスしてくださり、とても感謝しております。
　教育実習を通して、保育の重要性や大変さの中にも楽しさを感じ、ますます保育者になりたいという思いが強くなりました。園で学んだ多くの貴重な体験を生かし、これからもがんばろうと思います。また、お誘いいただいた○月○日の運動会は、何か先生方のお役に立てればと考え、お手伝いに同行わせていただきたいと思います。どうぞご指導のほどよろしくお願いいたします。
　取り急ぎ御礼申し上げます。
　　　　　　　　　　　　　　　　　　　　　　　　　敬具
○月○日
○○○幼稚園
園長　○○先生
　　　　　　　　　　　　　　　　　　　　　　　○○ ○○

- 時候の挨拶（例は九月）
- 安否の挨拶
- お礼の言葉
- 主文：実習中の思い出、感謝の言葉
- これからの抱負
- 結びの挨拶
- 結語（女性の場合「かしこ」でもよい）
- 日付（2文字くらい下に）
- 少し小さい文字で
- 少し大きな文字で、主文の高さで
- 署名

第6章 確認チェックと発展

「実習のしめくくり・反省と評価」について学んだことを，あなた自身の言葉で記入してみよう。

第1節　実習のしめくくり　より
この実習でうれしかったことや印象に残っていることは＿＿＿＿＿＿＿＿＿＿＿＿＿＿＿＿＿
＿＿＿
＿＿＿＿＿＿＿＿＿＿＿＿＿＿＿＿＿＿＿＿＿＿＿＿＿＿＿＿＿＿＿＿＿＿＿＿＿である。

第2節　実習生を受け入れる園側の思い　より
担任の先生から受けた指導で印象に残っていることは＿＿＿＿＿＿＿＿＿＿＿＿＿＿＿＿
＿＿＿
＿＿＿＿＿＿＿＿＿＿＿＿＿＿＿＿＿＿＿＿＿＿＿＿＿＿＿＿＿＿＿＿＿＿＿＿＿である。

第3節　実習の自己評価　より
今回の実習でよかった点は＿＿＿＿＿＿＿＿＿＿＿＿＿＿＿＿＿＿＿＿＿＿＿＿＿＿＿＿
＿＿＿＿＿＿＿＿＿＿＿＿＿＿＿＿＿＿＿＿＿＿＿＿＿＿＿＿＿＿＿＿＿＿＿＿＿である。
次の課題は＿＿＿＿＿＿＿＿＿＿＿＿＿＿＿＿＿＿＿＿＿＿＿＿＿＿＿＿＿＿＿＿＿＿＿
＿＿＿＿＿＿＿＿＿＿＿＿＿＿＿＿＿＿＿＿＿＿＿＿＿＿＿＿＿＿＿＿＿＿＿＿＿である。

第4節　大学での事後指導　より
グループ討議で気づいたことは＿＿＿＿＿＿＿＿＿＿＿＿＿＿＿＿＿＿＿＿＿＿＿＿＿
＿＿＿＿＿＿＿＿＿＿＿＿＿＿＿＿＿＿＿＿＿＿＿＿＿＿＿＿＿＿＿＿＿＿＿＿＿である。
友達の報告を聞いて感じたことは＿＿＿＿＿＿＿＿＿＿＿＿＿＿＿＿＿＿＿＿＿＿＿＿
＿＿＿＿＿＿＿＿＿＿＿＿＿＿＿＿＿＿＿＿＿＿＿＿＿＿＿＿＿＿＿＿＿＿＿＿＿である。
園からの評価を受けて次に課題となることは＿＿＿＿＿＿＿＿＿＿＿＿＿＿＿＿＿＿
＿＿＿＿＿＿＿＿＿＿＿＿＿＿＿＿＿＿＿＿＿＿＿＿＿＿＿＿＿＿＿＿＿＿＿＿＿である。

第5節　よりよき先生になるために－夢に向かって－　より
私の思う「よい先生」とは＿＿＿＿＿＿＿＿＿＿＿＿＿＿＿＿＿＿＿＿＿＿＿＿＿＿＿
＿＿＿
＿＿＿
＿＿＿＿＿＿＿＿＿＿＿＿＿＿＿＿＿＿＿＿＿＿＿＿＿＿＿＿＿＿＿＿＿＿＿＿＿である。
このような幼稚園教諭（保育者）を目標にしたいと思う。

資　料：幼稚園教育要領（平成29年3月31日告示）

第1章　総　　則

第1　幼稚園教育の基本

　幼児期の教育は，生涯にわたる人格形成の基礎を培う重要なものであり，幼稚園教育は，学校教育法に規定する目的及び目標を達成するため，幼児期の特性を踏まえ，環境を通して行うものであることを基本とする。
　このため教師は，幼児との信頼関係を十分に築き，幼児が身近な環境に主体的に関わり，環境との関わり方や意味に気付き，これらを取り込もうとして，試行錯誤したり，考えたりするようになる幼児期の教育における見方・考え方を生かし，幼児と共によりよい教育環境を創造するように努めるものとする。これらを踏まえ，次に示す事項を重視して教育を行わなければならない。
1．幼児は安定した情緒の下で自己を十分に発揮することにより発達に必要な体験を得ていくものであることを考慮して，幼児の主体的な活動を促し，幼児期にふさわしい生活が展開されるようにすること。
2．幼児の自発的な活動としての遊びは，心身の調和のとれた発達の基礎を培う重要な学習であることを考慮して，遊びを通しての指導を中心として第2章に示すねらいが総合的に達成されるようにすること。
3．幼児の発達は，心身の諸側面が相互に関連し合い，多様な経過をたどって成し遂げられていくものであること，また，幼児の生活経験がそれぞれ異なることなどを考慮して，幼児一人一人の特性に応じ，発達の課題に即した指導を行うようにすること。

　その際，教師は，幼児の主体的な活動が確保されるよう幼児一人一人の行動の理解と予想に基づき，計画的に環境を構成しなければならない。この場合において，教師は，幼児と人やものとの関わりが重要であることを踏まえ，教材を工夫し，物的・空間的環境を構成しなければならない。また，幼児一人一人の活動の場面に応じて，様々な役割を果たし，その活動を豊かにしなければならない。

第2　幼稚園教育において育みたい資質・能力及び「幼児期の終わりまでに育ってほしい姿」

1．幼稚園においては，生きる力の基礎を育むため，この章の第1に示す幼稚園教育の基本を踏まえ，次に掲げる資質・能力を一体的に育むよう努めるものとする。
　(1)　豊かな体験を通じて，感じたり，気付いたり，分かったり，できるようになったりする「知識及び技能の基礎」
　(2)　気付いたことや，できるようになったことなどを使い，考えたり，試したり，工夫したり，表現したりする「思考力，判断力，表現力等の基礎」
　(3)　心情，意欲，態度が育つ中で，よりよい生活を営もうとする「学びに向かう力，人間性等」
2．1に示す資質・能力は，第2章に示すねらい及び内容に基づく活動全体によって育むものである。
3．次に示す「幼児期の終わりまでに育ってほしい姿」は，第2章に示すねらい及び内容に基づく活動全体を通して資質・能力が育まれている幼児の幼稚園修了時の具体的な姿であり，教師が指導を行う際に考慮するものである。
　(1)　健康な心と体
　　　幼稚園生活の中で，充実感をもって自分のやりたいことに向かって心と体を十分に働かせ，見通しをもって行動し，自ら健康で安全な生活をつくり出すようになる。
　(2)　自立心
　　　身近な環境に主体的に関わり様々な活動を楽しむ中で，しなければならないことを自覚し，自分の力で行うために考えたり，工夫したりしながら，諦めずにやり遂げることで達成感を味わい，自信をもって行動するようになる。
　(3)　協同性
　　　友達と関わる中で，互いの思いや考えなどを共有し，共通の目的の実現に向けて，考えたり，工夫したり，協力したりし，充実感をもってやり遂げるようになる。
　(4)　道徳性・規範意識の芽生え
　　　友達と様々な体験を重ねる中で，してよいことや悪いことが分かり，自分の行動を振り返ったり，友達の気持ちに共感したりし，相手の立場に立って行動するようになる。また，きまりを守る必要性が分かり，自分の気持ちを調整し，友達と折り合いを付けながら，きまりをつくったり，守ったりするようになる。
　(5)　社会生活との関わり
　　　家族を大切にしようとする気持ちをもつとともに，地域の身近な人と触れ合う中で，人との様々な関わり方に気付き，相手の気持ちを考えて関わり，自分が役に立つ喜びを感じ，地域に親しみをもつようになる。また，幼稚園内外の様々な環境に関わる中で，遊びや生活に必要な情報を取り入れ，情報に基づき判断したり，情報を伝え合ったり，活用したりするなど，情報を役立てながら活動するようになるとともに，公共の施設を大切に利用するなどして，社会とのつながりなどを意識するようになる。
　(6)　思考力の芽生え
　　　身近な事象に積極的に関わる中で，物の性質や仕組みなどを感じ取ったり，気付いたり，考えたり，予想したり，工夫したりするなど，多様な関わりを楽しむようになる。また，友達の様々な考えに触れる中で，自分と異なる考えがあることに気付き，自ら判断したり，考え直したりするなど，新しい考えを生み出す喜びを味わいながら，自分の考えをよりよいものにするようになる。
　(7)　自然との関わり・生命尊重
　　　自然に触れて感動する体験を通して，自然の変化などを感じ取り，好奇心や探究心をもって考え言葉などで表現しながら，身近な事象への関心が高まるとともに，自然への愛情や畏敬の念をもつようになる。また，身近な動植物に心を動かされる中で，生命の不思議さや尊さに気付き，身近な動植物への接し方を考え，命あるものとしていたわり，大切にする気持ちをもって関わるようになる。
　(8)　数量や図形，標識や文字などへの関心・感覚
　　　遊びや生活の中で，数量や図形，標識や文字などに親しむ体験を重ねたり，標識や文字の役割に気付いたりし，自らの必要感に基づきこれらを活用し，興味や関心，感覚をもつようになる。
　(9)　言葉による伝え合い
　　　先生や友達と心を通わせる中で，絵本や物語などに親しみながら，豊かな言葉や表現を身に付け，経験したことや考えたことなどを言葉で伝えたり，相手の話を注意して聞いたりし，言葉による伝え合いを楽しむようになる。
　(10)　豊かな感性と表現
　　　心を動かす出来事などに触れ感性を働かせる中で，様々な素材の特徴や表現の仕方などに気付き，感じたことや考えたことを自分で表現したり，友達同士で表現する過程を楽しんだりし，表現する喜びを味わい，意欲をもつようになる。

第3 教育課程の役割と編成等
1 教育課程の役割
　各幼稚園においては，教育基本法及び学校教育法その他の法令並びにこの幼稚園教育要領の示すところに従い，創意工夫を生かし，幼児の心身の発達と幼稚園及び地域の実態に即応した適切な教育課程を編成するものとする。

　また，各幼稚園においては，6に示す全体的な計画にも留意しながら，「幼児期の終わりまでに育ってほしい姿」を踏まえ教育課程を編成すること，教育課程の実施状況を評価してその改善を図っていくこと，教育課程の実施に必要な人的又は物的な体制を確保するとともにその改善を図っていくことなどを通して，教育課程に基づき組織的かつ計画的に各幼稚園の教育活動の質の向上を図っていくこと（以下「カリキュラム・マネジメント」という。）に努めるものとする。

2 各幼稚園の教育目標と教育課程の編成
　教育課程の編成に当たっては，幼稚園教育において育みたい資質・能力を踏まえつつ，各幼稚園の教育目標を明確にするとともに，教育課程の編成についての基本的な方針が家庭や地域とも共有されるよう努めるものとする。

3 教育課程の編成上の基本的事項
(1) 幼稚園生活の全体を通して第2章に示すねらいが総合的に達成されるよう，教育課程に係る教育期間や幼児の生活経験や発達の過程などを考慮して具体的なねらいと内容を組織するものとする。この場合においては，特に，自我が芽生え，他者の存在を意識し，自己を抑制しようとする気持ちが生まれる幼児期の発達の特性を踏まえ，入園から修了に至るまでの長期的な視野をもって充実した生活が展開できるように配慮するものとする。
(2) 幼稚園の毎学年の教育課程に係る教育週数は，特別の事情のある場合を除き，39週を下ってはならない。
(3) 幼稚園の1日の教育課程に係る教育時間は，4時間を標準とする。ただし，幼児の心身の発達の程度や季節などに適切に配慮するものとする。

4 教育課程の編成上の留意事項
　教育課程の編成に当たっては，次の事項に留意するものとする。
(1) 幼児の生活は，入園当初の一人一人の遊びや教師との触れ合いを通して幼稚園生活に親しみ，安定していく時期から，他の幼児との関わりの中で幼児の主体的な活動が深まり，幼児が互いに必要な存在であることを認識するようになり，やがて幼児同士や学級全体で目的をもって協同して幼稚園生活を展開し，深めていく時期などに至るまでの過程を様々に経ながら広げられていくものであることを考慮し，活動がそれぞれの時期にふさわしく展開されるようにすること。
(2) 入園当初，特に，3歳児の入園については，家庭との連携を緊密にし，生活のリズムや安全面に十分配慮すること。また，満3歳児については，学年の途中から入園することを考慮し，幼児が安心して幼稚園生活を過ごすことができるよう配慮すること。
(3) 幼稚園生活が幼児にとって安全なものとなるよう，教職員による協力体制の下，幼児の主体的な活動を大切にしつつ，園庭や園舎などの環境の配慮や指導の工夫を行うこと。

5 小学校教育との接続に当たっての留意事項
(1) 幼稚園においては，幼稚園教育が，小学校以降の生活や学習の基盤の育成につながることに配慮し，幼児期にふさわしい生活を通して，創造的な思考や主体的な生活態度などの基礎を培うようにするものとする。
(2) 幼稚園教育において育まれた資質・能力を踏まえ，小学校教育が円滑に行われるよう，小学校の教師との意見交換や合同の研究の機会などを設け，「幼児期の終わりまでに育ってほしい姿」を共有するなど連携を図り，幼稚園教育と小学校教育との円滑な接続を図るよう努めるものとする。

6 全体的な計画の作成
　各幼稚園においては，教育課程を中心に，第3章に示す教育課程に係る教育時間の終了後等に行う教育活動の計画，学校保健計画，学校安全計画などとを関連させ，一体的に教育活動が展開されるよう全体的な計画を作成するものとする。

第4 指導計画の作成と幼児理解に基づいた評価
1 指導計画の考え方
　幼稚園教育は，幼児が自ら意欲をもって環境と関わることによりつくり出される具体的な活動を通して，その目標の達成を図るものである。

　幼稚園においてはこのことを踏まえ，幼児期にふさわしい生活が展開され，適切な指導が行われるよう，それぞれの幼稚園の教育課程に基づき，調和のとれた組織的，発展的な指導計画を作成し，幼児の活動に沿った柔軟な指導を行わなければならない。

2 指導計画の作成上の基本的事項
(1) 指導計画は，幼児の発達に即して一人一人の幼児が幼児期にふさわしい生活を展開し，必要な体験を得られるようにするために，具体的に作成するものとする。
(2) 指導計画の作成に当たっては，次に示すところにより，具体的なねらい及び内容を明確に設定し，適切な環境を構成することなどにより活動が選択・展開されるようにするものとする。
　ア　具体的なねらい及び内容は，幼稚園生活における幼児の発達の過程を見通し，幼児の生活の連続性，季節の変化などを考慮して，幼児の興味や関心，発達の実情などに応じて設定すること。
　イ　環境は，具体的なねらいを達成するために適切なものとなるように構成し，幼児が自らその環境に関わることにより様々な活動を展開しつつ必要な体験を得られるようにすること。その際，幼児の生活する姿や発想を大切にし，常にその環境が適切なものとなるようにすること。
　ウ　幼児の行う具体的な活動は，生活の流れの中で様々に変化するものであることに留意し，幼児が望ましい方向に向かって自ら活動を展開していくことができるよう必要な援助をすること。

　その際，幼児の実態及び幼児を取り巻く状況の変化などに即して指導の過程についての評価を適切に行い，常に指導計画の改善を図るものとする。

3 指導計画の作成上の留意事項
　指導計画の作成に当たっては，次の事項に留意するものとする。
(1) 長期的に発達を見通した年，学期，月などにわたる長期の指導計画やこれとの関連を保ちながらより具体的な幼児の生活に即した週，日などの短期の指導計画を作成し，適切な指導が行われるようにすること。特に，週，日などの短期の指導計画については，幼児の生活のリズムに配慮し，幼児の意識や興味の連続性のある活動が相互に関連して幼稚園生活の自然な流れの中に組み込まれるようにすること。
(2) 幼児が様々な人やものとの関わりを通して，多様な体験をし，心身の調和のとれた発達を促すようにしていくこと。その際，幼児の発達に即して主体的・対話的で深い学びが実現するようにするとともに，心を動かされる体験が次の活動を生み出すことを考慮し，一つ一つの体験が相互に結び付き，幼稚園生活が充実するようにすること。
(3) 言語に関する能力の発達と思考力等の発達が関連していることを踏まえ，幼稚園生活全体を通して，幼児の発達を踏まえ

た言語環境を整え，言語活動の充実を図ること。
(4) 幼児が次の活動への期待や意欲をもつことができるよう，幼児の実態を踏まえながら，教師や他の幼児と共に遊びや生活の中で見通しをもったり，振り返ったりするよう工夫すること。
(5) 行事の指導に当たっては，幼稚園生活の自然の流れの中で生活に変化や潤いを与え，幼児が主体的に楽しく活動できるようにすること。なお，それぞれの行事についてはその教育的価値を十分検討し，適切なものを精選し，幼児の負担にならないようにすること。
(6) 幼児期は直接的な体験が重要であることを踏まえ，視聴覚教材やコンピュータなど情報機器を活用する際には，幼稚園生活では得難い体験を補完するなど，幼児の体験との関連を考慮すること。
(7) 幼児の主体的な活動を促すためには，教師が多様な関わりをもつことが重要であることを踏まえ，教師は，理解者，共同作業者など様々な役割を果たし，幼児の発達に必要な豊かな体験が得られるよう，活動の場面に応じて，適切な指導を行うようにすること。
(8) 幼児の行う活動は，個人，グループ，学級全体などで多様に展開されるものであることを踏まえ，幼稚園全体の教師による協力体制を作りながら，一人一人の幼児が興味や欲求を十分に満足させるよう適切な援助を行うようにすること。

4 幼児理解に基づいた評価の実施
幼児一人一人の発達の理解に基づいた評価の実施に当たっては，次の事項に配慮するものとする。
(1) 指導の過程を振り返りながら幼児の理解を進め，幼児一人一人のよさや可能性などを把握し，指導の改善に生かすようにすること。その際，他の幼児との比較や一定の基準に対する達成度についての評定によって捉えるものではないことに留意すること。
(2) 評価の妥当性や信頼性が高められるよう創意工夫を行い，組織的かつ計画的な取組を推進するとともに，次年度又は小学校等にその内容が適切に引き継がれるようにすること。

第5 特別な配慮を必要とする幼児への指導
1 障害のある幼児などへの指導
障害のある幼児などへの指導に当たっては，集団の中で生活することを通して全体的な発達を促していくことに配慮し，特別支援学校などの助言又は援助を活用しつつ，個々の幼児の障害の状態などに応じた指導内容や指導方法の工夫を組織的かつ計画的に行うものとする。また，家庭，地域及び医療や福祉，保健等の業務を行う関係機関との連携を図り，長期的な視点で幼児への教育的支援を行うために，個別の教育支援計画を作成し活用することに努めるとともに，個々の幼児の実態を的確に把握し，個別の指導計画を作成し活用することに努めるものとする。
2 海外から帰国した幼児や生活に必要な日本語の習得に困難のある幼児の幼稚園生活への適応
海外から帰国した幼児や生活に必要な日本語の習得に困難のある幼児については，安心して自己を発揮できるよう配慮するなど個々の幼児の実態に応じ，指導内容や指導方法の工夫を組織的かつ計画的に行うものとする。

第6 幼稚園運営上の留意事項
1．各幼稚園においては，園長の方針の下に，園務分掌に基づき教職員が適切に役割を分担しつつ，相互に連携しながら，教育課程や指導の改善を図るものとする。また，各幼稚園が行う学校評価については，教育課程の編成，実施，改善が教育活動や幼稚園運営の中核となることを踏まえ，カリキュラム・マネジメントと関連付けながら実施するよう留意するものとする。
2．幼児の生活は，家庭を基盤として地域社会を通じて次第に広がりをもつものであることに留意し，家庭との連携を十分に図るなど，幼稚園における生活が家庭や地域社会と連続性を保ちつつ展開されるようにするものとする。その際，地域の自然，高齢者や異年齢の子供などを含む人材，行事や公共施設などの地域の資源を積極的に活用し，幼児が豊かな生活体験が得られるように工夫するものとする。また，家庭との連携に当たっては，保護者との情報交換の機会を設けたり，保護者と幼児との活動の機会を設けたりなどすることを通じて，保護者の幼児期の教育に関する理解が深まるよう配慮するものとする。
3．地域や幼稚園の実態等により，幼稚園間に加え，保育所，幼保連携型認定こども園，小学校，中学校，高等学校及び特別支援学校などとの間の連携や交流を図るものとする。特に，幼稚園教育と小学校教育の円滑な接続のため，幼稚園の幼児と小学校の児童との交流の機会を積極的に設けるようにするものとする。また，障害のある幼児児童生徒との交流及び共同学習の機会を設け，共に尊重し合いながら協働して生活していく態度を育むよう努めるものとする。

第7 教育課程に係る教育時間終了後等に行う教育活動など
幼稚園は，第3章に示す教育課程に係る教育時間の終了後等に行う教育活動について，学校教育法に規定する目的及び目標並びにこの章の第1に示す幼稚園教育の基本を踏まえ実施するものとする。また，幼稚園の目的の達成に資するため，幼児の生活全体が豊かなものとなるよう家庭や地域における幼児期の教育の支援に努めるものとする。

第2章 ねらい及び内容

この章に示すねらいは，幼稚園教育において育みたい資質・能力を幼児の生活する姿から捉えたものであり，内容は，ねらいを達成するために指導する事項である。各領域は，これらを幼児の発達の側面から，心身の健康に関する領域「健康」，人との関わりに関する領域「人間関係」，身近な環境との関わりに関する領域「環境」，言葉の獲得に関する領域「言葉」及び感性と表現に関する領域「表現」としてまとめ，示したものである。内容の取扱いは，幼児の発達を踏まえた指導を行うに当たって留意すべき事項である。

各領域に示すねらいは，幼稚園における生活の全体を通じ，幼児が様々な体験を積み重ねる中で相互に関連をもちながら次第に達成に向かうものであること，内容は，幼児が環境に関わって展開する具体的な活動を通して総合的に指導されるものであることに留意しなければならない。

また，「幼児期の終わりまでに育ってほしい姿」が，ねらい及び内容に基づく活動全体を通して資質・能力が育まれている幼児の幼稚園修了時の具体的な姿であることを踏まえ，指導を行う際に考慮するものとする。

なお，特に必要な場合には，各領域に示すねらいの趣旨に基づいて適切な，具体的な内容を工夫し，それを加えても差し支えないが，その場合には，それが第1章の第1に示す幼稚園教育の基本を逸脱しないよう慎重に配慮する必要がある。

健 康
〔健康な心と体を育て，自ら健康で安全な生活をつくり出す力を養う。〕
1 ねらい
(1) 明るく伸び伸びと行動し，充実感を味わう。
(2) 自分の体を十分に動かし，進んで運動しようとする。

(3) 健康，安全な生活に必要な習慣や態度を身に付け，見通しをもって行動する。
2　内　容
(1) 先生や友達と触れ合い，安定感をもって行動する。
(2) いろいろな遊びの中で十分に体を動かす。
(3) 進んで戸外で遊ぶ。
(4) 様々な活動に親しみ，楽しんで取り組む。
(5) 先生や友達と食べることを楽しみ，食べ物への興味や関心をもつ。
(6) 健康な生活のリズムを身に付ける。
(7) 身の回りを清潔にし，衣服の着脱，食事，排泄などの生活に必要な活動を自分でする。
(8) 幼稚園における生活の仕方を知り，自分たちで生活の場を整えながら見通しをもって行動する。
(9) 自分の健康に関心をもち，病気の予防などに必要な活動を進んで行う。
(10) 危険な場所，危険な遊び方，災害時などの行動の仕方が分かり，安全に気を付けて行動する。
3　内容の取扱い
上記の取扱いに当たっては，次の事項に留意する必要がある。
(1) 心と体の健康は，相互に密接な関連があるものであることを踏まえ，幼児が教師や他の幼児との温かい触れ合いの中で自己の存在感や充実感を味わうことなどを基盤として，しなやかな心と体の発達を促すこと。特に，十分に体を動かす気持ちよさを体験し，自ら体を動かそうとする意欲が育つようにすること。
(2) 様々な遊びの中で，幼児が興味や関心，能力に応じて全身を使って活動することにより，体を動かす楽しさを味わい，自分の体を大切にしようとする気持ちが育つようにすること。その際，多様な動きを経験する中で，体の動きを調整するようにすること。
(3) 自然の中で伸び伸びと体を動かして遊ぶことにより，体の諸機能の発達が促されることに留意し，幼児の興味や関心が戸外にも向くようにすること。その際，幼児の動線に配慮した園庭や遊具の配置などを工夫すること。
(4) 健康な心と体を育てるためには食育を通じた望ましい食習慣の形成が大切であることを踏まえ，幼児の食生活の実情に配慮し，和やかな雰囲気の中で教師や他の幼児と食べる喜びや楽しさを味わったり，様々な食べ物への興味や関心をもったりするなどし，食の大切さに気付き，進んで食べようとする気持ちが育つようにすること。
(5) 基本的な生活習慣の形成に当たっては，家庭での生活経験に配慮し，幼児の自立心を育て，幼児が他の幼児と関わりながら主体的な活動を展開する中で，生活に必要な習慣を身に付け，次第に見通しをもって行動できるようにすること。
(6) 安全に関する指導に当たっては，情緒の安定を図り，遊びを通して安全についての構えを身に付け，危険な場所や事物などが分かり，安全についての理解を深めるようにすること。また，交通安全の習慣を身に付けるようにするとともに，避難訓練などを通して，災害などの緊急時に適切な行動がとれるようにすること。

人間関係
〔他の人々と親しみ，支え合って生活するために，自立心を育て，人と関わる力を養う。〕
1　ねらい
(1) 幼稚園生活を楽しみ，自分の力で行動することの充実感を味わう。

(2) 身近な人と親しみ，関わりを深め，工夫したり，協力したりして一緒に活動する楽しさを味わい，愛情や信頼感をもつ。
(3) 社会生活における望ましい習慣や態度を身に付ける。
2　内　容
(1) 先生や友達と共に過ごすことの喜びを味わう。
(2) 自分で考え，自分で行動する。
(3) 自分でできることは自分でする。
(4) いろいろな遊びを楽しみながら物事をやり遂げようとする気持ちをもつ。
(5) 友達と積極的に関わりながら喜びや悲しみを共感し合う。
(6) 自分の思ったことを相手に伝え，相手の思っていることに気付く。
(7) 友達のよさに気付き，一緒に活動する楽しさを味わう。
(8) 友達と楽しく活動する中で，共通の目的を見いだし，工夫したり，協力したりなどする。
(9) よいことや悪いことがあることに気付き，考えながら行動する。
(10) 友達との関わりを深め，思いやりをもつ。
(11) 友達と楽しく生活する中できまりの大切さに気付き，守ろうとする。
(12) 共同の遊具や用具を大切にし，皆で使う。
(13) 高齢者をはじめ地域の人々などの自分の生活に関係の深いいろいろな人に親しみをもつ。
3　内容の取扱い
上記の取扱いに当たっては，次の事項に留意する必要がある。
(1) 教師との信頼関係に支えられて自分自身の生活を確立していくことが人と関わる基盤となることを考慮し，幼児が自ら周囲に働き掛けることにより多様な感情を体験し，試行錯誤しながら諦めずにやり遂げることの達成感や，前向きな見通しをもって自分の力で行うことの充実感を味わうことができるよう，幼児の行動を見守りながら適切な援助を行うようにすること。
(2) 一人一人を生かした集団を形成しながら人と関わる力を育てていくようにすること。その際，集団の生活の中で，幼児が自己を発揮し，教師や他の幼児に認められる体験をし，自分のよさや特徴に気付き，自信をもって行動できるようにすること。
(3) 幼児が互いに関わりを深め，協同して遊ぶようになるため，自ら行動する力を育てるようにするとともに，他の幼児と試行錯誤しながら活動を展開する楽しさや共通の目的が実現する喜びを味わうことができるようにすること。
(4) 道徳性の芽生えを培うに当たっては，基本的な生活習慣の形成を図るとともに，幼児が他の幼児との関わりの中で他人の存在に気付き，相手を尊重する気持ちをもって行動できるようにし，また，自然や身近な動植物に親しむことなどを通して豊かな心情が育つようにすること。特に，人に対する信頼感や思いやりの気持ちは，葛藤やつまずきをも体験し，それらを乗り越えることにより次第に芽生えてくることに配慮すること。
(5) 集団の生活を通して，幼児が人との関わりを深め，規範意識の芽生えが培われることを考慮し，幼児が教師との信頼関係に支えられて自己を発揮する中で，互いに思いを主張し，折り合いを付ける体験をし，きまりの必要性などに気付き，自分の気持ちを調整する力が育つようにすること。
(6) 高齢者をはじめ地域の人々などの自分の生活に関係の深いいろいろな人と触れ合い，自分の感情や意志を表現しながら共に楽しみ，共感し合う体験を通して，これらの人々などに親しみをもち，人と関わることの楽しさや人の役に立つ喜びを味わうことができるようにすること。また，生活を通して親や祖父母などの家族の愛情に気付き，家族を大切にしようとする気持ちが育つようにすること。

環　境

〔周囲の様々な環境に好奇心や探究心をもって関わり，それらを生活に取り入れていこうとする力を養う。〕

1　ねらい
(1)　身近な環境に親しみ，自然と触れ合う中で様々な事象に興味や関心をもつ。
(2)　身近な環境に自分から関わり，発見を楽しんだり，考えたりし，それを生活に取り入れようとする。
(3)　身近な事象を見たり，考えたり，扱ったりする中で，物の性質や数量，文字などに対する感覚を豊かにする。

2　内　容
(1)　自然に触れて生活し，その大きさ，美しさ，不思議さなどに気付く。
(2)　生活の中で，様々な物に触れ，その性質や仕組みに興味や関心をもつ。
(3)　季節により自然や人間の生活に変化のあることに気付く。
(4)　自然などの身近な事象に関心をもち，取り入れて遊ぶ。
(5)　身近な動植物に親しみをもって接し，生命の尊さに気付き，いたわったり，大切にしたりする。
(6)　日常生活の中で，我が国や地域社会における様々な文化や伝統に親しむ。
(7)　身近な物を大切にする。
(8)　身近な物や遊具に興味をもって関わり，自分なりに比べたり，関連付けたりしながら考えたり，試したりして工夫して遊ぶ。
(9)　日常生活の中で数量や図形などに関心をもつ。
(10)　日常生活の中で簡単な標識や文字などに関心をもつ。
(11)　生活に関係の深い情報や施設などに興味や関心をもつ。
(12)　幼稚園内外の行事において国旗に親しむ。

3　内容の取扱い
上記の取扱いに当たっては，次の事項に留意する必要がある。
(1)　幼児が，遊びの中で周囲の環境と関わり，次第に周囲の世界に好奇心を抱き，その意味や操作の仕方に関心をもち，物事の法則性に気付き，自分なりに考えることができるようになる過程を大切にすること。また，他の幼児の考えなどに触れて新しい考えを生み出す喜びや楽しさを味わい，自分の考えをよりよいものにしようとする気持ちが育つようにすること。
(2)　幼児期において自然のもつ意味は大きく，自然の大きさ，美しさ，不思議さなどに直接触れる体験を通して，幼児の心が安らぎ，豊かな感情，好奇心，思考力，表現力の基礎が培われることを踏まえ，幼児が自然との関わりを深めることができるよう工夫すること。
(3)　身近な事象や動植物に対する感動を伝え合い，共感し合うことなどを通して自分から関わろうとする意欲を育てるとともに，様々な関わり方を通してそれらに対する親しみや畏敬の念，生命を大切にする気持ち，公共心，探究心などが養われるようにすること。
(4)　文化や伝統に親しむ際には，正月や節句など我が国の伝統的な行事，国歌，唱歌，わらべうたや我が国の伝統的な遊びに親しんだり，異なる文化に触れる活動に親しんだりすることを通じて，社会とのつながりの意識や国際理解の意識の芽生えなどが養われるようにすること。
(5)　数量や文字などに関しては，日常生活の中で幼児自身の必要感に基づく体験を大切にし，数量や文字などに関する興味や関心，感覚が養われるようにすること。

言　葉

〔経験したことや考えたことなどを自分なりの言葉で表現し，相手の話す言葉を聞こうとする意欲や態度を育て，言葉に対する感覚や言葉で表現する力を養う。〕

1　ねらい
(1)　自分の気持ちを言葉で表現する楽しさを味わう。
(2)　人の言葉や話などをよく聞き，自分の経験したことや考えたことを話し，伝え合う喜びを味わう。
(3)　日常生活に必要な言葉が分かるようになるとともに，絵本や物語などに親しみ，言葉に対する感覚を豊かにし，先生や友達と心を通わせる。

2　内　容
(1)　先生や友達の言葉や話に興味や関心をもち，親しみをもって聞いたり，話したりする。
(2)　したり，見たり，聞いたり，感じたり，考えたりなどしたことを自分なりに言葉で表現する。
(3)　したいこと，してほしいことを言葉で表現したり，分からないことを尋ねたりする。
(4)　人の話を注意して聞き，相手に分かるように話す。
(5)　生活の中で必要な言葉が分かり，使う。
(6)　親しみをもって日常の挨拶をする。
(7)　生活の中で言葉の楽しさや美しさに気付く。
(8)　いろいろな体験を通じてイメージや言葉を豊かにする。
(9)　絵本や物語などに親しみ，興味をもって聞き，想像をする楽しさを味わう。
(10)　日常生活の中で，文字などで伝える楽しさを味わう。

3　内容の取扱い
上記の取扱いに当たっては，次の事項に留意する必要がある。
(1)　言葉は，身近な人に親しみをもって接し，自分の感情や意志などを伝え，それに相手が応答し，その言葉を聞くことを通して次第に獲得されていくものであることを考慮して，幼児が教師や他の幼児と関わることにより心を動かされるような体験をし，言葉を交わす喜びを味わえるようにすること。
(2)　幼児が自分の思いを言葉で伝えるとともに，教師や他の幼児などの話を興味をもって注意して聞くことを通して次第に話を理解するようになっていき，言葉による伝え合いができるようにすること。
(3)　絵本や物語などで，その内容と自分の経験とを結び付けたり，想像を巡らせたりするなど，楽しみを十分に味わうことによって，次第に豊かなイメージをもち，言葉に対する感覚が養われるようにすること。
(4)　幼児が生活の中で，言葉の響きやリズム，新しい言葉や表現などに触れ，これらを使う楽しさを味わえるようにすること。その際，絵本や物語に親しんだり，言葉遊びなどをしたりすることを通して，言葉が豊かになるようにすること。
(5)　幼児が日常生活の中で，文字などを使いながら思ったことや考えたことを伝える喜びや楽しさを味わい，文字に対する興味や関心をもつようにすること。

表　現

〔感じたことや考えたことを自分なりに表現することを通して，豊かな感性や表現する力を養い，創造性を豊かにする。〕

1　ねらい
(1)　いろいろなものの美しさなどに対する豊かな感性をもつ。
(2)　感じたことや考えたことを自分なりに表現して楽しむ。
(3)　生活の中でイメージを豊かにし，様々な表現を楽しむ。

2　内　容
(1)　生活の中で様々な音，形，色，手触り，動きなどに気付いたり，感じたりするなどして楽しむ。
(2)　生活の中で美しいものや心を動かす出来事に触れ，イメー

ジを豊かにする。
(3) 様々な出来事の中で,感動したことを伝え合う楽しさを味わう。
(4) 感じたこと,考えたことなどを音や動きなどで表現したり,自由にかいたり,つくったりなどする。
(5) いろいろな素材に親しみ,工夫して遊ぶ。
(6) 音楽に親しみ,歌を歌ったり,簡単なリズム楽器を使ったりなどする楽しさを味わう。
(7) かいたり,つくったりすることを楽しみ,遊びに使ったり,飾ったりなどする。
(8) 自分のイメージを動きや言葉などで表現したり,演じて遊んだりするなどの楽しさを味わう。

3 内容の取扱い

上記の取扱いに当たっては,次の事項に留意する必要がある。
(1) 豊かな感性は,身近な環境と十分に関わる中で美しいもの,優れたもの,心を動かす出来事などに出会い,そこから得た感動を他の幼児や教師と共有し,様々に表現することなどを通して養われるようにすること。その際,風の音や雨の音,身近にある草や花の形や色など自然の中にある音,形,色などに気付くようにすること。
(2) 幼児の自己表現は素朴な形で行われることが多いので,教師はそのような表現を受容し,幼児自身の表現しようとする意欲を受け止めて,幼児が生活の中で幼児らしい様々な表現を楽しむことができるようにすること。
(3) 生活経験や発達に応じ,自ら様々な表現を楽しみ,表現する意欲を十分に発揮させることができるように,遊具や用具などを整えたり,様々な素材や表現の仕方に親しんだり,他の幼児の表現に触れられるよう配慮したりし,表現する過程を大切にして自己表現を楽しめるように工夫すること。

第3章　教育課程に係る教育時間の終了後等に行う教育活動などの留意事項

1. 地域の実態や保護者の要請により,教育課程に係る教育時間の終了後等に希望する者を対象に行う教育活動については,幼児の心身の負担に配慮するものとする。また,次の点にも留意するものとする。
   (1) 教育課程に基づく活動を考慮し,幼児期にふさわしい無理のないものとなるようにすること。その際,教育課程に基づく活動を担当する教師と緊密な連携を図るようにすること。
   (2) 家庭や地域での幼児の生活も考慮し,教育課程に係る教育時間の終了後等に行う教育活動の計画を作成するようにすること。その際,地域の人々と連携するなど,地域の様々な資源を活用しつつ,多様な体験ができるようにすること。
   (3) 家庭との緊密な連携を図るようにすること。その際,情報交換の機会を設けたりするなど,保護者が,幼稚園と共に幼児を育てるという意識が高まるようにすること。
   (4) 地域の実態や保護者の事情とともに幼児の生活のリズムを踏まえつつ,例えば実施日数や時間などについて,弾力的な運用に配慮すること。
   (5) 適切な責任体制と指導体制を整備した上で行うようにすること。
2. 幼稚園の運営に当たっては,子育ての支援のために保護者や地域の人々に機能や施設を開放して,園内体制の整備や関係機関との連携及び協力に配慮しつつ,幼児期の教育に関する相談に応じたり,情報を提供したり,幼児と保護者との登園を受け入れたり,保護者同士の交流の機会を提供したりするなど,幼稚園と家庭が一体となって幼児と関わる取組を進め,地域における幼児期の教育のセンターとしての役割を果たすよう努めるものとする。その際,心理や保健の専門家,地域の子育て経験者等と連携・協働しながら取り組むよう配慮するものとする。

【監修者略歴】

玉置哲淳　大阪総合保育大学　児童保育学部　教授，大阪教育大学　名誉教授　博士（教育学）
　　　　　主著『指導計画の考え方とその編成方法』（北大路書房，2008），『子どもの人権力を育てる』（解放出版社，2009），編著『新版 幼児教育課程論入門』（建帛社，2002），編著『幼児教育方法論入門 第2版』（建帛社，2001）など

島田ミチコ　関西学院大学　名誉教授
　　　　　編著『新版 幼児教育課程論入門』（建帛社，2002），共著『幼児教育方法論入門 第2版』（建帛社，2001），編著『幼稚園・保育所・施設　実習ガイドブック』（学術図書出版社，2002）など

【執筆者紹介】（執筆順，各章編集者は筆頭に掲載）

序　章	玉置哲淳	前掲
第1章	大方美香	大阪総合保育大学　児童保育学部　教授　学長
	柴田智世	名古屋柳城短期大学　保育科　准教授
	橋本祐子	関西学院大学　教育学部　教授
第2章	瀧川光治	大阪総合保育大学　児童保育学部　教授
	住野紀子	元 大阪薫英女子短期大学　児童教育学科　講師
第3章	中橋美穂	大阪教育大学　教育学部　准教授
	赤﨑節子	元 大阪教育大学附属幼稚園　副園長
第4章	卜田真一郎	常磐会短期大学　幼児教育科　教授
	髙根栄美	大阪総合保育大学　児童保育学部　准教授
	竹島澄子	学校法人たけぞの幼稚園　園長
第5章	島田ミチコ	前掲
	久　洋子	元 関西学院大学　教育学部　准教授
第6章	手良村昭子	聖和短期大学　保育科　教授
	上中　修	関西学院大学　教育学部　准教授
	辰本房江	茨木市立玉島幼稚園　園長

幼稚園教育実習

2010年（平成22年） 6 月25日　初 版 発 行
2022年（令和 4 年） 2 月10日　第12刷発行

監修	玉 置 哲 淳
	島 田 ミチコ
発行者	筑 紫 和 男
発行所	株式会社　建 帛 社
	KENPAKUSHA

〒112-0011　東京都文京区千石 4 丁目 2 番15号
　　　　　　TEL （03） 3944－2611
　　　　　　FAX （03） 3946－4377
　　　　　　https://www.kenpakusha.co.jp/

ISBN 978-4-7679-3255-2　C 3037　　　亜細亜印刷／ブロケード
Ⓒ玉置哲淳，島田ミチコほか，2010.　　　Printed in Japan
（定価はカバーに表示してあります。）

本書の複製権・翻訳権・上映権・公衆送信権等は株式会社建帛社が保有します。
JCOPY〈出版者著作権管理機構　委託出版物〉
本書の無断複製は著作権法上での例外を除き禁じられています。複製される場合は，そのつど事前に，出版者著作権管理機構（TEL03-5244-5088，FAX03-5244-5089，e-mail : info@jcopy.or.jp）の許諾を得て下さい。